KB151881

드어 테·마·에·세·이

# 공자
## 멋진 사람을 말하다

김종호 지음

H한티미디어

## 일러두기

이 책은 『논어』 20편에 존재하는 깊이 있고 다양한 내용의 주제를 중심으로 추려서 구성한다. 주제를 설정한 것은 좀 더 체계적으로 실제생활에 적용할 교훈을 새겨보기 위해서이다.

1. 이 책은 『논어』의 전체 20편 총 500여 개의 문장 가운데 뽑은 180여 개(중복 포함)의 문장을 중심으로 구성된다. 『논어』의 각 편의 내용은 어느 한 주제만을 이야기하지 않고 여러 주제를 동시에 이야기한다. 이 경우는 중복하여 예를 든다.
2. 이 책은 총 7장, 27개의 대주제(테마), 그리고 총 113개의 소주제로 구성된다.
   전체 편장의 구성은 '멋진 사람들', '멋진 스승과 제자', '멋진 리더', '멋진 사랑과 우정', '일상의 즐거움과 부귀빈천', '절제 있는 언행과 태도', '멋진 인생을 위하여' 등으로 구성된다. 이러한 장의 구성은 『논어』의 내용을 골라서 엮은 필자의 생각도 있지만 본래 『논어』 자체의 내용이다. 결국, 이 책의 본문은 선별된 『논어』원문의 내용을 충실히 좇아 전개된다. 각 테마가 끝나는 부분에는 요약이나 연습문제를 넣어 독자들이 구체적으로 『논어』의 원문에 접근하고 숙지하는 데 도움이 되게 하였다.
3. 소주제는 먼저 필자의 문제제기와 공자의 정의(定義)가 제시된다. 이어서 『논어』의 '원문과 해석', '요지와 적용' 등의 순으로 전개된다. 원문에 달린 한국어 독음은 공자의 말은 노출시키고, 다른 사람들의 말은 원문 뒤의 괄호 속에 넣는 것을 원칙으로 한다.
4. 『논어』 원문의 해석은 주로 武惠華(1998)와 謝氷瑩·劉正浩·李鍌·邱燮友(1981)에 근거하였으며, 보조적으로 王邦雄·曾昭旭·楊祖漢, 황갑연譯(2002), 査正賢(2006), 이기동(1996), 성백효(2005), 임옥균 옮김(2006), 김원중(2013) 등을 참고하였다.
5. 이 책에서 『논어』의 편장은 「 」로 하였으며, 그 뒤의 숫자는 각 편장에서의 출현 순서이며, 이는 武惠華(1998)의 분류에 의거한다.
6. 논어의 명구를 원문으로 직접 읽고자 하는 이를 위하여 각주를 비교적 상세히 달았으며 문법적인 설명을 곁들였다.
7. 원문과 번역문에서 핵심 부분은 프린팅 색상을 달리하여 시각적으로 두드러지게 하였다.

# 멋진 사람

멋진 사람은 언제 기뻐하는가?

멋진 사람은 무엇을 즐거워하는가?

멋진 사람은 어떤 태도를 보이는가?

우리 모두는 멋진 사람이 되고 싶다.

---

## 君子

공자가 말하는 '멋진 사람'은 배우기를 기뻐하며, 친구 간의 교류를 즐거워하며,
대인관계에 있어 성내지 않는 온유한 사람이다.
그는 '군자'이다.

---

공자가 말씀하셨다. "배우고 때맞추어 익히(/실천하)면 또한 기쁘지
아니한가! 뜻이 맞는 친한 친구가 멀리서 찾아오니 또한 즐겁지 아니한
가! 남들이 나의 학문과 재주를 알아주지 않더라도 속상하거나 화내지

않으면 또한 멋진 사람답지 아니한가!"

**子曰** "學而時習¹之, 不亦說²乎! 有朋自遠方來, 不亦樂乎! 人不知, 而
不慍³, 不亦君子乎!"「學而」1

**자왈** "학이시습지, 불역열호! 유붕자원방래, 불역락호! 인부지이불
온, 불역군자호!"

'배움'이란 새로운 것에 대한 습득이며 그것을 몸에 배이게 하는 과정
이다. 멋진 사람은 이러한 과정을 통해 새로운 것을 알게 되고(溫故知新
온고지신 爲政 11), 나아가 새로운 사물과 새로운 역사를 창조하는 기쁨
을 누린다.

'우정'이란 서로 사귐을 선택한 두 인격체 간의 정이다. 멀리서 친구
가 찾아온다는 것은 두 사람 간의 믿음을 바탕으로 한다(朋友有信 붕우
유신)⁴. 멋진 사람은 좋은 친구가 있어서 외롭지 않다(德不孤 덕불고 里仁
25). 그는 인격적 사귐을 통한 즐거움을 누린다.

• • •

1 조선시대 유명한 생육신(生六臣)의 한 사람인 김시습은 이 구절의 '時習'에서 호를 따
왔다.
2 기쁘다, 유쾌하다. 후대에는 '悅'로 썼다.
3 화내다(怒), 원한을 품다.

'온유'란 마음에 분을 품지 않는 것이다. 멋진 사람은 남들이 자신을 알아주지 않더라도 분한 마음을 품지 않는다. 그는 남의 평가에 의해 흔들리지 않는 자각(自覺)하는 자아를 가졌기에 교만하지 않다. 남들이 알아주기를 바라는 것은 교만한 마음의 시작이다. 그래서 공자는 "멋진 사람은 교만하지 않다(君子不驕 군자불교 子路 26)"고 말한다.

당신은 언제 진정으로 기쁘고 즐거운가? 그 내용들을 있는 대로 기록해 볼 일이다. 당신은 자신을 멋지다고 느낀 적이 있는가? 그 느낌과 순간을 적어볼 일이다. 약 2500년 전부터 지금까지 동양 정신문화 속에 길이 이어져 내려온 『논어』의 주제를 통해 학문, 리더십, 사랑과 우정 그리고 삶의 태도 등에 있어 멋진 사람의 이미지를 새겨보자.

『논어』의 전체 내용을 추려서 『공자, 멋진 사람을 말하다』를 엮게 된 동기는 다음과 같다.

첫째, 『논어』의 명구를 통한 인덕의 함양이다. 즉 『논어』가 주는 교훈을 먼저 필자에게 적용시켜보고 싶기 때문이다. 특히 공자의 말(子路 5)

• • •

4 '朋友有信'은 군위신강(君爲臣綱) · 부위자강(父爲子綱) · 부위부강(夫爲婦綱)을 내용으로 하는 삼강(三綱)과 부자유친(父子有親) · 군신유의(君臣有義) · 부부유별(夫婦有別) · 장유유서(長幼有序) · 붕우유신(朋友有信)을 내용으로 하는 오상설(五常說) 중의 하나로 유가의 주요 사상이다.

처럼 『詩經』을 '달달 외운다' 하더라도 그것이 나의 실제 삶에 적용할 수 없는 지식의 열거라면 무슨 의미가 있겠는가?

둘째, 『논어』의 주제 파악을 위해서이다. 『논어』는 구성상 이야기(story) 전개보다는 교훈적인 명구 위주로 나열되어 있기 때문에 편장간의 논리적 관계성을 파악하기가 매우 어렵기 때문이다.

한편, 『논어』 가운데는 그 의미가 2013년을 사는 우리에게 적용시키기 어려운 것도 있다. 이런 점에서 저자의 입장에서 자연스럽게 수용되는 주제를 중심으로 재분류하여 실제생활에 적용해 보고 싶다.

이 책은 졸저(2006) 『논어 테마에세이』를 증보한 것이다. 『논어』 원문의 해석이나 주석상의 오류가 있다면, 이는 필자의 학문이 얕기 때문이며 계속 보완할 것이다. 미천한 자에게 용기를 주시는 하나님께 감사드리며, 또 사랑하는 가족과 도움을 주신 모든 분들께 깊은 감사의 마음을 드린다. 끝으로 졸고를 한 권의 책으로 엮어준 한티미디어 관계자들께 감사드린다.

2013.11월 말
中秋, 서울 이문동
김종호 삼가 적음

# 차례

일러두기 ǀ 2
프롤로그 : 멋진 사람 ǀ 3


제1장 **멋진 사람들**

### 제1절 군자(君子) ǀ 015

위로 통달한 사람 ǀ 017  내면과 외면이 조화로운 사람 ǀ 021
자각하는 사람 ǀ 023  어울리되 패거리 짓지 않는 사람 ǀ 027
진중하며 교만하지 않은 사람 ǀ 031  아름다움을 완성하는 사람 ǀ 033


### 제2절 덕자(德子) ǀ 035

치우치지 않는 사람 ǀ 036  덕을 품는 사람 ǀ 040
외롭지 않은 사람 ǀ 044  구성원들이 감복하는 사람 ǀ 046
말을 잘 하는 사람 ǀ 049


### 제3절 인자(仁者) ǀ 052

산 같은 사람 ǀ 052  극기복례하는 사람 ǀ 054
용기 있는 사람 ǀ 057  가치판단을 할 수 있는 사람 ǀ 059
살신성인하는 사람 ǀ 061

제4절 **지자(智者)** | 064

물 같은 사람 | 064              유혹에 빠지지 않는 사람 | 066
사람을 얻는 말을 하는 사람 | 071   즐기는 단계에 이르는 사람 | 073


제5절 **효자(孝子)** | 076

근본이 된 사람 | 076
즐거운 얼굴로 부모를 대하는 사람 | 078
연세를 헤아리는 사람 | 083       그 뜻을 기리는 사람 | 085



제2장 **멋진 스승과 제자**

제1절 **제자의 자세** | 093

먼저 기본을 행하라 | 093        부지런히 배워라 | 096
자신을 위해 학문하라 | 099
세상의 모든 사람으로 스승을 삼으라 | 102
학습하고 사색하라 | 103         호학하라 | 106
박학하라 | 111                모르면 모른다고 하라 | 117
묻는 것을 부끄러워 마라 | 120     죽을 때까지 공부하라 | 124

제2절  **스승의 자세** | 127

제자의 개성을 살려라 | 127    전통을 살려라 | 130
창조적인 아이디어를 배양하라 | 133    가르침을 즐겨라 | 137
폭넓게 가르쳐라 | 140    편견을 버려라 | 142
여자와 어린이는 희망이다 | 145    인생 40을 비관하지 마라 | 147
분발하도록 일깨워라 | 149    목탁이 되어라 | 151


제3장  **멋진 리더와 리더십**

제1절  **리더십의 근원** | 157

정의 | 157    명분 | 164
덕성 | 168    믿음 | 171
지조 | 175    능력 | 178
존중 | 181


제2절  **리더의 자세** | 186

본분을 지켜라 | 186    덕풍(德風)으로 리드하라 | 191
긴 안목으로 대비하라 | 195    묵직하게 처신하라 | 199
아집을 버려라 | 202
'빨리빨리'와 '작은 이익'은 금물이다 | 204
내가 원치 않는 일은 남에게도 시키지 마라 | 206

곧은 사람을 세우라 | 209          외교 인력을 양성하라 | 212
지혜로운 자와 동행하라 | 214

## 제4장  멋진 사랑과 우정

제1절  **사랑** | 221

사람을 널리 사랑하라 | 221          살리는가 죽이는가 | 226
사랑을 위해 수고하라 | 229          부모를 사랑하라 | 232
인류 도덕을 사랑하라 | 235


제2절  **우정** | 240

친구를 믿노라 | 240          친구는 즐거움이다 | 244
골라 사귀어라 | 246          인격을 나누어라 | 251
멋진 모습을 인정하라 | 253          친구를 공경하라 | 255
넓게 사귀어라 | 257
친구라면 충고하고 끝까지 도와라 | 260

제5장 **일상의 즐거움과 부귀빈천**

제1절 **음식과 의복** | 267

적당히 먹어라 | 267                    무엇을 어떻게 먹을까 | 270
하루 종일 먹기만 할 것인가 | 275       허름한 옷이 창피하더냐 | 279
비싼 옷을 입은 자는 보태주지 마라 | 283


제2절 **안빈낙도** | 288

세 가지 즐거움 | 288                    일상의 즐거움 | 291
현실 속에서 | 295                       상갓집에서 | 297


제3절 **시를 읽는 마음** | 300

착한 마음 | 300                         시의 기능 | 303
시의 응용 | 305


제4절 **부자와 빈자** | 311

정당하게 일구어라 | 311                 부귀는 하늘에 달려 있다? | 313
수치스런 부귀도 있다 | 319             가난한 자는 원망한다 | 321

# 제6장 절제 있는 언행과 태도

## 제1절 수양과 절제 | 329

먼저 자신을 수양하라 | 329          예의로써 단속하라 | 331
세 가지를 경계하라 | 337
부족하거나 넘침 모두 불합격이다 | 340


## 제2절 언행 | 343

말하고 싶은 대로 행동하라 | 343      신뢰 있는 말을 하라 | 346
교묘한 말은 덕성을 깎는다 | 349      공자도 부끄러워한다 | 351
말을 정말 잘 하고 싶은가 | 352


## 제3절 태도 | 364

반성하라 | 364                      허물이 있으면 고쳐라 | 367
항로를 바꿔라 | 370                  하늘을 가릴 수 있으랴 | 373

제7장 　**멋진 인생을 위하여**

　제1절 **자아를 발견하라** ｜ 379

　제2절 **죽을 힘을 다해 찾아라** ｜ 382

　제3절 **타이밍을 맞추어라** ｜ 385

　제4절 **열정을 불태워라** ｜ 391

　제5절 **일이관지하라** ｜ 394

　제6절 **조화롭게 향유하라** ｜ 399


에필로그 ｜ 405
『논어』의 해제와 공자의 생애 ｜ 407
참고문헌 및 자료 ｜ 411
웹사이트 ｜ 413

제 1 장

—

# 멋진 사람들

어떤 사람이 멋진가?

멋진 사람들이 보이는 속성은 무엇인가?

어떻게 멋진 사람이 될 수 있는가?

이 장에서는 '멋진 사람'들을 구체적으로 소개한다.

　'군자(君子)', '덕자(德者)', '인자(仁者)', '지자(智者)', '효자(孝子)' 등은 멋진 사람들의 모델이다. '덕(德)', '인(仁)', '지(知/智)', '효(孝)' 등은 '멋진 사람(君子)'이 공통적으로 가지는 속성들이므로 분리하기 어렵다. 그러나 각각 나누어 정리함으로써 '멋진 사람'의 상(像)을 좀 더 구체적으로 새겨 보자.

# 군자(君子)

～～～～～～～～～

공자는 '멋진 사람'의 모델로 '군자(君子)'를 말한다.

## ○ 위로 통달한 사람

> # 君子上達
>
> 어떤 사람이 멋진가?
> 공자는 '위로 통달한 사람'을 말한다.

　　공자께서 말씀하셨다. "군자는 위로 (인의에) 통달하나, 소인배는 아래로 (재물의 이익에) 통달한다."

　　子[5]曰　"君子[6]上達[7], 小人下達."「憲問」23
　　자왈　"군자상달, 소인하달."

· · ·

5　'子'는 고대 남자에 대한 칭호. 『論語』가운데 '子曰'의 '子'는 모두 공자의 제자들이 공자를 가리켜 말할 때의 호칭이다.

공자가 말하는 "위로 통달한다"는 의미는 무엇일까? 이는 형이상학적 가치추구를 말한다. 어떤 형이상학적 가치인가? 바로 인덕(仁德)이다. 결국 공자가 말하는 바, '멋진 사람(君子)'은 형이상학(形而上學)적인 것에 관심을 가지는 사람으로, 인의에 통달한 사람이다.

표면적으로 볼 때 군자와 소인 모두 자신들이 세운 목표를 향해 부단히 노력하는 사람들이다. 따라서 '통달'이라는 측면에서 보면 구별은 없다. 그러나 목표지향의 관점에서 '상달(上達)'과 '하달(下達)'은 '멋진 사람'과 '소인'의 본질적인 차이다.

멋진 사람은 정신적인 수양을 통해 독립적이고 자주적인 인격을 완성하고자 한다. 그는 의식주 방면의 과도한 추구에 목을 매지 않는다. 그는 노력의 중점을 의식주에서 도덕·문화 방면으로 전이시켜 나간다. 추구하는 목표의 상향성으로 말미암아 그의 가치와 생활은 전면적으로 부단히 향상된다. 이처럼 도덕적 목적추구에 능통한 것을 '상달'이라 한다.

소인은 그렇지 않다. 소인은 어떤 일을 하건 의식주와 관련된 것들이다. 그가 두려워하는 것은 배고픔과 추위 등 현실적인 생활문제이다. 이러한 목적추구를 '하달'이라 한다. 그의 목적추구 방향은 하향적이다. 물론 인간의 삶에서 의식주는 중요하다. 또 그것을 추구하는 생활은 비난의 대상도 아니다. 그러나 문제는 '통달'할 정도로 오로지 의식주만을 위

* * *

6  『논어』 가운데의 '군자(君子)'에 대해 査正賢(2006:1)은 어떤 때는 '덕이 있는 사람(有德者)'을, 어떤 때는 '신분이 있는 사람(有位者)'를 가리킨다고 보았다. 본서는 '德', '仁', '知(/智)', '孝', '禮' 등등을 소유한 인격체로서의 '君子'를 통칭하여 '멋진 사람'으로 번역한다. 따라서 본서에서 말하는 군자는 전자만을 의미한다.

7  '達'은 ① 통달(通達)하다 ② 점점 진입하다 ③ 나아가다 등으로 여러 가지로 해석된다. 徐志剛(1997:204) 참고

하여 악착같이 일생을 보낸다면 동물들과 다른 점이 무엇이겠는가?

## 君子喻於義

또, 멋진 사람은 무엇에 밝은가?
공자는 도의(道義)에 밝은 사람을 말한다.

공자께서 말씀하셨다. "군자는 도의(道義)에 밝으나 소인배는 다만 이익에만 밝을 뿐이다."

**子曰** "君子喻[8]於義, 小人喻於利."「里仁」16
**자왈** "군자유어의, 소인유어이."

'도의에 밝은' 사람은 자신만을 위해서 생각하지 않는다. 그는 오로지 '나' 뿐이라는 생각을 뛰어넘어 타인에 대해서도 생각한다. 그는 타인을 자기를 대하듯 하고, 만물을 존중하고 아낀다. 그의 주변은 조화롭고 행복하다.

소인은 그렇지 않다. 소인이 추구하는 '이익에만 밝다(喻於利)'는 것은 자신의 이득만을 추구하는 것을 말한다. 그의 생활목적은 의식주의 추구가 전부이다. 그가 걱정하는 것은 배고픔과 추위이다. 그는 타인을 돌아볼 정신적인 여유가 없다. 이는 '도의에 밝다(喻於義)'는 멋진 사람의

• • •

8   명백히 하다. 알다.

태도와 정면으로 위배된다. 그의 주변은 원망과 불평이 쌓인다.[9]

> # 君子坦蕩蕩
>
> 또, 멋진 사람의 심성은 어떤가?
> 공자는 넓고 너그럽다고 한다.

공자께서 말씀하셨다. "군자는 (순리를 따르므로) 넓고 너그러우나, 소인배는 (마음이 물질적인 것을 좇으므로) 근심하며 움츠러든다."

子曰 "君子坦[10]蕩蕩[11], 小人長戚戚[12]." 「述而」37
자왈 "군자탄탕탕, 소인장척척."

'군자'는 순리를 따르므로 마음이 넓고 당당하다. 그는 인의(仁義)에 통달한 사람이다. 즉, '덕(德)', '어질음(仁)', '지혜(智)', '예절(禮)', '효(孝)', '용기(勇)' 등의 인성을 소유한 '멋진 사람'이다.

소인은 그렇지 않다. 그는 '재물의 이익에 통달하고', '이익에 만 밝고', '물질적인 것을 좇으므로 마음이 오그라드'는 사람이다.

* * *

9 공자는 "개인적인 이익을 따라 일을 하면 원망이 많게 된다(放於利而行, 多怨. 방어이이행, 다원. 里仁12)."고 한다.
10 평평함, 너그러움
11 너그럽고 넓은 모양
12 근심이 많아 움츠러드는 모양

나는 무엇을 추구하는가? 나는 무엇에 밝은가? 혹시 물질적인 것을 좇다가 주변 환경에 위축되어 근심하며 오그라드는 자는 아닌가? 자동차들이 질주하는 대로변을 걸으며, 밝은 빛이 뿜어져 나오는 아파트 숲을 지나며, 왜 이 많은 자동차 중에 내 것은 없으며, 이 수풀처럼 많은 집들 중에 내 집은 없는가를 자문한 적이 있다. 그럴 때마다 근심하며 오그라들 수밖에 없다. 주변의 화려한 상황과 비교될 때, 위축될 수밖에 없는 우리네 인생이다. 그래서 끝없이 세상의 물질적 욕망을 추구하게 되고, 결국은 '멋진 사람'의 자질을 함양할 기회를 잃는다.

21세기에 『논어』는 나에게 묻는다. '하달'하는 소인배처럼 맹목적으로 물질을 추구하며 근심과 위축의 고리에 갇혀 살 것인가? 아니면 그 고리를 끊고 '멋진 사람'의 자질을 함양하는 길로 나설 것인가?

형이상학적 가치추구에 힘쓰며, 심성이 너그러운 사람이 멋지다.

## ○ 내면과 외면이 조화로운 사람

> # 文質彬彬
>
> 어떤 사람이 멋진가?
> 공자는 '내면과 외면이 조화로운 사람'을 말한다.

공자께서 말씀하셨다. "순박함이 꾸밈보다 더 많으면 조잡하여 천하게 되고, 꾸밈이 순박함보다 더 많으면 과장되나니, 꾸밈과 순박함이 잘 어우러져야만 군자가 될 수 있다. "

**子曰** "質[13]勝文[14]則野[15], 文勝質則史[16]. 文質彬彬[17], 然後君子." 「雍也」18

**자왈** "질승문즉야, 문승질즉사. 문질빈빈, 연후군자."

공자가 말하는 "문질빈빈"은 내면과 외면의 아름다움이 반반으로 잘 어우러진 상태이다. 이는 조화로운 중화(中和)의 아름다움이다. '중화'의 아름다움은 형식과 내용이 어느 한쪽으로 치우치지 않는 아름다움이다.

내면과 외면이 조화롭지 않은 사람의 단점은 무엇일까? 그는 자신의 용량이 한쪽으로만 쏠려 있으므로, 반대편 사람들을 포용할 여유 공간이 없다. 그는 사람의 긴장을 풀어주는 유쾌한 농담 한마디 나눌 여유조차 없다. 그에게서는 즐겁고 기발한 창의력을 기대할 수 없다.

좌우의 조화가 잘된 인생을 산 사람이 에브라함 링컨이다. 그는 "좌로든 우로든 치우치지 말고 배의 키를 가운데 놓고 꾸준히 앞으로 가십시오."라고 말한다.[18]

나는 내면과 외면이 잘 어우러진 조화로운 사람인가? 내 삶 가운데 좌편향과 우편향은 없는가? 혈연, 지연, 학연에 기울어진 삶을 살지는 않는가? 여유롭고 창의로운 삶에 대한 자각도 없이 자기만이 옳다고 고

• • •

13 순박함, 과장되지 않음, 즉 예의의 본질
14 화려한 꾸밈, 즉 예의의 말단
15 사람이 들(/촌) 사람처럼 천박하여 예절을 모름
16 과분한 수식, 과장됨
17 '彬彬': 배합이 잘 된 모양, 잘 어우러진 모양
18 존 홈스·카린 바지, 김성웅 옮김(2006:92)

집하며 목소리를 높이지는 않는가?

내면과 외면이 조화로워 치우치지 않는 사람이 멋지다.

## ○ 자각하는 사람

> # 患其不能
>
> 어떤 사람이 멋진가?
> 공자는 자기의 무능함에 대해 자각하는 사람을 말한다.

공자가 말씀하셨다. "군자는 자신이 무능함을 걱정할 뿐 남들이 자기를 알아주지 않는 것을 걱정하지 않는다."

**子曰** "君子病[19]無能焉, 不病[20]人之不己知[21]也."「衛靈公」19

**자왈** "군자병무능언, 부병인지불기지야."

• • •

19  걱정하다, 근심하다.

20  위 논어 본문들 가운데 동사로 쓰이는 '病'이나 '患'은 '근심, 걱정, 고통' 등을 의미하는 것이 아니라 주의하고, 근신하고, 집중하는 의미의 '걱정'이다. 즉, '걱정'을 통해 자신을 돌아봄으로써 스스로 깨닫는 '자각(自覺)'을 의미한다.

21  "人之不己知"는 '病'의 목적어 절이다. 고대중국어 부정문에서 목적어가 대명사인 경우, '술어+목적어'의 구조가 아니라 '목적어+술어'의 구조를 보인다. 아래 「憲問」30'의 경우도 동일한 문법현상이다.

자기 자신을 발견하는 사람이 멋지다.

공자는 다시 말을 바꾸어 자각(自覺)의 중요성을 강조한다.

공자께서 말씀하셨다. "남들이 자기를 알아주지 않는 것을 걱정하지 말고 자신의 무능함(/재능이 없음)을 걱정하라."

子曰 "不患人之不己知, 患其不能[22]也."「憲問」30
자왈 "불환인지불기지, 환기불능야."

공자는 자기 자신의 무능함에 대해 자각하는 사람이 멋지다고 한다. 자신의 무능함에 대해 자각하는 사람은 주변 사람들의 말에 좌지우지하지 않는다. 그는 당당한 사람이다. 그는 문제를 다른 사람이나 외부의 환경적인 것으로 돌리지 않는다.

---

## 患不知人也

공자는 더 적극적인 자각에 대해 말한다. 즉, '남을 인정하지 못하는 자신의 좁은 마음'에 대해서까지 능동적으로 자각하라고 말한다.

---

공자가 말씀하셨다. "남들이 자기를 알아주지 않는 것을 걱정하지 말고, 자신이 남을 알아주지 못함을 걱정하라."

• • •

22  명사로 '재능', '능력'

子曰 "不患人之不己知, 患不知人也." 「學而」16
자왈 "불환인지불기지, 환부지인야."

공자가 말하는 "자신이 남을 알아주지 못함에 대한 걱정(患不知人)"은
무엇인가? 그것은 자아에 대한 깊은 성찰을 통한 자각(自覺)이다. 그는
남을 이해하기 위해 적극적으로 노력한다. 그는 자기 자신의 인격을 함
양하고 능력을 키우는 데 집중한다. 그가 품을 수 있는 사람의 수는 점
점 늘어간다.

소인은 그렇지 않다. 소인배들은 오로지 남들이 자신에 대해 뭐라고
말하는가에 집중한다. 그는 도끼눈을 뜨고 긴장하여 남의 눈치를 살핀
다. 조금만 불쾌해도 "네가 어떻게 나에 그럴 수 있느냐"며 사생결단(死
生決斷) 싸우자고 달려든다.

나는 남들이 나를 알아주지 않아 병을 삼은(/근심 걱정한/화가 난) 적이
없는가? 되돌아보면 초 · 중고등학교 시절 우리 반 애들이 내가 힘이 얼
마나 세며, 싸움도 잘하고, 공부도 잘하는지 몰라주어 화가 났고, 성장
하여 직장을 구할 땐 나처럼 유능한 인재를 몰라주는 이 세상을 탓하였
다. 강단에 선지 20년이 된 지금도 나는 학생 탓을 한다. "요즘 애들은
수업 시간에 왜 이렇게 떠드는 거야!" 가정생활 속에서도 아내에게, 아
이들에게 탓한다. "왜 내 맘을 몰라 주는 거야!" 자각하는 사람의 모습
이 아니다. 멋진 사람의 태도가 아니다.

# 君子求諸己

결국, 공자는 문제의 근본 원인을
자기 속에서 찾으라고 말한다.

공자께서 말씀하셨다. "군자는 (원인을) 자기에게서 찾으나, 소인배는 (원인을) 남에게서 찾는다."

**子曰** "君子求諸[23]己, 小人求諸人."「衛靈公」21

**자왈** "군자구제기, 소인구제인."

멋진 사람은 자기의 내면세계에서 덕성(德性)과 수양을 추구한다. 이는 타인과의 투쟁을 수반하지 않는다. 그가 추구하는 세계는 무한히 자유로우며 넓다. 소인은 그렇지 않다. 그는 유한한 외부의 물질세계에서 목표를 추구하기 때문에 투쟁을 피할 수 없다. 그는 일이 잘 안 풀릴 때는 외부를 향해 원망을 품는다. 결국, 군자는 자기 자신에 대해 요구하며 문제의 해법을 찾는 사람이나, 소인배는 "다 너 때문이야"라며 남에게 가혹하게 강요하는 사람이다.

나는 누구를 탓하는가? 나는 우리나라를 36년간 식민지로 삼았던 나라가 우리를 그렇게 못 살게 굴었다고 미워한다. 강대국들이 우리를 남북으로 갈라놓았다고 원망한다. 직장 내에서 어려운 문제가 생길 때마

• • •

23 조사로, '~에서'의 뜻임. '之於'와 같다.

다, 왜 내 직장에는 인물다운 인물이 없는가 한탄한다. 국민에게 짐이 되고, 국론을 분열시키는 일부 정치 지도자들을 보면서 우리나라에는 왜 저런 인물들이 정치를 하느냐고 탓한다. 그러는 나는 지탄받을 행동을 안 하는가? 그리고 그렇게도 남을 탓하면서 살아온 결과가 무엇인가? 지금부터라도 되돌아보고 각성할 일이다.

문제의 근본 원인을 자기 속에서 찾는 사람이 멋지다.

## ○ 어울리되 패거리 짓지 않는 사람

# 和而不同

어떤 사람이 멋진가?
공자는 두루 어울리되(和) 패거리를 만들지 않는 사람을 말한다.

공자께서 말씀하셨다. "군자는 사람들과 서로 화목하게 지낼 뿐 분별없이 맞장구치지 않으나, 소인배는 맹종하여 분별없이 맞장구칠 뿐 사람들과 서로 화목하게 지낼 줄 모른다."

**子曰** "君子和而不同[24], 小人同而不和."「子路」23

**자왈** "군자화이부동, 소인동이불화."

공자는 인간관계에 있어서 군자가 보이는 특징을 조화('和')와 부동('不

同)으로 설명한다.

멋진 사람이 보이는 화('和')는 피차간 개성의 차이를 존중하는 태도이다. 이는 피차 인격적인 존중을 전제로 한 큰 줄거리에 대한 화합이다. 여기서 큰 줄거리는 인간의 이상과 인격의 존엄과 같은 것들이다. 즉 서로 다른 개성을 가진 군자들은 각자의 뛰어난 재능을 발전시키며, 자신의 본분을 다하고 큰 줄기인 인륜의 이상을 실현하려 노력한다. 이러한 삶을 추구하는 사람은 자유인이자 자율적인 사람이다.

소인은 그렇지 않다. 그들이 보이는 '동(同)'이란 피차간의 다양한 차이를 불문하고 사사로운 이익만 좇아 뭉치고 '옳거니!' 하며 서로 찬동하는 태도이다. 이러한 부화뇌동(附和雷同 : 분별없이 맞장구침)의 자세는 남에게 자신을 의지하는 것이기 때문에 인격의 독립성이 확보되지 않는다. 이러한 삶을 추구하는 사람은 주변의 환경이나 사람에게 구속된 자이다.

---

## 周而不比

또, 누가 멋진 사람인가?
공자는 두루 어울리되 패거리를 짓지 않는 사람을 말한다.

---

공자가 말씀하셨다. "군자는 여러 사람과 단결할 뿐 결탁하지 않으나, 소인배는 결탁할 뿐 다른 사람들과 단결할 줄을 모른다.

• • •

24 '和'는 다섯 가지 맛(五味)의 조화와 여덟 가지 음(八音)의 조화, 즉 진정한 어울림을 의미한다. '同'은 같은 성질의 사물만을 함께 묶어놓은 것으로 동질성만 있을 뿐, 피차의 특성이 주는 조화로운 어울림은 없다. 査正賢(2006:187) 참조

**子曰** "君子周$^{25}$而不比$^{26}$, 小人$^{27}$比而不周." 「爲政」14

**자왈** "군자주이불비, 소인비이부주."

공자는 군자와 소인배특성에 대해 "A而不B, B而不A"의 형식으로 대조하여 설명한다. 즉, '(군자는) A할 뿐, B하지 아니하나, (소인배는) B할 뿐 A하지 않는다.'의 형식이다. 공자는 인간관계에 있어서 군자가 보이는 특징을 '주(周)'와 '불비(不比)'로써 설명한다.

군자는 마음이 넓으므로 타인의 성정과 지위나 입장 등에 대해서 두루 살필 줄 아는 사람이다. 그는 타인에 대해 동정과 이해의 마음을 품는다. 그는 역지사지(易地思之)의 마음으로 타인을 대한다. 그는 타인에 대하여 공정하고 존중하는 태도를 보인다. 이러한 태도를 '주(周)'라 한다. 이러한 사람들이 정치를 하면 세상은 조화롭고 화평해진다.

소인은 그렇지 않다. 그의 생활과 관심영역은 자신의 육체에 국한되어 있다. 그는 타인에 대한 공정한 평가, 동정, 이해의 마음을 수용할 공간이 없다. 그는 사람이나 사물에 대한 평가에 있어 항상 자신을 표준으로 삼고, 자신과 같으면 찬성하고 다르면 반대한다. 오로지 같은 생각을 가진 자 끼리끼리 어울려 패거리를 지어 서로 지지하고 의지한다. 자신과 견해가 다른 사람은 이해하지도 존중하지도 않기 때문에 극력 배척한다. 소인의 이런 태도를 '비(比)'라 한다. 요즈음 학교폭력이나 '왕따현상'도 소인배들의 패거리 때문이 발생한다. 이러한 사람들이 리더가 되면

● ● ●

25 '두루 미치다', 여기서는 여러 사람들과 단결함을 의미한다.
26 '결탁하다', '공모하다'
27 인격이 비열한 사람

그 집단은 항상 내편 네편 패를 갈라 줄서기하며 불화와 원망을 키운다.

---

# 群而不黨

또, 누가 멋진 사람인가?
공자는 어울리되 파벌을 만들지 않는 사람을 말한다.

---

공자가 말씀하셨다. "군자는 긍지 있게 자중할 뿐 남들과 더불어 승리를 다투지 않으며, 사람들과 어울리되 파벌을 만들지 않는다."

**子曰** "君子矜²⁸而不爭²⁹, 群而不黨³⁰." 「衛靈公」 22
**자왈** "군자긍이부쟁, 군이부당."

멋진 사람은 긍지를 가지고 무겁게 처신한다. 그는 승리를 다투지 않는다. 그는 여러 사람들과 어울릴 줄 안다. 그러나 그는 파벌은 만들지 않는다.

소인은 그렇지 않다. 그들은 붕당(朋黨)을 지어 서로간의 이익을 추구하는데 목표를 둘 뿐 인간의 이상을 조화롭게 실현하는 즐거움을 알지 못한다. 그들은 당(黨)을 만들어도 자기이익만 된다면 이 당 저 당 옮겨 다니기 일쑤이며, 이기기 위해 수단과 방법을 가리지 않고 싸워 정쟁(政

• • •
28  자중하여 자신을 지키다.
29  (승리를) 다투다.
30  파벌을 만들다.

爭)을 일으킨다.

세상에는 가는 곳마다 자기 파벌을 만드는 사람이 있다. 파벌을 만드는 것은 누군가와 싸우려는 것이고, 기회를 잡아 남을 짓밟고 올라서려는 단초이다.

우리나라는 국토가 매우 작은 나라이지만 다양한 집단들이 있다. 인생의 즐거움과 행복을 나누는 집단은 아름답다. 그러나 그 중에는 집단주의에 너무나 투철한 향우회, 대학동문회, 군대전우회, 종교집단 등도 있다. 그 안에 포함되지 않은 사람들에게 불안감을 주거나 피해의식을 주는 모임은 멋지지 않다.

우리 인생의 마당은 희대의 독재자 히틀러가 보는 것처럼 투쟁의 요소만 쌓여 있는 삭막한 곳만은 아니다. 함께 어울려 신명나게, 즐겁게, 멋지게 살아갈 수 있는 마당이기도 하다.

어울리되 패거리를 짓지 않는 사람이 멋지다.

## ○ 진중하며 교만하지 않은 사람

泰而不驕

어떤 사람이 멋진가?
공자는 진중하고 교만하지 않은 사람을 말한다.

공자가 말씀하셨다. "군자는 진중할 뿐 교만하지 않으나, 소인배는 교만할 뿐 진중할 줄 모른다."

**子曰** "君子泰[31]而不驕[32], 小人驕而不泰." 「子路」 26
**자왈** "군자태이불교, 소인교이불태."

　공자는 인간관계에 있어서 '멋진 사람(君子)'이 보이는 특징을 '태(泰)'와 '불교(不驕)'로 설명한다. '태'는 침착하고 편안한 태도이고, '불교'는 교만하지 않은 태도이다.

　멋진 사람은 개인의 영욕이나 득실에 연연하지 않는다. 그는 소아적인 자존심에 매달리지 않는다. 그는 매사에 진중하며 교만하지 않다. 멋진 사람은 선한 의지로 인덕을 쌓는 생을 산다. 주변에서 드물지 않게 보이는 선과 화평을 향한 선의의 경쟁은 이 시대를 사는 우리 모두에게 신선한 활력소이다. 당대의 세계 최고 부자인 미국의 빌·게이츠는 엄청난 돈을 사회복지와 세계 난민 구원, 에이즈 치료 등의 재원으로 출연하여 재단을 설립하였다. 또 워런 버핏(버크셔 헤더웨이 회장 겸 CEO)은 이 재단 및 기타 구호 재단에 자신이 보유한 주식의 85%에 해당하는 370억 달러를 기부한다고 밝혔다. 한편 동양 최고의 갑부인 홍콩의 리지아청(李嘉誠)도 사회복지를 위해 엄청난 재원출연을 약속했다. 이러한 소식은 공익을 위한 기부문화가 약한 우리에게 놀라움과 부러움을 준다. 선의의 길에 동서양이 경쟁하는 듯한 모습이다. 출연한 재원의 액수도 놀랍지

● ● ●

31  마음이 편안하고 홀가분하다. 편안하고 침착하다.
32  교만하다.

만, 진짜 멋진 것은 그들의 착한 마음씨이다. 그들은 멋진 부자들이다.

소인은 그렇지 않다. 그는 다른 사람과의 관계 속에서 먼저 이해득실을 따진다. 그는 자신을 내세우는 데 집중한다. 그들은 때로는 교만하며 때로는 조급해진다.

나는 어떤 사람인가? 진중하며 교만하지 않은 삶을 사는가? 혹시 파벌을 만들며 다투기를 즐기지는 않는가?

긍지 있게 자중하는 사람이 멋지다.


## ○ 아름다움을 완성하는 사람

# 君子成人之美

누가 멋진 사람인가?
공자는 타인이 아름다운 행실을 완성할 수 있도록 도와주는 사람을 말한다.

공자가 말씀하셨다. "군자는 다른 사람들이 아름다움(/아름다운 일)을 완성할 수 있도록 장려할 뿐, 다른 사람들이 나쁜 짓을 하도록 조장하지 않는다. 소인배는 이와 정반대이다."

**子曰** "君子成<sup>33</sup>人之美, 不成人之惡<sup>34</sup>. 小人反是."「顏淵」16
**자왈** "군자성인지미, 불성인지악. 소인반시."

멋진 사람은 스스로 추구하는 도덕적 이상이 있기 때문에 자기 자신을 돌아보며 발전하기 위해 노력한다. 그는 또한 다른 사람을 어진 마음으로 사랑한다. 그는 타인을 존중할 줄 알기에 타인에게 이로움을 준다. 그는 타인의 악행을 조장(助長)하지 않는 데서 그치지 않고, 타인을 도와 적극적으로 선행을 장려한다. 그는 이타적인 삶에 익숙한 사람이다.

남의 아름다운 일을 완성시켜주는 행위는 우리 인생사에 여러 가지 모습으로 나타날 수 있다. 그중 하나는 바로 약자에 대한 배려이다. 2002년 방문학자로 1년간 캘리포니아 버클리대학에 머문 적이 있다. 그때 지켜본 미국 사회의 신체적 약자에 대한 배려는 멋져보였다. 그 사회는 가능한 한 장애인을 우선 배려하여, 그들이 정상적인 삶을 살 수 있도록 도와주는 일을 매우 자연스럽게 여긴다.

행여 나에게 강자에게는 한 없이 약해지고, 약자에게는 오히려 강해지는 소인배 기질이 있는지 되돌아 볼일이다. 이제 주변 사람들이 잘되는 꼴을 보지 못하는 소인배 기질을 버려야 한다. 우리말에 "사촌이 땅을 사면 배가 아프다."는 속담은 사라져야 한다. 출산율이 적은 우리나라는 사촌이 매우 가까울 수밖에 없다. 사촌이 잘 되어야 나도 잘된다. "칭찬은 고래도 춤추게 한다."고 하지 않던가! 다른 사람을 치켜세우고 배려하고 돕는 일은 멋진 리더의 덕목이다. 남이 잘 되도록 도와주는 것은 결국 자기 자신을 아름답게 가꾸는 비결이다.


다른 사람의 아름다움을 키워주는 사람이 멋지다.

• • •

33  (어떤 일이) 이루지게 하다.
34  '악'으로 읽는다. 추악함, 악한 행동

**군자란?**

1. 당당한 사람

2. 내면과 외면이 잘 어우러진 사람

3. 문제를 자기화하는 사람

4. 어울리되 패거리짓지 않는 사람

5. 타인의 아름다움을 완성시켜주는 사람

※ 다음은 군자와 소인의 차이를 나타내는 표이다. 서로 상대적인 특징들에 대해 말해 보자.

| 군자(멋진 사람) | 소인배 |
| --- | --- |
| 上達 | 下達 |
| 喻於義 | 喻於利 |
| 坦蕩蕩 | 長戚戚 |
| 求諸己 | 求諸人 |
| 和而不同 | 同而不和 |
| 周而不比 | 比而不周 |
| 泰而不驕 | 驕而不泰 |

※ 내 안에 있는 멋진 모습을 글로 써보자.

# 덕자(德者)

〜〜〜〜〜〜〜〜〜

공자는 '멋진 사람'의 모델로 '덕자(德者)'를 말한다.

## ○ 치우치지 않는 사람

> # 中庸之爲德
>
> '덕(德)'이란 무엇인가?
> 공자는 '중용(中庸)'의 덕을 말한다.

공자께서 말씀하셨다. "중용은 (일종의) 덕이 되는데, (아마도) 최고의 덕일 것이다. 일반 백성들에게는 이 덕이 사라진지 오래 되었도다."

**子曰**  "中庸[35]之爲德也, 其至[36]矣乎! 民鮮[37]久矣." 「雍也」 29

**자왈**  "중용지위덕야, 기지의호! 민선구의."

· · ·

35  유가의 윤리사상의 하나로 대인관계나 일처리에 있어서 어느 한쪽으로 기울지 않고 조화롭게 절충하는 태도를 이른다. 또 사서(四書)의 하나인 책이름

36  지극하다, 극진하다.

37  드물다, 적다(少).

'덕'은 '중용'으로써 구체적으로 실현된다. '중(中)'은 넘치지도 모자라지도 않는다는 뜻이며, '용(庸)'은 '용(用)'의 뜻으로 '일상적인 쓰임'을 말한다. 이 중용은 '어중간함, 평범함' 등을 뜻하는 것이 아니다. 이렇게도 못하고 저렇게도 못하는 우유부단함을 말하는 것이 결코 아니다. 그것은 일상에서 구체적으로 조화롭게 행해지는 실천적인 '덕(德)'을 의미한다. 따라서 중용의 덕을 가진 사람은 절제함으로써 좌로나 우로나 치우치지 않는다.

치우치지 않는 삶을 사는 사람은 그때그때 마주치는 상황에 대해 적절한 결정을 할 줄 안다. 웃어야 할 때 웃고, 울어야 할 때 우는 것, 놀 때 놀고, 공부할 때 공부해야 하는 것 등등 상황에 맞는 적절한 행동이 필요하다. 이것이 바로 상황에 맞는 중용의 도이다. 중용(『中庸』)에서는 이것을 시중지도(時中之道 : 때에 맞는 도리)라고 한다.

나는 중용의 자세로 일상생활에 임하는가? 『논어』의 가르침을 보면 일상생활의 작은 일에도 좌로나 우로나 치우치지 않고 충실해야 한다. 이때 작은 일에 충실한 것과 어떤 일에 치우쳐 '매몰되는 것'을 구별해야 한다. 어떤 일에 매몰된다함은 그 방면에 깊이 치우쳐 헤어나기 어려운 것을 말한다. 예를 들면 컴퓨터 게임 같은 것이다. 물론 컴퓨터 그 자체는 우리에게 많은 유익함을 줄 수 있는 문명의 이기임에 틀림없다. 고도의 전문성을 가진 과학계에서의 이용은 물론이고, 우리처럼 평범한 사람들도 불과 몇 분 안에 지구의 저쪽에서 일어난 일을 알아 볼 수도 있고, 실생활에 필요한 각종 정보도 손쉽게 알아 볼 수 있다. 그러나 컴퓨터를 이용한 게임에 빠질 경우 헤어나기 어렵다. 나는 몇 년 전부터 컴퓨터 바둑에 빠져 계산해 보니 약 1000시간은 넘는 시간을 쓴 것 같다. 이는 날

수로 계산하면 45일이 넘는다. 이로 인해 아마추어 유단자의 실력을 쌓았으나 소비한 시간이 너무 많다. 그리고 그 재미에 비례하여 허비하는 시간이 점점 더 길어진다. 나는 현재 절제를 통한 중용의 덕이 매우 필요하다.

일상생활 가운데 어떻게 중용의 덕을 실현하면서 살아갈 것인가? 어떤 일에든 극단적이지 않아야 한다. 극단적인 생각은 극단적인 행동을 유발한다. 이는 중용의 덕과 정면으로 어긋난다.

누가 멋진 사람인가?
일상생활을 극단으로 치닫게 하지 않고 조화롭게 운용하는 사람이다.

---

## 主忠信, 徙義

어떻게 중용의 덕을 함양할 것인가?
공자는 '충성스러움과 믿음'을 발전시켜 '의'에 부합하게 생활하라고 말한다.

---

자장이 어떻게 해야 덕을 높이고, 의혹됨을 구별할 수 있는지 여쭈었다. 공자가 말씀하셨다. "충성스러움과 믿음을 위주로 하여 의로움으로 옮겨가거라. 이것이 덕을 숭상하는 것이다."

子張問崇[38]德辨[39]惑[40].(자장문숭덕변혹.)

• • •

38 높이다.

子曰 "主[41]忠信, 徙義, 崇德也." 「顔淵」10

자왈 "주충신, 사의, 숭덕야."


공자는 '충성스러움과 믿음'을 발전시켜 '의'에 부합하게 생활하라고 한다. 이것이 '덕'을 숭상하는 길이다. 이는 사람을 대함에 있어 몸과 마음을 다하여 대하며, 신뢰를 지키는 삶이다.

또, 중용의 덕을 키우기 위해서는 의에 부합한 행동을 하는 사람들과 언제든지 연합할 마음의 자세가 필요하다. 에이브라함 링컨은 "옳음을 위해 일어난 어떤 사람들과도 함께 하십시오. 그 사람들이 옳음의 편에 설 때 그와 함께 하시고, 그가 그릇된 길로 나가면 곧장 헤어지십시오."[42] 라고 말한다.

현실 가운데 중용의 덕을 실현한다는 것은 쉽지 않다. 인간의 죄악된 속성이 우리로 하여금 말단적이고 감각적인 데로 치우치게 만들기 때문이다. 이천오백여 년 전의 상황도 21세기 첨단시대인 지금이나 별반 다르지 않았나 보다. 공자는 탄식한다.


공자께서 말씀하셨다. "나는 여색을 좋아하는 것처럼 덕을 좋아하는 사람을 보지 못하였도다."


• • •

39  구별하다, 변별하다.
40  "崇德辨惑"은 '술+목+술+목' 구조가 '間'의 목적어이다.
41  중시하다, 숭상하다, 동사
42  존 홈스 · 카린 바지, 김성웅 옮김(2006:106)

"吾未見<sup>43</sup>好德如好色者也<sup>44</sup>." 「子罕」18

자왈 "오미견호덕여호색자야."

공자의 이 탄식은 우리로 하여금 '덕을 좋아하는 마음을 가지라'는 것을 강조한다. 인덕의 함양에 있어 가장 기피해야 할 것이 무엇인가? 공자는 감각적인 쾌락을 말한다. '여색'이든 '남색(?)'이든 이는 모두 감각적인 쾌락이다. 이 감각적인 쾌락추구가 덕을 쌓는데 있어 기피해야할 제1호 대상이다.

중용의 덕을 실천하여 어느 한쪽으로 치우치지 않는 사람이 멋지다.


## ㅇ 덕을 품는 사람

> # 君子懷德
>
> 누가 덕스런 사람인가?
> 공자는 마음속에 '덕'을 품은 사람을 말한다.

공자가 말씀하셨다. "군자가 그 마음속에 덕을 품으면, 백성들은 고향의 자기 전토에서 편안히 살 생각을 하고, 군자가 형법(刑法)으로 다스릴

---

• • •

43 '見'의 목적어는 후속하는 전체 내용, 즉 '好德如好色者也'이다.
44 「衛靈公」13에도 동일한 내용이 나온다. 본문에서의 '好'는 모두 동사로 '좋아하다'의 뜻이다.

생각을 품으면, 백성들은 (타국의) 은혜로운 임금을 마음에 품(고 그리워하여 좇아 떠나)게 된다.”

子曰 “君子懷德, 小人懷土 ; 君子懷刑, 小人懷惠.”[45] 「里仁」11
자왈 “군자회덕, 소인회토 ; 군자회형, 소인회혜.”

공자는 리더가 마음속에 덕을 품으면, 구성원들이 떠나지 않는다고 말한다. 덕은 인간을 감화시키는 능력이 있다. 그래서 덕을 품고 있는 사람 곁에는 사람이 모여들고 떠나지 않는다. 어느 분야에서건 리더가 되려면 덕을 품는 것이 무엇보다 중요하다.

나는 마음에 무엇을 품는가? ‘덕’을 품는가? 아니면, 형벌 그 이상의 ‘독’과 ‘한’을 품는가? 독이 서리고 한이 서린 세상의 끝은 죽음이다. 오랫동안 시어머니에게 시집살이를 당하다가 드디어 시어머니가 된 경우, 오랫동안 정권을 잡지 못해 독이 서렸다가 드디어 정권을 잡은 경우 특히 조심해야 한다. 결국 독을 품은 사람, 독을 품은 지역과 사회에는 사람이 살 수 없다. 출간되자마자 단기간에 200만부가 넘게 팔린 『긍정의 힘(Your Best Life Now)』의 저자 조엘 오스틴 목사는 우리 마음에 품은 독을 뽑아낼 때 복을 받는다고 말한다.

“수십 년 전에 미국 정부의 허가를 받은 몇몇 미국 기업들이 독성 폐기물을 땅에 묻기로 했다. 이들은 화학 폐기물을 비롯하여 인간에게 치명적인 물질을 거대한 금속 용기에 담아 단단히 봉인한 다음에 깊은 곳

• • •
45 원문에 대한 각주는 3장의 1을 참조하라.

에 묻었다. 그리고 그것으로 끝이라고 생각했다. 하지만 얼마 안 있어 여러 용기가 새는 바람에 독성폐기물이 지표로 흘러나와 각종 문제를 일으켰다. 식물이 죽고 수원이 오염되어 사람들은 정든 고향을 버리고 떠났다. 나이아가라 폭포 근처의 러브 커넬(Love Canal)이란 마을에서는 수많은 사람이 암과 같은 무서운 질병으로 목숨을 잃기 시작했다. 지금까지도 많은 도시와 마을이 독성 폐기물 매립의 대가를 치루고 있다. 우리도 그 기업들과 같은 실수를 자주 저지른다. 누군가에게 상처를 받고 부당한 대우를 받았다면 그것을 털어버리고 하나님이 보상해 주실 줄 믿어야 하는데, 그렇게 하지 않고 그것을 마음 깊은 곳에 묻어두는 것이다. 원망과 분노 같은 파괴적 감정을 마음속의 용기에 꾹꾹 쑤셔 넣고는 뚜껑을 단단하게 봉한 후, 구석에 보관해 놓고는 장담한다. '이제 됐어. 잘 처리했으니까 더는 신경 쓰지 않아도 돼.' 하지만 독성 폐기물이 다시 지표로 흘러나오듯, 깊은 잠재의식 속에 쑤셔 넣은 악한 감정은 언젠가 표면으로 흘러나와 우리 삶을 더럽히고야 만다. 독을 품고 살아가면서 영원히 안전하리라고 아무도 장담할 수 없다."[46]

조엘 목사는 원망과 분노 같은 독성 요소는 하나님께 맡기고, 용서로써 원망이라는 독성 요소로부터 벗어나라고 말한다. 원망이 마음속에서 점점 깊이 뿌리를 내리고 계속해서 인생을 오염시키지 않도록 그것을 완전히 제거해야 한다. 그리고 그 깨끗한 공간에 '덕성(德性)'을 품어야 한다.

나는 교육계에 종사하는 한 사람으로서 학생들을 외국으로 쫓아 보내는 우리의 교육현실이 안타깝다. 개인의 특성과 필요에 따라 더 좋은 교

• • •

46 조엘 오스틴, 엔터스 코리아 옮김(2005:182-183)

육환경을 좇아 유학을 떠나는 것은 이해된다. 우리의 젊은이들이 국제적인 인물로 커나가길 진심으로 바란다. 그러나 문제는 모두 떠나려 하나, 다만 돈이 없어 못 떠나는 형국이 아닌가? 대개 한 국가가 어느 정도 발전하면 미국 유학생 수가 줄어드는 것이 일반적인 추세이다. 대만이나 인도의 미국 유학생 수는 1990년대 중반을 정점으로 감소하기 시작했다. 그러나 우리나라의 미국 유학생 수는 오히려 점점 더 늘어나고 있다. 얼마 전부터 인구 1억 3000만 명의 일본, 13억 명의 중국보다 더 많거나 비슷하게 미국에 유학 보내는 나라가 되었다.[47]

우리나라의 대학교육 현장은 어떤가? 들어가는 것이 어렵지, 일단 들어가기만 하면 졸업하는 것은 당연한 일로 여긴다. 입학만 하면 졸업하는 대학, 세계적으로 드문 모습이다. 근래 우리나라 대학의 국제적 위상도 많이 높아졌다. 그러나 경제적 성장에 비하면 아직 매우 낮은 수준이다. 그래서 우리의 학생들이, 학부모들이 우리나라의 교육현실에 만족하지 못하기 때문에 '기러기' 신세를 무릅쓰고 떠나는 것이다.

우리의 교육 유출 문제를 해결하는 길은 무엇인가? 근본적인 부분부터 접근해야 한다. 먼저, 교육자의 인성함양이 필요하다. 덕스런 교육자가 많아야 한다. 교육자가 덕이 있고 없고는 개인의 문제만은 아니다. 그 파급 효과가 전체 학생, 나아가 전체 국민에게 미치기 때문이다. 따라서 교육자는 자신이 학생들을 품을 만한 덕이 없다면 덕성을 함양하기 위해 부단히 노력하던지 아니면 용기 있게 교육현장을 떠나는 것이

● ● ●

47  중앙일보 2007. 04. 06 미국 이민 세관국의 통계에 따르면 해외 유학생 수가 많은 순서는 '한국〉인도〉중국〉일본〉대만〉캐나다〉멕시코〉터키〉태국〉사우디아라비아' 순이다.

도리이다. 괴벽한 성품의 소유자가 교육현장에서 연구와 교육은 뒷전에 두고 보직에 눈독 들이거나 '정치교수'가 되는 것은 멋지지 않다. 또한 교육자의 실력을 제고해야 한다. 실력 있는 교육자가 인정받는 풍토를 만들어야 한다. 실력이 있고 없고는 개인의 문제만이 아니다. 그 파급효과 역시 전체 학생, 나아가 전체 국민에게 미치는 큰 문제이다. 따라서 교육자는 자신이 학생들을 가르칠만한 실력이 없다면 더 열심히 연구하던지 아니면 용기 있게 교육현장을 떠나야 한다.

마음속에 '덕'을 품는 사람이 멋지다.

## ○ 외롭지 않은 사람

> # 德不孤
>
> 누가 덕스런 사람인가?
> 공자는 인덕으로 인해 '외롭지 않은 사람'을 말한다.

공자께서 말씀하셨다. "덕 있는 사람은 외롭지 않다. 반드시 이웃이 있게 된다."

**子曰** "德不孤, 必有隣."「里仁」 25
**자왈** "덕불고, 필유린."

공자는 덕스런 사람의 주변에 사람들이 모여든다고 말한다.

덕 있는 사람은 고립될리 없다. 반드시 그와 가까이 하는 사람이 있게 된다. 덕스러운 삶의 목표가 있는 사람끼리 서로 알고 모여든다. 즉 동지(同志)는 동지를 알아보고 서로 추구하게 된다. 고로 이웃이 있게 되며 고립되지 않는다. 이것이 '덕(德)'스런 사람의 대인관계이다. 바꾸어 말하면, 덕스럽지 못한 행위에 대한 보응은 '고립'이며 '내침'이다.

요즈음도 어떤 사람이 높은 자리에서 불의에 물러날 때 상습적으로 하는 말이 있다. "모두 제가 덕이 없기 때문입니다." 맞는 말이다. 자세한 속사정이야 사람마다 다르겠지만 공통적인 한 가지는 바로 '덕이 없어서'이다. 『논어』의 설명을 역으로 해석하면 덕이 없어서 사람과 사람 사이의 연결고리가 끊어진 것이다. 결국은 쫓겨나는 것이다.

중국인들은 소위 '관시(關係)'를 중시한다. 이는 각종 인간관계를 의미하며, 이 '관시'가 없으면 인생사를 헤쳐 나가기가 힘들다. 인간사회에는 여러 가지 관시가 있다. 지연, 혈연, 학연 등등, 그러나 가장 본질적인 것은 '덕'으로 맺어진 인간관계이다.

나는 덕스런 사람인가? 내 곁에는 사람이 모여드는가? 그리고 그 사람들과 지속적으로 교류하며 인덕을 함양하기 위해 노력하는가? 우리가 살아가면서 어떤 사람에게 사람이 모여들고 또 그런 상태가 오래 유지되는 사람이 있다면 그는 분명 덕스런 사람일 것이다. 그런 사람과 가까이 해야 한다.

인격적 교류로 인해 외롭지 않은 사람이 멋지다.

## ○ 구성원들이 감복하는 사람

> # 君子之德風
>
> 누가 덕스런 사람인가?
> 공자는 구성원들을 감복시키는 사람을 말한다.

　계강자가 공자에게 정치에 대하여 물었다. "무도(無道)한 나쁜 사람을 죽여, (다른 사람들로 하여금) 도덕이 있는 사람이 되게 한다면 어떻겠습니까?" 공자께서 대답하였다. "당신이 정치를 하면서 어찌 사람을 죽일 수 있단 말이오? 당신이 선한 일을 하려 한다면 백성들도 선한 일을 할 것입니다. 멋진 지도자의 덕은 바람과 같고, 서민의 덕은 풀과 같습니다. 풀 위에 바람이 불면 (풀은) 반드시 눕는 법입니다."

**季康子問政於孔子曰**(계강자문정어공자왈)："如殺無道[48], 以就[49]有道, 何如？ (여살무도, 이취유도, 하여？)"

**孔子對曰**　"子爲政, 焉[50]用殺？ 子欲善而民善矣. 君子[51]之德風, 小人[52]之德草, 草上之風, 必偃[53].「顔淵」19[54]

· · ·

48　무도(無道)한 나쁜 사람
49　되다, 성취하다.
50　어찌(何/安), 의문을 나타내는 어기부사이다.
51　지위가 있는 사람을 이른다.
52　서민, 일반 백성을 이른다.
53　눕다.
54　같은 예문이 3장의 2. 2 '덕풍으로 리드하라'에도 인용된다.

"자위정, 언용살? 자욕선이민선의. 군자지덕풍, 소인지덕초,
초상지풍, 필언."

노나라 제후인 계강자가 "백성을 계도할 수만 있다면 무도한 백성을
죽이는 방법을 써서라도 그렇게 하는 것이 어떻겠느냐"고 공자에게 묻
는다. 공자는 자연물에 빗대어 '덕'의 속성을 말한다. 그는 덕성을 소유
한 리더를 바람으로, 일반 구성원들을 풀로 비유한다. 풀 위로 바람이
불면 풀이 쓰러지듯, 덕스런 지도자가 이끌면 백성들은 모두 스스로 순
복(順服)한다는 것을 말한다. '덕'은 때로는 봄바람처럼 부드럽고, 때로
는 태풍처럼 강력하다. 집단의 구성원들이 감복(感服)하는 것은 눈에 보
이는 형벌이 아니다. 바람처럼 보이지 않으나 스스로 감동하여 복종하게
만드는 것이 바로 '인덕(仁德)'이다.

법령과 형벌로써 다스리는 것은 짧은 기간 멋져보일지도 모른다. 그
러나 구성원들은 감복하지 않는다. 어떻게든 법령을 피하려 한다.

---

# 道之以德

구성원을 진정으로 감복시킬 수 있는 비결은 무엇인가?
공자는 "덕으로 이끌라"고 말한다.

---

공자가 말씀하셨다. "법령으로 백성을 이끌고, 형벌로써 속박한다면
(백성들은) 죄를 지어 벌 받는 것을 피하려 할 뿐 수치를 느끼지 못한다.
덕으로써 이끌고 예의로써 구속한다면, 백성들은 수치스런 느낌이 있게

되고 자신의 잘못을 바로잡을 것이다."

**子曰** "道<sup>55</sup>之以政<sup>56</sup>, 齊<sup>57</sup>之以刑, 民免而無恥. 道之以德, 齊之以禮, 有恥
且格." 「爲政」 3

**자왈** "도지이정, 제지이형, 민면이무치. 도지이덕, 제지이례, 유치차격."

공자는 "덕으로써 이끌고 예의로써 가지런히 하라."한다. 이는 인성
(人性)의 계발을 통한 도덕의지의 작동을 말한다. 즉, 구성원들로 하여금
도덕적 가치에 대한 자각과 착한 마음의 실현에 힘쓰게 하라는 것이다.
이때 구성원들은 수치심이 생겨 스스로 자각하고 잘못을 고치게 된다.

구성원들을 덕으로 감복시키는 사람이 멋지다.

• • •

55 '導'와 통한다. 인도하다.
56 정령(政令), 법령
57 가지런히 하다.

## ○ 말을 잘 하는 사람

> # 有德者必有言
>
> 누가 덕스런 사람인가?
> 공자는 말을 진정으로 잘 하는 사람을 말한다.

공자께서 말씀하셨다. "덕스런 사람은 필경 말을 잘 하나, 말을 잘 하는 사람이라고 해서 반드시 덕스런 것은 아니다. 어진 사람은 필경 용기가 있으나, 용기 있는 사람이라고 해서 반드시 어진 것은 아니다."

**子曰** "有德者必有言, 有言者不必有德. 仁者必有勇, 勇者不必有仁."「憲問」4
**자왈** "유덕자필유언, 유언자불필유덕. 인자필유용, 용자불필유인."

공자는 덕스런 사람은 반드시 말을 잘 하지만, 말을 잘 하는 사람이라하여 반드시 덕스러운 것은 아니라고 설명한다. 즉, 말장난을 잘 하는 사람은 덕이 없을 가능성이 많다. 공자는 오히려 "교묘한 말은 덕을 깎아내린다(巧言令色, 鮮矣仁. 교언영색, 선의인. 學而 3)"고 한다. 또 "교언영색하는 사람이 부끄럽다(巧言, 令色, 足恭, 丘亦恥之. 교언, 영색, 족공, 구역치지. 公冶長 25)"고도 한다. 결국, 말을 진짜 잘 하는 사람은 그 마음속에 덕성이 충만한 사람이지, 교묘한 말장난을 잘하는 사람이 아니다.[58]

나는 중국어를 연구하고 가르치는 것을 직업으로 하는 사람이다. 오

• • •

58 멋진 사람의 '언행', 특히 '말'과 관련해서는 본서의 6장의 2절을 참고하라.

랫동안 어떻게 하면 중국어를 잘 할 수 있는지 많이 고민해 보았다. 여러 이론 서적도 뒤적여 보았다. 중국어 문법서며 회화책도 여러 권 출판하였다. 문화를 이해하면 유리하겠다 싶어 중국문화에도 관심을 기울여 보았다. 중국을 자주 드나들며 현실감을 가지려고도 하였다. 이런저런 방법이 중국어를 공부하는데 일정 부분 도움을 준 것은 사실이다. 결론적으로 외국어를 정말 잘 구사한다는 것은 역시 일종의 기술이라는 생각이 든다. 그러나 설령 기술을 잘 배웠다 해도 그 기술을 운용하는 콘텐츠가 없으면 역시 말의 힘이 떨어진다. 언어구사에 있어 말이 힘을 갖는 근본 바탕은 역시 내면세계의 콘텐츠이다. 공자는 그 본질을 덕성으로 본다. 즉, 사람의 마음에 덕성이 있어야 말장난이 아닌 부끄럽지 않은 말을 할 수 있다는 것이다. 우리가 말을 진짜 잘 하기 위해서 먼저 내면에 덕을 쌓아야 하는 이유이다.

내면의 덕성으로 인하여 말을 잘하는 사람이 멋지다.

## 덕자란?

1. 좌우로 치우치지 않는 사람
2. 덕을 품는 사람
3. 외롭지 않은 사람
4. 구성원들이 감복하는 사람
5. 말을 잘 하는 사람

※ 다음 덕스러운 사람과 관련된 내용과 논어 구절을 연결해 보자.

1. 중용은 (일종의) 덕이 된다         a. 主忠信

2. 충성스러움과 믿음을 위주로 하라         b. 德不孤

3. 덕 있는 사람은 외롭지 않다         c. 中庸之爲德也

4. 덕으로 이끌라         d. 有德者必有言

5. 덕스런 사람은 반드시 말을 잘 한다         e. 道之以德

※ 나의 어떤 부분이 덕스러운지 또는 덕스럽지 않은지 글로 써보자.

# 인자(仁者)

෨෨෨෨෨෨෨෨෨

공자는 '멋진 사람'의 모델로 '인자(仁者)'를 말한다.

## ○ 산 같은 사람

---

### 仁者樂山

누가 어진 사람인가?
공자는 '산을 좋아하여 산처럼 든든한 사람'을 말한다.

---

공자께서 말씀하셨다. "지혜로운 사람은 물을 좋아하고, 어진 사람은 산을 좋아한다. 지혜로운 사람은 물을 좋아하여 흐르는 물처럼 재주와 지혜를 잘 사용하여 진취적인 데 힘을 쓰며, 어진 사람은 고요함을 좋아하여 높은 산처럼 장중하다. 지혜로운 사람은 즐기며, 어진 사람은 장수한다.

> 子曰 "知者[59]樂[60]水, 仁者樂山 ; 知者動, 仁者樂 ; 知者樂, 仁者壽." 「雍也」23

● ● ●

59  지혜로운 사람(智者)
60  음은 '락', 즐거워하다, 좋아하다

**자왈** "지자요수, 인자요산 ; 지자동, 인자정 ; 지자락, 인자수."

공자는 '산', '고요함', '장수함' 등을 통해 어진 사람의 속성을 말한다. 어진 사람은 산처럼 장중하고 위엄이 있다. 그는 정적(靜的)인 것을 좋아한다. 그는 진중하게 처신하며 장수한다. 이는 이미 살펴본 군자의 속성과 같다.

그러나 어질지 않은 사람은 어떤가? 공자는 인내심이 없는 자라고 한다.

공자께서 말씀하셨다. "어질지 않은 사람은 빈곤한 생활을 오래 견디지 못하며, 안락한 생활 가운데도 오래 지내지 못한다. 어진 사람은 어진 도리에 평안히 거하며, 지혜로운 사람은 어짐이 주는 장점에 대하여 예민하게 반응하여 행동한다."

**子曰** "不仁者不可以久處[61]約[62], 不可以長處樂[63]. 仁者安[64]仁, 知者利[65]仁." 「里仁」2

**자왈** "불인자불가이구처약, 불가이장처락. 인자안인, 지자이인."

• • •

61 거처하다, 생활하다(동사)
62 빈곤함, 가난함(명사)
63 안락함, 부귀함(명사)
64 평안히 거하다(동사)
65 예리하게 하다(동사)

공자는 어질지 못한 사람의 특성을 말한다. 그는 빈곤한 생활을 오래 견디지 못한다. 그는 안락한 생활 가운데도 오래 지내지 못한다. 그는 한마디로 진중하게 인내할 줄 모르는 사람이다. 그는 '돈이 없어도 걱정이고, 돈이 많아도 걱정'인 사람이다. 그는 일이 많아 바빠도 불안하고, 일이 적어 한가해도 불안한 사람이다. 그야말로 앉으나 서나 걱정이고 불안한 사람이다. 현대인들 중 많은 사람들이 이유야 다르겠지만 이런 증세를 느끼는 것 같다. 공자의 말에 빗대어 보니 이는 사람이 어질지 못하여 발생하는 심리이다. 사람이 산처럼 의연하게 꿋꿋하게 살아가는 비결은 무엇인가? 공자는 인덕의 함양을 말한다.

어진 마음을 가짐으로써 산처럼 든든한 사람이 멋지다.

## ○ 극기복례하는 사람

> # 克己復禮爲仁
>
> 누가 어진 사람인가?
> 공자는 자신을 절제하며 예의를 실천하는 사람을 말한다.

안연(顔淵)이 인에 대하여 여쭈었다. 공자께서 말씀하셨다. "자기 자신의 사욕을 자제하고 예의를 실천하는 것이 바로 인이다. 진실로 어느 날 자기를 자제하고 예의를 회복한다면, 세상 사람들이 모두 어진 사람을 좇을 것이다. 인을 실천하는 것은 자기 자신이지 다른 사람을 의지하겠느냐?" 안연이 말하였다. "인을 실천하는 구체적인 항목은 무엇입니까?"

공자께서 말씀하셨다. "예의에 부합하지 않는 것이면 보지도 말고, 예의

에 부합하지 않는 소리면 듣지도 말고, 예의에 부합하지 않는 말은 하

지도 말고, 예의에 부합하지 않는 일이면 하지 말라." 안연이 말하였다.

"저는 비록 총명하지는 않지만 (선생님의) 말씀대로 하기를 원합니다."


顔淵問仁.(안연문인.)

子曰 "克己⁶⁶復⁶⁷禮爲仁. 一日克己復禮, 天下歸仁焉. 爲仁由己, 而由人
　　乎哉?"

자왈 "극기복례위인. 일일극기복례, 천하귀인언. 위인유기, 이유인호
　　재?"

顔淵曰(안연왈) : "請問其目⁶⁸(청문기목)?"

子曰 "非禮勿視, 非禮勿听, 非禮勿言, 非禮勿動."

자왈 "비례물시, 비례물은, 비례물언, 비례물동."

顔淵曰(안연왈) : "回雖不敏, 請事⁶⁹斯語矣. (회수불민, 청사사어의.)"「顔淵」1


　　공자는 인(仁)이 구체적으로 어떻게 드러나게 되는지와 그 실천의 중

요성에 대해 말한다.

　　공자가 정의하는 인(仁)은 '자기 자신의 사욕을 자제하고 예의를 실천

• • •

66　자기 자신을 극복(자제)하다

67　회복하다, 실천하다

68　조목, 항목

69　섬기다. (일을) 하다

하는 것(克己復禮)'이다. 공자는 예(禮)가 아니면 '보지도', '듣지도', '말하지도', '행동하지도' 말라고 한다. '예'라는 통로를 통해 보고, 듣고, 말하고, 행동하며 실천하는 삶을 살라는 것이다.[70] 결국 극기복례를 통해 드러나는 것이 그 사람의 어진 마음(仁性)이며, 이런 마음을 가진 사람이 바로 인자(仁者)이다.

공자의 말을 통해 볼 때, '인'이란 인간의 마음속에 있는 '어진 마음'이다. 이 '인'은 '덕'과 더불어 인간 본성의 핵(核)이다. 또 '예'란 '인'을 실천하는 수단이다. 따라서 수단인 '예'를 '인'보다 더 강조하는 것은 자칫 교조주의(教條主義)로 빠져 인간을 속박할 가능성이 크다. 중국 근현대 시기에 "예교가 사람을 잡아먹는다(禮教吃人)."이라는 말이 있었는데, 바로 이 경우에 해당된다. 사람을 상하질서의 틀에 꼭꼭 묶어놓고 꼼짝 못하게 하는 예의라면 어느 시대이건 인간에게 무익하다. 인간 본성의 핵인 어진 마음을 부단히 함양하여, 그것이 예의범절로 자연스럽게 나타나야 멋진 것이다.

자기 속에 있는 어진 마음을 부단히 함양하는 사람이 멋지다.

• • •

70 '예의'에 관한 내용은 본서 6장의 1절을 참고하라.

## ㅇ 용기 있는 사람

> # 仁者必有勇
>
> 누가 어진 사람인가?
> 공자는 용기있는 사람을 말한다.

공자께서 말씀하셨다. "덕스런 사람은 필경 말을 잘 하나, 말을 잘 하는 사람이라고 해서 반드시 덕스런 것은 아니다. 어진 사람은 필경 용기가 있으나, 용기 있는 사람이라고 해서 반드시 어진 것은 아니다."

**子曰** "有德者必有言, 有言者不必有德. 仁者必有勇, 勇者不必有仁." 「憲問」4

**자왈** "유덕자필유언, 유언자불필유덕. 인자필유용, 용자불필유인."

공자는 '어진 사람'만이 진정한 용기가 있음을 말한다.

공자는 "극기복례"를 통해 인이 실현된다고 말한다(顔淵 1). 이는 자기절제를 필요로 하는 것이다. 따라서 자기 자신의 내면에서 갈등과 싸움이 일어난다. 이 싸움에서 승리하려면 '용기'가 필요하다. 그런데 어진 마음이 있는 사람은 이미 용기를 통해서 '인'을 얻은 사람이다. 그는 이미 용기 있는 사람이다. 그러나 용기가 있다 해도 아직 어진 마음을 얻지 못한 상태가 있을 수 있다. 그래서 공자는 "용기 있는 사람이라고 해서 반드시 어진 것은 아니다."라고 한다.

공자는 또 '예'와 '음악'의 근본 역시 '인(仁)'에 있음을 말한다.

공자께서 말씀하셨다. "사람이 만약 어진 마음이 없다면, 예가 있다한들 무엇할 것인가? 사람이 만일 어진 마음이 없다면, 음악이 있다한들 또 무슨 쓸모가 있겠는가?"

子曰 "人而不仁, 如禮何？ 人而不仁, 如樂[71]何？"「八佾」3
자왈 "인이불인, 여예하？ 인이불인, 여악하？"

공자는 어진 사람이 흔들림 없는 진정한 용기를 가질 수 있다고 한다. 또, 내적 용기를 통해 함양된 인덕의 가치를 최고로 친다. 따라서 '예절'과 '음악'도 이 '어진 마음(仁)'과 결합할 때 더욱 빛이 난다. 논어의 이 구절을 접하면서 요즘 청소년들에게 바람을 가져본다.

첫째, 우리 청소년들이 예의바른 사람들이 되었으면 하는 바람이다. '요즘 아이들은 예절이 없다.'는 말은 이미 수천 년 전부터 어른들이 당시의 청소년들에게 해온 말이라고 한다. 지금도 그런 것 같다. 가끔 기본적인 예절조차 지키지 않는 젊은이들을 본다. 그들에게서 타인을 향한 배려심을 찾아볼 수 없다. 어떤 이는 무서워서, 어떤 이는 꼴도 보기 싫다며 외면한다. 또, 어떤 사람들은 농담으로 북한이 남침하지 못하는 가장 큰 이유는 남한의 중학생들이 너무 무섭기 때문이라고 한다. 일부 중학생들이 얼마나 무섭고 무례하면 이런 말까지 나왔을까? 그러나 외면하고 무관심한 어른들도 반성해야 한다. 어른들은 어진 마음과 용기로

• • •

71 '음악', 공자 및 유가의 가르침의 내용 가운데 하나. 음악과 춤 등을 모두 포함한다. 공자는 『논어』 가운데서 여러 번 음악이 사람의 감정을 도야하고, 사람의 올바른 성격을 형성시키는데 도움이 된다고 말한다.

그들을 선도해야할 책임이 있다. 그들에게 깨우침을 주는 것은 바로 '사랑의 수고'[72]이다. 우리 기성세대가 용기를 가지고 감당해야 할 일이다.

둘째, 젊은이들이 고상한 음악에 젖었으면 하는 바람이다. 고상한 음악은 성정을 감화시킨다. 고상한 음악은 인덕을 함양하는 수단이 될 수 있다. 고상한 음악은 제껴두고, 유행(流行)가에만 심취한다면 바른 자세가 아니다. 청춘은 짧고 할 일은 많다.

어진 마음으로부터 우러나는 용기가 있는 사람이 멋지다.


## ○ 가치판단을 할 수 있는 사람

# 仁者能好人，能惡人

누가 어진 사람인가?
공자는 '누구를 좋아할지 미워할지 판단할 줄 아는 사람'을 말한다.

공자께서 말씀하셨다. "오직 어진 사람만이 누구를 좋아해야 하는지, 누구를 미워해야 하는지를 안다".


• • •

72  본서 4장의 1. 3 '사랑의 수고'를 참조하라.

**子曰** "唯<sup>73</sup>仁者能好<sup>74</sup>人, 能惡<sup>75</sup>人." 「里仁」 3

**자왈** "유인자능호인, 능오인."

공자는 어진 사람만이 가치판단 능력이 있다고 본다.

어진 사람은 감정을 잘 조절할 수 있다. 그는 인륜도덕의 가치에 대해 정확히 판단할 수 있다. 그는 시비(是非), 선악(善惡), 호오(好惡) 등을 판단할 능력이 있다.<sup>76</sup> 이 능력은 감성적인 차원을 뛰어넘는 이성적이고 자각적인 판단능력이다.

좋아함과 싫어함에는 두 가지 종류가 있다. 감정이나 취미 차원에서 좋아하거나 싫어하는 것이 있다. 이러한 차원에서는 시비를 판단하기가 어렵다. 각자 좋은 대로, 개성대로 살면 된다. 그러나 자각적인 차원에서 좋아함과 싫어함은 품덕(品德)이 좋은 사람을 좋아하고 악인을 싫어하는 판단능력이다. 멋진 리더는 어진 마음을 함양함으로써 시비와 선악 그리고 가치를 정확히 판단할 수 있어야 한다. 어진 사람이 내리는 판단은 믿음직하기 때문에 원망과 불평을 잠재우는 능력이 있다. 여기에 멋진 사람의 역할이 있다.

어진 사람은 가치판단을 할 수 있는 사람이기 때문에 공자는 말한다.

• • •

73 오로지. 부사
74 좋아하다. 동사
75 미워하다. 동사
76 따라서 주변에서 보이는 기복이 심한 사랑과 증오, 불평과 불만 등은 인간이 어질지 못하여 생기는 것들이라 하겠다.

어진 사람은 자기가 성취하고 싶으면 타인도 성취하게 해주고, 자기가 통달하고 싶으면 타인도 통달하게 해준다.

子曰 "夫仁者, 己欲立而立人 ; 己欲達而達人."「雍也」28
자왈 "부인자, 기욕입이입인 ; 기욕달이달인."

어진 사람은 '누구를 세워줘야 할지[77], 누구를 달성하게 해주어야 할지'에 대해 판단능력이 있는 사람이다. 이런 사람이 리더가 되면 그 집단은 당연히 조화롭고 행복해진다.

어진 마음으로써 가치판단을 할 수 있는 사람이 멋지다.

## ○ 살신성인하는 사람

### 殺身成仁

누가 어진 사람인가?
공자는 타인의 인(仁)을 이루기 위해 자신을 희생하는 사람을 말한다.

공자께서 말씀하셨다. "지조 있는 선비나 어진 사람은 살기 위해서 어진 도리(仁道)를 망치는 것을 추구하지 않고, 자기 몸을 희생하여 인덕

• • •

77  본서 3장의 2 '곧은 사람을 세우라'를 참조하라.

(仁德)을 성취한다."

子曰 "志士仁人, 無求生以害仁, 有殺身以成<sup>78</sup>仁." 「衛靈公」9

자왈 "지사인인, 무구생이해인, 유살신이성인."

공자는 '인(仁)'을 완성하는 멋진 사람의 태도를 말한다. 그는 자기 편하자고 인륜도덕을 저버리지 않는다. 그는 자기를 철저히 희생해서라도 인덕의 완성을 추구한다.

우리나라의 역사 속에는 자신의 몸을 초개(草芥) 같이 버려 나라를 구하고, 주변 사람들을 살린 예가 많다. 우리가 충무공 이순신을 거리낌 없이 성웅으로 부르는 이유가 무엇인가? 그는 나라와 백성을 향한 사랑과 연민의 마음으로 목숨까지도 아낌없이 바치는 인덕이 있었기 때문이다.

인자무적(仁者無敵)이라는 말이 있다. 이는 사람이 어질면 적이 생기지 않기 때문에 적이 없다는 말이다. 그러나 한 번 더 생각해 보면, 자기 자신을 철저히 희생("殺身成仁")하면서 이루는 것이 인(仁)이고, 인을 쌓은 사람은 이미 자기의 목숨을 걸고 그 인덕을 도야한 사람이기 때문에 적이 있을 수 없다.

인덕의 함양을 위해 자신을 희생할 줄 아는 사람이 멋지다.

● ● ●

78 이루다, 성취하다

### 인자란?

1. 극기복례하는 사람

2. 용기 있는 사람

3. 산처럼 든든한 사람

4. 가치판단을 할 수 있는 사람

5. 살신성인하는 사람

※ 다음 어진 사람과 관련된 내용과 논어 구절을 연결해 보자.

1. 어진 사람은 필경 용기가 있다

2. 어진 사람은 어진 도리에 평안히 거한다

3. 오직 어진 사람만이 누구를 좋아해야 하는지
   누구를 미워해야 하는지 안다

4. 어진 사람은 장수한다

5. 어진 사람은 산을 좋아한다

a. 仁者壽

b. 唯仁者能好人

c. 仁者安仁

d. 仁者必有勇

e. 仁者樂山

※ 나의 어떤 부분이 어진 마음인지 또는 어질지 않은 마음인지 글로 써보자.

제 4 절

# 지자(智者)

〜〜〜〜〜〜〜〜〜

공자는 '멋진 사람'의 모델로 '지자(智者)'를 말한다.

## ○ 물 같은 사람

> ### 知者樂水
>
> 누가 지혜로운 사람인가?
> 공자는 물과 같이 변화에 대응할 줄 아는 사람을 말한다.

　지혜로운 사람은 물을 좋아하여 흐르는 물처럼 재주와 지혜를 잘 사용하여 진취적인데 힘을 쓰며, 어진 사람은 고요함을 좋아하여 높은 산처럼 장중하다. 지혜로운 사람은 즐기고, 어진 사람은 장수한다.

子曰 "知者樂[79]水, 仁者樂山 ; 知者動, 仁者樂 ; 知者樂, 仁者壽." 「雍也」 23

자왈 "지자요수, 인자요산 ; 지자동, 인자정 ; 지자락, 인자수."

• • •

79 음은 '락', 즐거워하다, 좋아하다.

공자는 지혜로운 사람의 속성을 말한다.

지혜로운 사람은 흐르는 물과 같이 변화에 민감하다. 그는 동적(動的)인 것을 좋아한다. 그는 세상만사의 변화에 대응하며, 그것을 즐길 줄 아는 사람이다.

'물(水)'을 '가장 착하다(上善)'고 말한 사람은 노자(老子)이다. 그는 도덕경『道德經』에서 물의 속성을 잘 설명한다. "가장 착한 것은 마치 물과 같다. 물은 만물을 이롭게 하면서도 다투지 아니하고, 모든 사람이 싫어하는 낮은 자리에 처한다. 그러하기에 도에 가깝다. 上善若水(상선약수), 水善利萬物而不爭(수선리만물이부쟁), 處衆人之所惡(처중인지소오), 故幾於道(고기어도)." 노자는 물의 착한 가치를 강조한다. 이는 '높은 자리'보다 '낮은 자리', '채움'보다는 '비움', '직선'보다는 '곡선', '강함'보다는 '약함', '굳셈'보다는 '부드러움'의 가치이다. 이러한 논리와 가치는 산업화 시대를 바쁘게 살아온 우리들에게 많은 점을 생각하게 한다. 느리게 살기, 비우기, 기다리기, 내려놓기, 버리기 등을 통해 삶의 진정한 행복이 무엇인지 돌아보게 한다.

나는 지혜로운 사람인가? 물과 같이 변화에 민감한가? 잘 흐르는가? 그것을 즐기고 새로운 변화를 창출할 줄 아는 사람인가? 아니면 고집부리며 꽉 막힌 자 인가? 나는 지혜가 매우 부족한 자이니 평생 지혜를 간구(懇求)하며 살아야겠다.

변화에 민감하게 대응하며 즐기는 사람이 멋지다.

## ○ 유혹에 빠지지 않는 사람

> # 既欲其生, 又欲其死, 是惑也
>
> 누가 지혜로운 사람인가?
> 공자는 '유혹에 빠지지 않는 사람'을 말한다.
> 먼저 공자가 말하는 '미혹'된 상태와 그 문제점을 살펴보자. '미혹'됨이란 무엇인가?
> 공자는 '두 마음을 품는 것'을 말한다.

　자장이 덕을 숭상하고 미혹됨을 분별하는 것에 대해 물었다. 공자께서 말씀하셨다. "누구를 사랑하면 그 사람이 살기를 바라고, 누구를 미워하면 그 사람이 죽기를 바란다. 그런데 살기도 바라고 죽기도 바라는 것이 바로 미혹된 것이다."

子張問崇德辨惑. (자장문숭덕변혹.)

**子曰** "主忠信, 徙義, 崇德也. 愛之欲其生, 惡之欲其死. 既欲其生, 又欲其死, 是惑也."「顏淵」10

**자왈** "주충신, 사의, 숭덕야. 애지욕기생, 오지욕기사. 기욕기생, 우욕기사, 시혹야."

　공자는 '미혹이란' 마음이 갈팡질팡하여 두 마음을 품는 것이라 한다. "살기도 바라고(愛之欲其生), 죽기도 바란다(惡之欲其死)."는 것은 사랑과 미움 사이의 모순에 빠져든 경우이다.

# 一朝之忿, 忘其身, 以及其親

미혹된 사람의 문제는 무엇인가?
공자는 일시적인 분노의 마음으로, 그 화가 자신을 죽게 하고
부모에게까지 미치게 됨을 말한다.

번지가 무우 아래서 (공자를) 따라다니다 물었다. "감히 덕을 숭상하는 것, 사악한 생각을 수양하는 것, 미혹됨을 분별하는 것에 대해 묻겠습니다." 공자께서 말씀하셨다. "훌륭한 질문이구나! 일을 먼저하고 얻는 것을 나중으로 생각한다면 덕을 숭상하는 것이 아니겠는가? 자신의 나쁜 점을 공격하고, 다른 사람의 나쁜 점을 공격하지 않는 것이 악한 생각을 다스리는 것이 아니겠는가? 하루 아침의 분노로 자기의 몸을 잃어버리고, 부모에게까지 그 화를 미치게 하는 것이 미혹이 아니겠는가?

樊遲從游於舞雩[80]之下(번지종유어무우지하), 曰(왈) : "敢問崇德, 修慝[81], 辨惑. (감문숭덕, 수닉, 변혹.)"

子曰 "善哉問! 先事後得, 非崇德與? 攻其惡, 勿攻人之惡, 非修慝與? 一朝之忿, 忘其身, 以及其親, 非惑與?" 「顔淵」21

자왈 "선재문! 선사후득, 비숭덕여? 공기악, 물공인지악, 비수닉여? 일조지분, 망기신, 이급기친, 비혹여?"

• • •

80  지명
81  간사함, 사악함

사람이 일시적인 분노로 인하여 자신의 안위(安危)를 잃을 뿐만 아니라, 그 화가 부모에게까지 미치게 하는 행위가 '미혹'된 행위이다. 순간적으로 감정조절이 안되어 돌이킬 수 없는 지경으로 빠져든 것이다. 이런 상태는 모두 자기의 절제범위를 벗어나 조절할 수 없는 상태이다. 이처럼 '미혹'은 덕행실천에 있어서의 곤혹스러운 일이다. 성인 공자도 "40세에 이르러 비로소 미혹되지 않았다(四十而不惑 사십이불혹 爲政 4)."고 한다.

---

## 知者不惑

'미혹'에 빠지지 않는 비결은 무엇인가?
공자는 지혜로운 사람이 되라고 한다.

---

공자께서 말씀하셨다. "군자의 도는 세 가지 방면에서 드러난다. 나도 해내지 못한 것이다. 어진 자는 근심하지 않으며, **지혜로운 사람은 미혹되지 않으며, 용기 있는 사람은 두려워하지 않는다."** 자공이 말했다. "바로 선생님 자신을 말씀하시는군요."

子曰 "君子道者三, 我無能[82]焉 : 仁者不憂, **知者[83]不惑**, 勇者不俱."
자왈 "군자도자삼, 아무능언 : 인자불우, **지자불혹**, 용자불구."
子貢曰(자공왈) : "夫子自道也. (부자자도야.)" 「憲問」 28

• • •

82 해내지 못하다, 겸비하지 못하다.
83 '知'는 '智'와 통한다, '知者'는 지혜로운 사람(智者)

'지혜'는 '어짊', '용기'와 더불어 군자의 인덕을 완성하는 데 필요한 주요한 항목 중 하나이다. 공자는 사람이 근심하지 않으며, 미혹되지 않으며, 용기 있게 살아야 함을 말한다. 인생에서 이러한 세 가지 행복을 지속적으로 누리고 살기란 쉽지 않다. "나도 해내지 못했다."는 공자의 자각(自覺)적인 표현이 재미있다. 그런데 길이 하나 있다. 그것은 지혜로운 사람이 되는 것이다. 여기서 말하는 '지혜'는 경험적인 지식뿐만 아니라 자신에 대한 깊은 성찰을 통하여 얻어지는 자각적 '지혜'를 의미한다.

지혜로운 사람은 왜 미혹되지 않을 수 있는가? 이는 지혜로운 사람은 사물의 원리에 밝기 때문에 자신의 아는 바에 따라 실행해도 '미혹됨'이 없다는 뜻이다. 또 지혜로운 자는 자신에 대한 깊은 자각 속에서 자신을 돌아보아 지키기 때문이다. 그는 매사에 도를 넘지 않는다. 그는 특히 과도한 욕심을 부리지 않는다.

자각적 지혜로써 자신을 지킬 때 조심해야 할 것이 '어진 마음을 유지하는 것'이다.

---

# 仁不能守之, 雖得之, 必失之

공자는 어진 마음(仁)으로 자신의 소중한 것을 지켜내라 한다.

---

공자께서 말씀하셨다. "**지혜로써 (그 직위를) 얻었더라도 어진 마음(仁)으로써 간수하지 못하면 비록 얻었던 것이라도 반드시 잃게 된다.** 지혜로써 (그 직위를) 얻고 인으로써 그것을 지킬 수 있더라도 엄숙하게 임

하지 않으면, 백성들은 공경하지 않는다. 지혜로써 (그 직위를) 얻고, 인으로써 그것을 지킬 수 있고, 엄숙하게 임하더라도, 백성들을 움직일 때 예로써 하지 않으면 최선에 이를 수 없다."

子曰 "知及之, 仁不能守之, 雖得之, 必失之. 知及之, 仁能守之, 不莊以莅之, 則民不敬. 知及之, 仁能守之, 莊以莅之, 動之不以禮, 未善也." 「衛靈公」 33

子曰 "지지지, 인불능수지, 수득지, 필실지. 지지지, 인능수지, 부장이임지, 즉 민불경. 지지지, 인능수지, 장이임지, 동지불이예, 미선야."

공자는 귀중한 그 무엇이든 '인(仁)'으로써 지키라 한다. 우리는 지식이나 지혜, 건강이나 생명의 안위, 명예나 부등 지키고 싶은 것들이 많다. 공자는 스스로 소중하게 생각하는 그 무엇을 지키기 위해 본질적으로 가져야 하는 것이 '인'이라 한다.

어진 마음과 자각적 지혜로써 자신을 지킬 때 조심해야 할 또 하나는 바로 '신독(愼獨 : 자기 홀로 있을 때에도 도리에 어그러지는 일을 하지 않고 삼가 함)'이다. 혼자 있을 때 자기의 마음을 지키기가 어렵기 때문이다. 성경은 말한다. "네 마음을 지키라 생명의 근원이 이에서 남이니라. 잠언 4:23" 가정을 지키고 국가를 지키는 것도 중요하지만, 무엇보다도 먼저 마음을 지키라는 것이다. 먼저, 마음에 악한 것들이 들어오지 못하도록 깨어 있어야 한다. 한편, 마음속의 죄성(罪性)이 밖으로 나가지 못하게 단단히 지켜야 한다. 인간의 "마음에서 나오는 것은 악한 생각과 살인과 간음과 음란과 도둑질과 거짓 증언과 비방(마태복음15:19)"이기 때문이다.

그러므로 미혹되지 않기 위해 우리는 방심하지 말고 스스로 경계하는 지혜가 필요하다.

지혜로써 유혹에 빠지지 않는 사람이 멋지다.


## ○ 사람을 얻는 말을 하는 사람

> # 知者不失人, 亦不失言
>
> 누가 지혜로운 사람인가?
> 공자는 사람을 얻는 말을 할 줄 아는 사람을 말한다.


공자께서 말씀하셨다. "어떤 사람과 이야기해야 할 것을 그 사람과 이야기 하지 않으면 그 사람의 마음을 잃을 것이다. "어떤 사람과 이야기 하지 않아야 할 것을 그 사람과 이야기 하면 말실수를 하게 된다. 지혜로운 사람은 사람의 마음도 잃지 않으며, 말실수도 안 한다."

**子曰** "可與[84]言而不與言, 失人[85] ; 不可與言而與之言, 失言. 知者不失人, 亦不失言."「衛靈公」8

**자왈** "가여언이불여언, 실인 ; 불가여언이여지언, 실언. 지자불실인, 역불실언."

• • •

84  '~와'의 뜻을 표시하는 전치사, 본문은 전치사의 목적어가 생략되었다.
85  사람의 마음, 우의

공자는 지혜로운 사람의 언행이 어떠해야 함을 말한다.

지혜로운 사람은 말실수를 안 하는 사람이다. 그는 사람의 마음도 잃지 않는다. 지혜로써 사리를 분별하여 말을 하기 때문이다. 그는 '반드시 해야 할 말'과 '반드시 하지 말아야 할 말'을 구분할 수 있다. 또, 그는 말보다도 행동을 앞세우는 실천적인 사람이다. 그는 사람들의 신임을 잃지 않을 뿐만 아니라 오히려 자기의 주장이 설득력을 얻어 뜻을 같이 하는 사람을 얻는다. 그러므로 사람이 진짜 말을 잘 하려면 먼저 지혜로운 사람이 되어야 한다.

'지혜'는 공자가 말한 바, '덕'과 더불어 말을 잘하기 위한 핵심요소이다.[86] 성경도 말한다. "경우에 합당한 말은 아로새긴 은쟁반에 금 사과니라. 잠언 25:11"

우리 주변에는 말로 망하는 사람들이 있다. 특히 지도자는 말을 지혜롭게 할 수 있어야 한다. 조금만 힘들어도, 아니 아무리 힘들어도 '못해먹겠다.'는 식의 부정적인 말은 삼가 해야 한다. 그런 리더와 함께 하고 싶은 사람은 없다. 그런 지도자와 함께하는 구성원들은 불안할 수밖에 없다.

지혜로운 말로 흩어진 마음들을 한데 모으는 사람이 멋지다.

• • •
86 자세한 내용은 본서 6장의 2 '언행' 부분을 참고하라.

## ○ 즐기는 단계에 이르는 사람

### 樂之者

누가 지혜로운 사람인가?
공자는 '즐기는 단계에 이르는 사람'을 말한다.

공자께서 말씀하셨다. "(그것[87]을) 아는 사람은 (그것을) 좋아하는 사람만 못하다. (그것을) **좋아하는 사람은 (그것을 실천하여) 즐기는 사람만 못하다.**"

子曰 "知之者, 不如好之者 ; 好之者, 不如樂[88]之者." 「雍也」 20

자왈 "지지자, 불여호지자 ; 호지자, 불여낙지자."

공자는 사람이 지식을 추구하는 단계를 말한다.

지혜로운 사람은 도덕을 알 뿐만 아니라 좋아하며, 나아가 그것에 깊이 심취되어 실천하며 즐기는 단계를 추구한다. 본문의 '지지(知之)', '호지(好之)', '낙지(樂之)'에서 대명사 지(之)가 가리키는 것은 도(道)이다. '도'에 대해 '아는 것'은 '좋아함'에 미치지 못한다. 지각은 '도'에 대한 앎일 뿐이므로, 아직 자신 속에 내재되지 않았기 때문이다. 또 '도'를 '좋아함'은 '즐김'에 미치지 못한다. '좋아함'은 아직 '도와 자신이 합일되지 않은

• • •

87  본문에는 생략되어 있지만 '도(道)'를 말한다.
88  마음으로 깊이 좋아하여 그것에 도취됨을 이른다.

상태이므로 '도'의 실현이 중단될 수도 있기 때문이다. 그러나 '도'를 '즐 긴다'는 것은 자신과 '도'가 합일(合一)되어 '즐거움으로 삼는 것이기 때문 에 중단 없이 성장한다. 지혜로운 사람은 '즐기는 단계'까지 추구한다.

우리는 '어떤 가치 있는 것'에 대해 아는 단계에서 좋아하는 단계로, 또 실천하며 즐기는 단계로 발전시켜야 한다. 외국어를 습득하는 과정 도 마찬 가지이다. '알기 위해 애쓰는 단계 → 알고 좋아하는 단계 → 심 취하여 즐기는 단계'가 있다. 죽어라하고 외우며 알기 위해 힘쓰는 것은 기초이다. 좋아서 열심인 단계도 물론 나쁘지 않다. 그러나 지혜로운 자 세는 '즐기는 단계'이다. 즐기는 단계는 많이 알거나 잘 하고의 문제를 뛰어 넘는다. 이 단계는 경험적 지식의 숙석을 말하는 깃이 아니리 지각 적 지혜의 단계이기 때문이다. 바둑을 예로 들어 보자. 18급은 18급대로, 아마 5급은 5급대로, 유단자는 유단자대로 즐길 수 있다. 바둑은 5급 때 가 제일 재미있다는 말도 한다. 사실 5급 정도의 실력은 이제 중급 수준 이지만 두는 사람들이 재미있게 즐겁게 두면 되는 것이다. 공부든 취미 든 즐기는 마음으로 해야 한다. 어느 날엔가 분명히 무섭게 성장한 자신 을 발견하는 날이 올 것이다.


어떤 일을 실천함에 있어 자각적으로 즐기는 사람이 멋지다.

## 지자란?

1. 물 같은 사람

2. 유혹에 빠지지 않는 사람

3. 사람을 얻는 말을 하는 사람

4. 즐기는 단계에 이르는 사람

※ **다음 지혜로운 사람과 관련된 내용과 논어 구절을 연결해 보자.**

1. 지혜로운 사람은 물을 좋아한다      a. 知者樂

2. 지혜로운 사람은 사람의 마음도
   잃지 않는다      b. 知者樂水

3. (그것을) 아는 사람은 (그것을 실천하여)
   즐기는 사람만 못하다      c. 知者不失人

4. 지혜로운 사람은 즐길 줄 안다      d. 知之者, 不如樂之者

※ **나의 어떤 부분이 지혜로운지 또는 지혜롭지 않은지 글로 써보자.**

제 5 절

# 효자(孝子)

࿇࿇࿇࿇࿇࿇࿇࿇࿇

공자는 '멋진 사람'의 모델로 '효자(孝子)'를 말한다.


## ○ 근본이 된 사람

> # 孝弟, 本立而道生
>
> 어떤 사람이 효자인가?
> 효로써 '근본이 된 사람'이다.

　유자가 말했다. "부모에게 효도하고 순종하며, 어른을 순종하는 사람 가운데 윗사람[89]에게 반역하기를 좋아하는 자는 드물다. 윗사람에게 반역하기를 좋아하지 않는 사람 가운데 못된 짓을 꾸미는 자는 더욱 없다. 군자는 마땅히 근본에 힘을 써야 한다. 근본이 확립되면 (나라를 다스리고 세상에서 훌륭한 사람이 되는) 원칙(/인륜도덕)이 생긴다. 부모에 대한 효와 어른에 대한 공경은 인(仁)의 뿌리이다."


• • •

**89** '조정(朝廷)'으로 번역되기도 한다.

**有子**[90]**曰** **"其爲人也孝**[91]**弟**[92]**, 而好犯上者, 鮮矣** ; 不好犯上, 而好作亂者, 未之有也. **君子務本, 本立而道**[93]**生. 孝弟也者, 其爲仁**[94]**之本與!"**

「學而」 2

**유자왈** **"기위인야효제, 이호범상자,** 선의 ; 불호범상, 이호작란자, 미지유야. **군자무본, 본립이도생. 효제야자, 기위인지본여! "**

유자는 인간다운 삶을 사는 근본을 말한다. 그 근본은 바로 효제(孝悌)이다. 효제를 근본으로 유학의 핵심가치인 인(仁)이 쌓인다. 즉, 효제는 도(道)가 생기게 하는 뿌리이다. 세상만사가 운행(運行)되는 기초가 바로 효제(孝悌)에서 비롯된다. 부모에게 효도하는 사람은 위아래를 분별할 줄 안다. 그는 못된 짓을 꾸미지 않는다. 멋진 사람은 인생의 근본이 되는 효에 힘을 쓴다. 그는 이를 통해 나라를 다스리는 원리도 터득하게 된다. 즉 효자는 인생의 근본 도리를 잘 닦은 사람이다. 효도하는 사람

• • •

90 孔子의 제자, 성은 '有' 이름은 '若'이다.

91 중국 전통의 도덕규범 가운데 하나로 자녀는 부모에 대하여 공경하고 순종하며 받들고 공양해야 함을 말한다. 『論語』 중에는 '孝'를 어떻게 실행할 것인가의 구체적인 방법에 대하여서는 나와 있지 않지만 '孝'와 '仁', '孝'와 '忠'의 관계에 대하여 말한다.

92 弟 : 지금은 '悌'로 쓴다. 중국 전통의 도덕규범의 하나로 연하자(동생)가 연장자(형)에게 순종함을 의미한다.

93 道 : 중국 고대의 철학과 윤리의 범주이다. 『論語』 가운데 30여 차례 출현하며, 여러 가지의 뜻을 가진다. 여기서는 '나라를 다스리고 사람 됨됨이가 되어 세상만사를 처리하는(治理國家, 爲人處事) 원칙'을 의미한다.

94 仁 : 유가의 정치, 윤리, 사상체계에 있어 핵심적인 요소이다. 공자가 일생동안 추구한 최고의 도덕적인 경지이다. '어짐(仁)'은 '효도와 공경함(孝悌)'으로 근본을 삼으며, '어진 자는 남을 사랑한다(仁者愛人)'로써 기본정신을, '예의(禮)'로써 '어짐(仁)'을 조절하는 것으로 보았다. '관용(寬)', '믿음(信)', '민첩함(敏)', '지혜(智)', '용기(勇)', '공경(恭)', '은혜(惠)' 등은 모두 '어짐(仁)'의 중요한 표현 요소들이다.

은 집단이나 국가의 경영같은 더 큰 일도 할 수 있는 사람이다.

효도함으로써 근본이 된 사람이 멋지다.

## ○ 즐거운 얼굴로 부모를 대하는 사람

色難

누가 효자인가?
공자는 '즐거운 얼굴로 부모를 대하는 사람'을 말한다.

자하가 효에 대하여 물었다. 공자가 대답했다. "제일 어려운 것은 부드럽고 즐거운 낯빛(표정)으로 부모를 섬기는 것이다. 만일 집에 일이 있어 나이 어린 사람이 나이 든 사람을 대신하여 그 일을 하고, 술과 음식이 생겨 나이 드신 부형으로 하여금 먹게 한다면, 설마 이렇게 한 것을 효를 다 하였다고 할 수 있을까?"

子夏問孝. (자하문효.)

子曰 "色難. 有事, 弟子[95]服其勞 ; 有酒食, 先生[96]饌, 曾[97]是以爲孝乎?"
「爲政」8

• • •

95 나이 어린 사람
96 나이든 사람, 부형(父兄)을 가리킨다.
97 설마(難道)

**자왈** "색난. 유사, 제자복기로 ; 유주식, 선생찬, 증시이위효호?"

공자는 효에 있어 중요한 것은 부드럽고 즐거운 낯빛(표정)으로 부모를 섬기는 것이라 한다. 먹을 것으로만 효도한다면 이는 부족하다. 또 부모가 가장 속상한 것 중의 하나는 풀죽은 자식의 얼굴을 볼 때이다.

자식은 언제 부모에게 즐거운 낯빛으로 대하지 못하는가? 자식의 입장에서 부모를 평가하거나 판단할 때 낯빛이 변할 수 있다. 그러나 잘났거나 못났거나 부모는 부모이다. 혈육의 부모는 바꿀 수 없다. 아무리 부정하려 해도 부정할 수 없다. 부모를 부정하는 사람은 자기 자신도 철저히 부정된다. 어떤 경우라도 인정하고 섬겨야할 대상이 바로 부모이다. 이는 천륜의 명령이고, 인생의 기본 도리이다. 결국, 부모를 즐거운 낯빛으로 섬기는 행위는 자신의 존재의미를 분명히 하는 행위이다. 부모를 즐거운 마음으로 공경스럽게 섬길 수 있다는 점은 인간이 동물과 다른 점이며, 특권이자 의무이다. 성경은 "네 부모를 즐겁게 하며 너를 낳은 어미를 기쁘게 하라. (잠언23:25)"고 명령한다.

즐거운 얼굴로 부모를 대하는 사람이 멋지다.

어떻게 효를 실천할 것인가?
공자는 공경하는 마음으로 효도하라고 한다.

자유가 효에 대하여 물었다. 공자가 대답했다. "지금 세상에서 말하는 **효란 부모를 먹여 살리기만 하면 된다**고 생각한다. 그러나 이것은 개나 말도 (그 어미를) 먹여 살릴 수 있는 것이다. 공경심이 없다면 무슨 구별이 있겠는가?"

子游<sup>98</sup>問孝. (자유문효.)

子曰 "今之孝者<sup>99</sup>, 是<sup>100</sup>謂能養. 至於犬馬, 皆能有養. 不敬, 何以別乎?"
「爲政」7

자왈 "금지효자, 시위능양. 지어견마, 개능유양. 불경, 하이별호?"


공자는 효를 행함에 있어서는 반드시 공경스럽게 해야 함을 말한다.

까마귀 새끼도 성상하고 나면 자신이 먹이를 물어다가 토해내어 그 어미를 먹일 줄 안다. 이를 반포지효(反哺之孝)라 한다. 심지어 개나 말도 부모에게 먹이를 양보할 줄 안다. 그렇기에 까마귀나 개나 말처럼 효도를 하는 것을 '멋지다!' 하기 어렵다. 부모를 공경하고 존중하는 마음으로 효를 실천하는 것이 무엇보다 중요하다.

기독교의 10계명 중 인간관계에 관한 첫 번째 계명도 바로 '효'이다. "너희 아버지와 어머니를 잘 섬겨라. 그러면 나 여호와 하나님이 너희에게 준 이 땅에서 너희를 오래 살게 할 것이다. 출애굽기20:12" 부모에게 효도하라'는 계명은 '살인', '간음', '도둑질', '거짓증언', '탐심' 등등 금지 항목보다 우선한다. 또 반드시 '실천하라'는 명령이다.


• • •

98 공자의 제자. 성은 '言', 이름은 '偃', 자는 '子游'.
99 '~것', 지시대명사
100 단지, '祇(기)'와 통한다.

공경스럽게 효를 행하는 사람이 멋지다.


그렇다면 왜 효도하여야 하는가?
부모님의 자녀에 대한 사랑 때문이다.


맹무백이 효에 대하여 물었다. 공자가 대답했다. "부모가 걱정하는 것
은 바로 자기의 자녀가 병이 날까하는 것이다."


孟武伯[101]問孝(맹무백문효).
子曰 "父母唯其[102]疾之憂."「爲政」6
자왈 "부모유기질지우."


　부모는 본능적으로 자식의 건강과 행복에 관심이 있다. 오죽하면 우
리네 속담에 "마른 논에 물 들어가는 것과 자식 입에 밥이 들어가는 것
이 제일 보기 좋다."는 말이 생겼으랴!


• • •
101 맹의자(孟懿子)의 아들. 이름은 '체(彘)', 시(諡)는 '무(武)'이다.
102 부모의 '자녀'를 이른다.

증자가 말했다. "삼가 신중하게 부모의 상사(喪事)를 처리하고, 경건하게 조상을 추모하면 백성들의 도덕은 두텁게 될 것이다."

**曾子曰** "愼終[103]追遠[104], 民德歸厚矣." 「學而」9
**증자왈** "신종추원, 민덕귀후의."

효는 세상의 도덕을 두텁게 한다.

효는 사람과 사람 사이에 행해지는 가장 기본적인 예의이다. 가족, 특히 부모 자식은 피로써 맺어진 촌수(寸數)를 따질 수 없는 관계이다. 따라서 돌아가신 후에도 같은 마음으로 경건하게 추모해야 한다. 이러한 추모의 마음과 행위는 한 개인에게만 국한되지 않고 사람과 사람 사이에도 전해져 인륜도덕을 두텁게 하는 기능을 한다.

효를 통해 민심을 두텁게 하는 사람이 멋지다.

• • •

103 사람이 죽음. 여기서는 부모의 상사(喪事)를 의미한다.
104 조상을 의미한다.

## ○ 연세를 헤아리는 사람

> # 父母之年, 不可不知
>
> 누가 효자인가?
> 공자는 부모의 연세를 헤아리는 사람을 말한다.

공자께서 말씀하셨다. "부모의 연세는 몰라서는 안 된다. 한편으로는 (부모가 장수하시기 때문에) 기뻐하고, 한편으로는 (부모가 늙어 돌아가시게 될까봐) 두려워해야 한다."

**子曰** "父母之年, 不可不知也. 一則以喜, 一則以懼." 「里仁」21
**자왈** "부모지년, 불가부지야. 일즉이희, 일즉이구."

생전 효도는 어떻게 해야 하나? 공자는 기본적으로 부모님의 연세를 헤아리라고 한다.

부모의 연세를 안다는 것은 부모의 건강을 챙기는 것으로 이해된다. 부모의 건강을 챙겨드리지 않는 것이 불효이다. 연세가 많다는 것은 오래 사셨기 때문에 감사한 일이지만, 한편으로는 언제 돌아가실지 모르기 때문에 걱정되는 일이다. 부모님의 연세를 헤아린다는 것은 부모님의 존재에 대한 감사와 혹시 모를 부모님의 부재에 대한 두려움을 의미한다. 부모님이 모두 살아계실 때에는 그 사실에 대한 감사가 부족한 경우가 있다. 그러나 부모님이 별세하고 나면 뼛속까지 시리는 아픔과 그리움이 남는다.

## 遊必有方

어떻게 효도해야 하나?
공자는 부모님을 항상 염두에 두고 행동하라고 한다.

공자께서 말씀하셨다. "부모가 살아 계실 때에 자식된 자는 멀리 나가 떠돌지 말아야 하며, 멀리 나갈 때에는 반드시 확정된 장소가 있어야 한다."

**子曰** "父母在, 不遠遊[105], 遊必有方[106]." 「里仁」19

**자왈** "부모재, 불원유, 유필유방."

생전 효도의 하나는 부모의 마음에 근심을 끼치지 않는 것이다. 부모의 마음을 가장 근심스럽게 하는 것은 자식의 존재를 상실하는 것이다. 따라서 자식된 자는 부모님의 주변에서 가급적 떠나지 않아야 한다. 또, 어디를 가든지 부모에게 알려야 한다. '부모의 주변을 지킨다.'는 것은 꼭 거리 개념으로 이해할 필요는 없다. 이는 부모에게 자식의 존재를 알려드리는 것으로도 가능한 일이다. 따라서 통신이 발달한 이 시대는 오히려 효도하기 쉬운 시대인지도 모른다. 아무리 멀리 떨어져 있더라도 지구 위에만 존재한다면, 그리고 마음만 있다면, 부모와의 따뜻한 통화는 가능하다.

• • •

105 유람하다.
106 장소, 여기서는 확정된 장소를 이른다.

부모의 연세를 헤아리며, 부모의 존재를 염두에 두고 행동하는 사람
이 멋지다.


## ㅇ 그 뜻을 기리는 사람

<br>

# 無改於父之道

누가 효자인가?
공자는 부모님이 돌아가신 후에 예의를 지켜 장례를 하고,
오랫동안 '그 뜻을 기리는 사람'을 말한다.

<br>

맹의자가 효에 대하여 물었다. 공자가 대답했다. "예에 거슬리지 않도
록 하라." 이때 번지(樊遲)가 공자를 위해 수레를 대령했다. 공자가 그에
게 말씀하셨다. "맹손이 나에게 효에 대하여 묻기에 나는 '예에 거슬리지
않아야 한다고 대답했다." 번지가 말하였다. "이것이 무슨 뜻인가요?"
공자가 말씀하셨다. "부모가 세상에 계실 때에는 예로써 섬기고, 부모가
돌아가셨을 때에는 예로써 장사지내고 예로써 제사지내야 한다."

<br>

孟懿子[107]問孝. (맹의자문효.)

子曰 "無違."

자왈 "무위."

樊遲[108]御. (번지어.)

子告之曰 "孟孫問孝於我, 我對曰, 無違."

자고지왈 "맹손문효어아, 아대왈, 무위."

樊遲曰 : "何謂也 ? (하위야?)"

子曰 "生, 事之以禮 ; 死, 葬之以禮, 祭之以禮."「爲政」5

자왈 "생, 사지이예 ; 사, 장지이예, 제지이예."


공자는 부모님 사후에 예의를 지켜 장례를 행하여야 한다고 가르친다. 시대에 따라 장례의 의식(儀式)은 변할 수도 있겠지만, 공경함으로써 치루는 의식이라는 점은 변할 수 없다. 한 사람의 일생이 무연고로 죽고, 무연고 묘지에 매장되고, 무연고로 흩어지는 인생이라면 우리네 인생은 너무 삭막하다. 인간의 즐거움은 무엇이며, 인간의 존엄은 무엇이며, 인륜이란 도대체 무엇이란 말인가? 부모의 장례조차 모시지 않는 것은 천륜(天倫)을 저버린 행동이다.

또, 공자는 부모가 살아계실 때와 마찬가지로 돌아가셨을 때도 부모의 뜻을 기림으로써 효를 다하라고 말한다.


공자가 말씀하셨다. "부친이 살아계실 때에는 그(부친)의 뜻을 살펴 함부로 하지 않아야 하며, 부친이 돌아가신 후에는 그(부친)의 행적을 살펴야 한다. (부모를 추모하는) 3년 동안에 부친이 생전에 가졌던 생각과 행동에 대하여 변질시키지 않는 것이야 말로 효라 할 수 있다."

· · ·

107 성은 중손(仲孫), 이름은 하기(何忌), 시호(諡號)는 의(懿). 魯나라의 대부(大夫). 문장 중의 '孟孫'은 그를 가리킨다.
108 공자의 제자. 성은 번(樊), 이름은 수(須), 자는 지(遲).

**子曰** "父在, 觀其[109]志 ; 父沒[110], 觀其行 ; 三年[111]無改於父之道[112], 可謂孝矣."「學而」11

**자왈** "부재, 관기지 ; 부몰, 관기행 ; 삼년무개어부지도, 가위효의."

공자는 부모가 돌아가시고 난 후에도 부모님의 생전 뜻과 바람을 마음에 새기고 변질시키지 말라고 한다. 이는 중용에서 말하는 "효도란 부모의 뜻을 잘 계승하고, 부모가 하고자 했던 사업을 잘 펼치는 것이다 (孝子善繼人之志, 善述人之事者也. 효자선계인지지, 선술인지사자야.『中庸』)." 라는 말과 통한다. 또 성경은 "이미 있던 것이 후에 다시 있겠고 이미 한 일을 후에 다시 할지라. 해 아래는 새것이 없나니. 전도서 1:9"라고 한다. 이 세상에 하늘에서 뚝 떨어지는 새로운 것은 없다는 뜻이다. 자식은 부모세대의 것을 본받고 계승하면서 발전하는 것이고, 사회라는 큰 틀 안에서도 이전 세대의 문명을 계승하고 발전시켜 나간다는 의미이다. 즉, 이는 과거를 기반으로 새로운 것을 창조해내는 온고지신(溫故知新)이나 공자의 호고(好古) 정신[113]과도 통한다.

나는 부모님 생전에는 잘 하고, 부모님이 돌아가시고 나면 좀 자유롭게 살아도 되겠구나 하고 생각해 본 적이 있다. 부모님 생전에는 부모님

● ● ●

109 '그(부친)'으로 보는 것이 논리적으로 타당하다. 일부 학자는 '자기 자신', 즉 '자녀'를 의미한다고 보기도 한다.
110 사망하다.
111 주례(周禮)의 규정에 부친이 사망하면 자식은 3년 동안 부모의 생전처럼 복상(服喪)해서 양육한 은혜에 보답해야 한다고 한다. 유가(儒家)의 강력한 제창으로, 한대(漢代) 이후에 제도화되었다.
112 여기서는 '관념'이나 '주장' 및 '행위방식' 등을 이른다.
113 본서의 제2장 2. 2 '전통을 살려라'를 참조하라.

이 계시기 때문에 어떤 잘못된 일을 하면 부모님께 걱정을 끼쳐드릴까 봐 좀 더 근신하게 되는 것은 사실이다. 이런 마음도 효성스런 마음이다. 그러나 부모님이 돌아가셨더라도 이 근신하는 마음은 여전해야 할 뿐만 아니라 부모님 살아생전의 뜻을 기려야 한다. 이제 사랑하는 어머니와 장모님이 돌아가신지 벌써 5년이 넘는다. "아들, 훌륭한 사람이 되야 혀!" 사랑하는 어머니의 음성이 귓전을 맴돈다. 정규교육을 받아본 적도 없지만 자식이 떳떳한 사람이 되길 간절히 바라셨던 어머니이다. 두 분 어머니가 많이 뵙고 싶다.

부모의 장례를 공경스럽게 모시며, 부모님 살아생전의 뜻을 기리는 사람이 멋지다.

## 효자란?

1. 세상을 살아갈 기본기를 갖춘 사람

2. 부드러운 낯빛으로 부모를 대하는 사람

3. 부모의 연세를 헤아리는 사람

4. 부모의 생전 뜻을 기리는 사람

※ 다음 효자와 관련된 내용과 논어 구절을 연결해 보자.

1. 군자는 근본에 힘을 쓴다.

a. 父母唯其疾之憂

2. (부모가 세상에 계실 때에는) 예로써 섬긴다

b. 事之以禮

3. 삼 년 동안에 부친이 생전에 가졌던 생각과 행동에 대하여 변질시키지 마라

c. 三年無改於父之道

4. 부모가 걱정하는 것은 바로 자기의 자녀가 병이 날까하는 것이다

d. 君子務本

※ 나의 어떤 점이 효성스러운지 글로 써보자.

# 제 2 장

# 멋진 스승과 제자

누가 멋진 제자인가?

멋진 제자의 자세는 어떠한가?

누가 멋진 스승인가?

멋진 스승의 자세는 어떠한가?

이 장에서는 멋진 스승과 제자에 대해 말한다.

　멋진 제자는 효도하며 윗사람을 공경하는 실천적인 삶을 산다. 그리고 그 기초 위에서 공부하는 사람이다. 그는 부지런히 힘써 배우는 자세를 보인다. 그는 자기의 성장을 위해 공부한다. 그는 세상 모든 사람들을 스승으로 삼는 자각적 태도로 공부한다. 그는 학습하고 사색하며, 널리 공부한다. 그는 많이 듣고 많이 보는 태도를 가진다. 그는 모르는 것은 모른다고 말하는 사람이다.
　누가 멋진 스승인가? 그는 제자의 개성을 살려 교육한다. 그는 전통에 대한 믿음과 창조적 아이디어, 그리고 인내심이 있는 사람이다. 그는 가르침을 즐겨하고 폭넓게 교육한다. 그는 제자들이 분발할 수 있도록 돕는 사람이다. 그는 교육 대상에 대하여 어떠한 편견도 없이 피곤한 줄 모르고 가르치는 사람이다. 그는 시대의 목탁(木鐸)이다.
　배움과 가르침의 길에서 '멋진 사람'의 상(像)을 새겨보자.

제 1 절

# 제자의 자세

〜〜〜〜〜〜〜〜〜〜〜

## ○ 먼저 기본을 행하라

> # 行有餘力, 則以學文
>
> 무엇이 멋진 제자의 자세인가?
> 공자는 인륜도덕을 실천하는 삶 가운데 학문을 하는 자세를 말한다.

공자께서 말씀하셨다. "젊은 사람은 집에 들어가서는 부모에게 효도하고 밖에 나가서는 윗사람들에게 공경스럽게 행하여야 한다. 일을 처리함에 있어서는 삼가 조심스럽고 믿음직스러워야 하며, 남들을 두루 사랑하고, 인덕이 있는 사람과 가까이 해야 한다. 이렇게 하고도 힘이 남으면 여러 학술 서적을 공부해야 한다."

**子曰** "弟子入則孝, 出則悌, 謹而信, 泛愛衆, 而親仁[114]. 行有餘力, 則以學文[115]." 「學而」6

**자왈** "제자입즉효, 출즉제, 근이신, 범애중, 이친인. 행유여력, 즉이학문."

• • •

114 여기서는 인덕(仁德)이 있는 사람을 가리킨다.
115 고대의 예의, 역사, 시 및 음악 등과 관련된 문헌을 이른다.

"행유여력, 즉이학문(行有餘力, 則以學文)"이라는 명구를 탄생시킨 구절이다. 공자가 말하는 배움의 전제는 무엇인가? 공자는 구체적으로 인간이 실천해야 할 기본적인 도리를 다하고 글을 배우라고 한다.

부모나 윗사람을 경홀히 여기고, 주어진 일을 제멋대로 처리하며, 남들을 사랑할 줄 모르는 사람이 학문을 잘 한다 하여 무엇에 쓰겠는가? 특히 중고등학교 시절 가혹한 입시에 시달리는 우리의 젊은이들이 안타깝기는 하지만 '공부한다'는 이름으로 부모를 공경하기는커녕 함부로 처신하는 경우가 있다. 스승에게 함부로 행동하여 언론에 오르내리기도 한다. 공부하는 것이 마치 무슨 벼슬이나 하는 것처럼….

필자가 봉직하고 있는 학교에는 중국인 교수 7분이 계신다. 이분들과 우리 학생들에 대해 이야기를 할 때면, 학생들 칭찬이 대단하다. 한국 학생들이 예의바르고 똑똑하다는 것이다. 한국 드라마도 좋아하는데, 그 이유 중의 하나는 한국인들의 효도의식이나 가족애 등이 멋지다는 것이다. 과연 그런가? 언론보도(중앙일보 2013. 0924-30 연속보도)에 의하면 한국 중학생들을 대상으로 한 인성지수는 경제협력개발기구(OECD) 34개 회원국 가운데 최하위인데 말이다![116] 학생들의 교사에 대한 존경도도 중국보다 낮으며 꼴찌인데도 말이다! 어느 교사는 "인성교육 현실 모르는 소리 나조차도 바르게 못 사는데."라고 자조하고, 어느 부모는 "나도 문제아였지만 부모에게 못 대들었는데 딸 입에선 욕이 나왔다."고 한탄한

• • •

116 한국교사들의 위상은 OECD 회원국을 포함한 주요 21개국 가운데 4위를 차지하였으나, 학생들이 교사를 존경하는 학생의 비율에서는 21위, 즉 꼴찌이다. 1위 중국(75), 2위 터키(52), 3위 싱가포르(47), … 7위 일본(19), … 21위 한국(11) 순이다.
출처 : 바르카 GEMS재단, 중일일보 2103. 10. 07

다. 이것을 누구의 잘못이라고 말할 수 있을까?

우리는 그간 경제규모가 세계 15위인 부강한 국가가 되기 위해 숨도 안 쉬고 달려왔다. 그러는 겨를에도 정치민주화도 이루어내고, 이제 복지문제를 손질하기에 바쁘다. 이런 한강의 기적은 다른 선진국들이 100년, 200년 걸쳐 이룬 것을 우리는 불과 수십 년 만에 해치운 것이다. 참 대단한 민족이다. 그런 세월 속에서 우리 자신들도 진정한 행복의 의미를 생각할 틈도 없이 앞만 바라보고 살아왔다. 그러는 와중에 우리 청소년들은 방치되었다. 이제 만시지탄일지라도 우리 청소년들에게 행복의 의미를 심어주어야 할 것이다. 그들도 우리처럼 OECD 자살률 최상위, 국민행복지수 최하위(27위)의 불명예와 고통을 물려줄 수 없다. 바로 우리 세대가 감당해야할 몫이다.

소위 '386세대'인 우리는 '낀 세대'이다. 지독한 가난도 알고, 입시지옥의 맛도 보고, 발전을 위해, 민주화를 위해 목숨을 내놓기도 한 세대이다. 이 세대는 그래도 살아남아 이제 아이들이 중고등학교와 대학을 다니는 나이가 되었다. 그래도 먼저 경험한 우리 세대가 아직은 철모르는 아이들을 품어주어야 한다. 우리가 경험한 그대로 그들에게 요구하다가는 큰 사단이 난다. 좀 억울하더라도 우리 세대가 풀어야 할 숙제이다. 사실 우리 기성세대야 취업의 문턱으로 보자면 우리 청소년보다 약간 수월했다. 그래도 대학을 졸업하기만 하면 어딘가 취업은 되었다. 이런 점에서 좀 더 포용하면서 우리 청소년들의 앞길을 열어줄 곳이 없나 고민해야 한다.

인성교육은 말로만 되지는 않는다. 실천으로 옮겨야 한다. 무엇보다 아이들에게 좋은 성적, 좋은 대학만을 강조했던 우리 기성세대가 먼저 반성하고 본을 보여야 한다. 가정에서는 부모와의 사랑의 대화가 일어날 수 있도록 분위기를 만들어야 한다. 식사도 같이 하고 고민도 들어주는 실천이 필요하다. 부모자식 간에도 인격적인 대화가 필요하다. 그들에게 꿈도 말해주고 인생의 행복에 대해서도 말해 주어야 한다. 이제 '성적순위가 바로 행복순위'라고 말하지 말아야 한다. 지천명 정도의 나이면 안다. 학교성적이 부와 행복의 전부가 아니라는 것을 ….

학교도 다양한 체험활동, 문화활동 등을 활성화시키고, 학생들의 눈높이에 맞추어 대화가 이루어져야 한다. 교사들도 열심히 준비해서 수업에 임해야 한다. 그들 입에서 "학원가야 해요. 수업 빨리 끝내주세요!"라는 항의의 말이 나오게 해서는 안 된다. 다행스럽게도 현 정권에서는 문화융성을 4대 국정지표 중 하나로 내세우고 문화융성위원회도 만들었으니 차제에 청소년들의 행복지수를 높이는 정책을 심도 있게 개발했으면 좋겠다.

누가 멋진 제자인가?

인간적으로 마땅히 해야 할 기본적인 일을 다 하며 학문을 하는 사람이다.

## ○ 부지런히 배워라

> # 困而不學, 民斯爲下
>
> 무엇이 멋진 제자의 자세인가?
> 공자는 곤궁하더라도 열심히 배우는 자세를 말한다.

공자께서 말씀하셨다. "태어나자마자 아는 사람은 최고인 사람이며,

배워서 비로소 아는 사람은 그 다음이다. 통하지 않아 난처하여 배우는 사람은 그 다음이며, 통하지 않아 난처함이 있어도 배우지 않으면 백성으로서 (최)하등이 된다."

> 子曰 "生而知之者上也, 學而知之者次也；困[117]而學之, 又其次也；困而不學, 民斯爲下矣." 「季氏」9
>
> 자왈 "생이지지자상야, 학이지지자차야；곤이학지, 우기차야；곤이불학, 민사위하의."

우리는 이미 살펴본 "먼저 기본을 행하고, 남는 힘으로 학문을 하라." 는 말을 학문을 해도 그만 안 해도 그만이라는 식으로 오해해서는 안 된다. '배움'은 인간이 꼭 해야 할 일 중의 하나이다.

공자는 배우지 않는 사람의 문제점을 지적한다. 태어나면서부터 아는 사람이 최고이겠지만, 그런 사람은 없다. 배워서 아는 사람이 있을 뿐이다. 따라서 '하등'의 인품인 사람은 결코 천부적인 자질이 열등해서가 아니다. 그가 하등인 이유는 인생의 역경 속에서 자각하지 못하기 때문이다. 그는 '통하지 않아' 답답하고 부끄럽지만 이를 향학의 정신으로 승화시키지 못한다. 그 원인은 여러 가지겠지만 본질적인 이유는 게으르기 때문이다.[118] 그러므로 '게으름'은 자기 자신에 대한 일종의 '죄'이다.

• • •

117 '통하지 않는 내용이 있어 난처함'을 말한다.

118 몇 년 전 갖은 고생을 하며 고학하여 서울대학교에 우수한 성적으로 입학한 사람이 쓴 책의 제목은 『공부가 제일 쉬웠어요』이다. 그는 돈도 없고, 시간도 없는 열악한 상황 속에서도 막노동을 하며 부지런히 공부한 결과 귀한 성취를 이루어낸 사람이다.

敏以求之

통하지 않아 난처하고 부끄럽지 않으려면 어떻게 해야 하나?
공자는 부지런히 배워야 한다고 말한다.

공자께서 말씀하셨다. "나는 태어나면서부터 지식이 있는 사람은 아니다. 옛 것을 좋아하고, 부지런히 배워 지식을 얻고자 한 사람이다."

**子曰** "我非生而知之者, 好古, 敏以求之者也." 「述而」 20
**자왈** "아비생이지지자, 호고, 민이구지자야."

공자는 자기 자신도 부지런히 배워서 지식을 얻고자 했음을 밝힌다.

인간은 배움이 필요한 존재이다. 공자의 말대로 인간은 "생이지지(生而知之)", 즉 태어나면서부터 아는 존재가 아니기 때문에 배워야 한다. 인간마다 아이큐 차이는 있을지 몰라도 모두 제로베이스에서 출발한다는 점에서 인생의 스타트는 공평하다.

본문에서 "생이지지(生而知之)"와 "학이지지(學而知之)"에서의 지시대명사 '지(之)'는 모두 '도'를 가리킨다. 공자는 천부적인 총명함으로 나면서부터 도를 알았건("生而知之"), 아니면 힘써 배워서 알았건("學而知之") 간에 배움으로써 사람으로서의 도리('人道')를 추구하는 삶을 살라고 말한다.

곤궁하더라도 부지런히 배우는 사람이 멋지다.

## ○ 자신을 위해 학문하라

> # 學者爲己
>
> 무엇이 멋진 제자의 자세인가?
> 공자는 자기 자신의 발전을 위해 배우는 자세를 말한다.

공자께서 말씀하셨다. "옛날 사람들(학자들)은 자기 자신의 발전을 위하여 배웠으나 지금 사람들은 남에게 내보이기 위해서 배운다."

**子曰** "古之學者爲己[119], 今之學者爲人[120]." 「憲問」24
**자왈** "고지학자위기, 금지학자위인."

공자는 남에게 보이기 위해 학문하는 것을 경계한다.

학문은 자기 자신의 발전을 위해 하는 것이다. 인간은 배움을 통해서 자기 자신을 발견하고 발전시켜 나가는 존재이다.

인간이 배움을 통해서 추구해야 하는 것은 무엇보다도 '자기존중'과 더불어 '내가 누구인가?' 즉, 자신의 자아상을 확립하는 것이다. 자기존중은 마음 깊은 곳에서 자기 자신에 대해 느끼는 감정이다. 즉 자신이 어떤 사람인지, 얼마나 중요하고 가치 있는 사람인지에 대한 자신의 의견 또는 판단이다. 한편, 자아상은 자신에 대해 그리는 그림, 즉 자화상

• • •
119 자기에게 도움이 되게 하고자 함.
120 남들에게 알게 하고자 함.

(自畵像 : self-portrait)이라 할 수 있다.[121] 이는 자신에 대한 사실적인 모습뿐만 아니라 자신에 대해 품는 주관적인 시각(視覺)도 반영한다.

자화상을 그리기 위해서는 우선 자기관(self-view)에 대한 솔직한 질문들을 던져보아야 한다. 현재 나의 존재는 어떠한 상태인가? 이를 편의상 X축이라 하자.

완벽한가? 〉 완전한가? 〉 온전한가? 〉 의미있는가? 〉 조화로운가? 〉 희망적인가? 〉 만족하는가?

그렇지 않다면,

요구가 많은가? 〈 적대시하는가? 〈 실망하는가? 〈 두려움에 떠는가? 〈 희망이 없는가? 〈 사악한가? 〈 저주하는가?

자화상을 그리기 위해서는 또, 나의 현재 의식수준에 대한 질문들도 던져보아야 한다. 이를 편의상 Y축이라 하자.

깨달음이 있는가? 〉 평화로운가? 〉 기쁨이 있는가? 〉 사랑이 있는가? 〉 이성적인가? 〉 포용하는가? 〉 자발적인가? 〉 중용적인가? 〉 용기가 있는가? 〉 자부심이 있는가?

그렇지 않다면,

분노하는가? 〈 욕망하는가? 〈 두려워하는가? 〈 슬퍼하는가? 〈 증오하는가? 〈 죄책감이 있는가? 〈 수치스러운가?

먼저 이런 질문들을 스스로에게 던져서 X와 Y축이 만나는 현재의 좌표가 어디인지 솔직하게 발견해야 한다. 과연 현재 나의 삶은 어떠한가 살피는 것이다.

● ● ●

121 조엘 오스틴, 엔터스 코리아 옮김(2005:69)

나의 삶이 보편적 가치를 실현하는 삶인지? 긍정적인 힘이 작동하는 삶인지? 생명을 존중하고 베푸는 삶인지?

아니면,

부정적인 힘, 혹은 억압하는 힘이 작동되는 삶인지? 생명을 파괴하는 역시너지가 발동되는 삶인지?

현재의 좌표를 진단한 후에 점프해서 위 단계로 올라설 수 있도록 마음과 몸과 생활환경을 바꿔야 한다.[122]

자아상은 자기 스스로에 대하여 품는 일종의 이미지로서 반듯하고 분명하게 잘 그려야 한다. 인간은 자기가 마음에 품은 이미지 이상으로 성공하기 어렵기 때문이다. 결국, 어떠한 자아상을 확립하느냐 하는 문제는 자기가 자기에 대해 생각한 대로 말하고 행동하고 반응한다는 점 때문에 중요하다. 배움의 본질적인 목표는 '자기발견'에 있다.

공자는 묻는다. 남의 눈치나 보며 학문할 것인가? 아니면 나를 위해 학문을 할 것인가?

자신의 건전한 자아상 확립을 위해 배우는 사람이 멋지다.

● ● ●

122 David R. Hawkins, 의식혁명(Power vs. Force), 이종수 역, 한문화, 2002

# 三人行, 必有我師

무엇이 멋진 제자의 자세인가?
공자는 세상의 모든 사람을 스승으로 삼아 배우는 자세를 말한다.

공자께서 말씀하셨다. "세 명이 함께 길을 가면, 그 가운데 반드시 본받을 만한 스승이 있다. 그의 좋은 점을 선택하여 따르고, 그의 결점은 바르게 고친다."

子曰 "三人行, 必有我師焉 : 擇其善者而從之, 其不善者而改之."「述而」22
자왈 "삼인행, 필유아사언 : 택기선자이종지, 기불선자이개지."

공자는 불특정인 세 사람을 예로 들어 배움을 말한다. 그 셋 가운데는 반드시 본받을 만한 사람이 있다고 한다. 공자는 그 각 사람의 긍정적인 측면과 부정적인 측면 모두를 통하여 지혜를 터득한다.

이 시대를 흔히 위인이 사라진 시대라고 한다. 그만큼 본받고 싶고 존경하고 싶은 사람이 없다는 것이다. 그러나 공자는 적극적인 자세로 배움을 추구하였다. 공자는 스승의 좋은 점을 따르는 것은 물론이려니와 그의 나쁜 점도 반면교사적인 기능을 할 수 있다고 한다. 공자는 매우 진지하고 배움의 자세가 충만하다. 그는 세상의 모든 사람은 자신의 인격성장에 도움을 주는 사람들이라는 사실을 발견한다. 그들의 허물은 오히려 자신의 허물을 고칠 수 있게 하는 기회를 준다. 이러한 관점을 가진 사람은 멋지다. 그는 세상 사람들은 나쁜 눈으로, 사악한 증오의 대상으로 보지 않는다. 오히려 이해와 감사의 대상으로 보고 적극적으로 자신의 덕성을 높이는데 힘쓴다. 모든 사람을 자기의 스승으로 본 공자의 자각의식과 혜안(慧眼)이 부럽다.

결국, 한 인간의 절대적인 자아성장은 외부세계에 있지 않다. 본인의 내면세계에 자각의식이 있느냐가 핵심이다. 외부의 환경을 고려하여 좋은 선생을 찾아나서는 일은 틀리지 않다. 어떤 사람들은 학생의 성장은 스승의 그릇에 비례한다고 말한다. 그만큼 스승의 역할이 중요하다. 그럼에도 불구하고 배우는 사람의 내면세계에 본인의 존재에 대한 깊은 자각이 없다면, 그의 성장은 기대하기 어렵다. 또 그런 내면적 자각이 없이 학문을 한다면 그것은 누구를 위한 학문인가? 공자의 깊은 자각의식과 배움의 태도에 경탄을 금할 수 없다.

세상 모든 사람들을 통해 자각적 지혜를 습득하는 사람이 멋지다.

## ○ 학습하고 사색하라

> # 學而思
>
> 무엇이 멋진 제자의 자세인가?
> 공자는 학습과 사색을 겸하는 자세를 말한다.

공자께서 말씀하셨다. "단지 학습만하고 사색하지 않으면 수확이 없다. 단지 사색만하고 학습하지 않으면 위험하고 위태롭다."

子曰 "學而不思, 則罔[123]; 思而不學, 則殆[124]."「爲政」15
자왈 "학이불사, 즉망 ; 사이불학, 즉태."

공자는 자신과 제자들이 학문에 있어 알찬 수확을 얻길 바랐다. 그 추구방법으로 학습과 사색이 조화를 이루어야 함을 말한다.

사색을 동반하지 않는 학습은 수박 겉핥기에 불과하다. 반대로 사색만하고 지식을 쌓지 않으면 머릿속에 남는 것이 없으므로 그 또한 무익하다. 한편, 지적 욕구만 충족시킨다면 어떤가? 이는 바로 배움의 최저단계인 '아는 단계'에 불과하다. 그렇기에 지혜로운 사람은 '즐기는 단계'를 추구한다. 결국, 좋은 학습태도란 무엇인가? 배우고 난 후 사색을 통한 창조적인 아이디어를 끌어내는 학습태도이다.

그러나 사색이 지나치면 역시 좋지 않다.

공자는 특히 사색만 깊이 하다 망상에 빠지는 것을 경계한다.

공자께서 말씀하셨다. "나는 일찍이 하루 종일 아무것도 안 먹고, 온밤을 잠도 안자고 사색해본 적이 있는데 무익했다. (열심히) 학습하는 것만 못하다."

●●●
123 '惘'과 통한다. '소득이 없다'
124 위험하고 위태롭다.

子曰 "吾嘗終日不食, 終夜不寢, 以思, 無益, 不如學也." 「衛靈公」31
자왈 "오상종일불식, 종야불침, 이사, 무익, 불여학야."

공자의 경험담이다. 생각에 생각을 거듭하고 고민해 보았다. 심지어 밥도 안 먹고 사색해 보았다는 공자의 말이 재미있다. 공자는 몰입형 천재였던 것 같다. 그러나 배우지 않고 생각만 한 결과는 무엇인가? 무익한 공상으로 끝나고 말았다.

공자는 결론적으로 말한다. "열심히 간절한 마음으로 공부하라."

공자께서 말씀하셨다. "배움에 있어서는 늘 목표에 도달하지 못한 것 같이 하고, 배운 것은 오히려 잊어버릴까 걱정하라."

子曰 "學如不及, 猶恐[125]失之." 「泰伯」17
자왈 "학여불급, 유공실지."

배움은 한계가 없다. 학문을 함에 있어 '이제 다 되었다!'라는 말은 없다. 그런 교만한 마음을 가진 순간 학문은 퇴보한다. 또 학습한 것도 마음과 몸에 새겨 체화(體化)시키지 않으면 잃어버릴 수도 있다. 목표에 도달하지 못한 것 같아 안타깝고 간절한 마음이어야 한다. 이런 태도가 이미 획득한 지식을 유지하게 한다. 학문을 하는 기본자세가 된 그는 발전할 가능성이 매우 큰 사람이다.

● ● ●
125 두려워하다, 걱정하다.

학습과 사색을 겸하며, 겸허한 마음으로 학문하는 사람이 멋지다.

## ○ 호학하라

好學

무엇이 멋진 제자의 자세인가?
공자는 공부하는 것 자체를 좋아하는 자세를 말한다.

공자께서 말씀하셨다. "중유(仲由)야, 너는 여섯 가지의 품덕과 여섯 가지의 병폐에 대하여 들어 보았느냐?" 자로(子路 : 仲由)가 대답했다. "못 들어 보았습니다." 공자께서 말씀하셨다. "앉아라! 내가 너에게 말해 주마. 인(仁)을 좋아하나 배우지 아니하면, 그 병폐는 어리석음이며, 지혜를 좋아하나 배우지 아니하면, 그 병폐는 방탕함이며, 믿음을 숭상하나 배우지 아니하면, 그 병폐는 천박함이며, 솔직함을 좋아하나 배우지 아니하면, 그 병폐는 말하는 것이 야박스러우며, 용감함을 좋아하나 배우지 아니하면, 그 병폐는 재난과 변란이며, 강직함을 좋아하나 배우지 아니하면, 그 병폐는 격하고 사나움이다."

子曰 "由也, 女[126]聞六言[127]六蔽[128]矣乎?"

• • •

126 너, 당신(대명사)

127 여섯 가지의 좋은 품덕(品德), 본문에서는 '仁, 知(智), 信, 直, 勇, 剛'을 말한다.

128 여섯 가지의 폐단(弊端), 병폐(病弊). 본문에서는 '愚, 蕩, 賊, 絞, 亂, 狂'을 의미한다.

**자왈** "유야, 여문륙언륙폐의호?"

**對曰**(대왈) : "未也. (미야.)"

**(자왈)** "居[129], 吾語[130]女. 好仁不好學, 其蔽也愚 ; 好知不好學, 其蔽也
蕩[131] ; 好信不好學, 其蔽也賊[132] ; 好直不好學, 其蔽也絞[133] ; 好勇
不好學, 其蔽也亂 ; 好剛不好學, 其蔽也狂[134]."[135]「陽貨」8

**(자왈)** "거, 오어여. 호인불호학, 기폐야우 ; 호지불호학, 기폐야탕 ; 호
신불호학, 기폐야적 ; 호직불호학, 기폐야교 ; 호용불호학, 기폐
야란 ; 호강불호학, 기폐야광."


인간이 왜 배움을 좋아해야 하는가?

공자는 배우지 않을 때의 문제점을 낱낱이 예로 들어 배움의 중요성
을 강조한다.

어떤 사람은 '먹고 살기도 바쁜데 무슨 공부냐'고 말한다. 그는 돈이
안 되면 공부할 필요가 없다고 보는 사람이다. 그는 '대단한(대가리가 단
단한^^)' 현실주의자요 실용주의자이다. 그런 사람들은 대개 기한을 정해
놓고 그 안에 무엇이 안 되면 공부할 필요가 없다고 생각한다. 이점에서
한국교육 문제 중 하나는 대학원 교육이다. 젊은이들이 대학원 공부를

• • •

129 앉다(동사)
130 말하다(동사)
131 방탕하다
132 위험과 해, 천박함
133 (말이) 가혹하고 야박하다
134 격하고 사납다
135 본문은 '好X不好學, 其蔽也Y(X를 좋아하나 배움을 좋아하지 않으면 Y하게 된다)'는
구조로 '六言六弊'를 설명한다.

몹시 꺼려한다. 우선 10년 정도 공부하면 어떤 결과가 나올까를 계산한다. 교수가 될 수 있을까? 연구원이 될 수 있을까? 조금 고민하다가 과감히 포기한다. 계산이 빠르고 냉철하다. 그러나 한 번 더 생각해 볼 수는 없는가? 사실 우리 세대가 대학원 공부를 하던 1980년대는 환경이 지금에 비해 매우 열악했다. 우선 장학금도 거의 없었고, 커리큘럼도 정말이지 안타까울 정도(이수학점을 겨우 채울 수 있는 정도)로 빈약했다. 그러나 태도는 지금보다 조금 더 순수했던 것 같다. 그때나 지금이나 어떤 보장이나 결과에 연연하며 학문할 수 있는 상황이 아니었다. 요즈음 학생들이 좀 더 순수하게 배움 그 자체를 좋아하고 그를 통하여 자각하기를 바란다. 그럴 때 그의 인격과 전문성도 선배 세대보다 더욱 빛날 것이다.

어떤 사람은 '배운 놈이나 안 배운 놈이나 다 똑같다'고 말한다. 그러나 공자는 호학(好學)해야 하는 이유[136]를 조목조목 설명한다. 본문에는 6회의 "좋아하나"가 나오고, 또 6회의 "배우지 아니하면"이 나온다. 공자는 이를 통해 '호학'의 필요성을 진지하게 따진다.

인(仁)을 좋아하나 배우지 아니하면, 그 병폐는 어리석음이며,
지혜를 좋아하나 배우지 아니하면, 그 병폐는 방탕함이며,
믿음을 숭상하나 배우지 아니하면, 그 병폐는 천박함이며,
솔직함을 좋아하나 배우지 아니하면, 그 병폐는 말하는 것이 야박스러우며,

* * *

136 이를 소위 육언육폐(六言六蔽)라 한다.

용감함을 좋아하나 배우지 아니하면, 그 병폐는 재난과 변란이며,

강직함을 좋아하나 배우지 아니하면, 그 병폐는 격하고 사나움이다.

사람이 아무리 좋은 생각과 뜻을 가진들 '배우지 아니하면' 무엇을 할 것인가? 또, 용감하고 강직하다한들 '배우지 아니하면' 무엇을 할 것인가? 기질적으로 매우 훌륭하다 해도 단순히 감정적으로 그것을 좋아하는데 그친다면 갖가지 문제에 부딪힌다. 갖가지 문제에 부딪히지 않으려면 배워야 한다. 공자는 먼저 배움을 통해서 여섯 가지 품덕을 함양하라 한다. 바로, '인(仁)'과 '지혜'와 '믿음'과 '솔직함'과 '용감함'과 '강직함(/굳셈)'이다. 이들 여섯 가지의 아름다운 성품과 기질들이 배움을 통해서 제자리를 잡고 견고하게 된다. 예를 들어 강직한 기질의 리더가 있다고 하자. 그가 배우지 않고 자기의 주장을 내세우면 어떻게 되는가? 그는 자신의 기질대로 자주 격하고 사납게 행동할 것이다. 그 밑의 구성원들은 어떨까? 그들도 몹시 곤란한 경우에 자주 부딪힐 것이다. 강직한 리더의 비위를 맞추느라 힘들다. 리더가 저지른 사고의 뒷수습을 위해 뛰어다녀야 한다. 이런 일을 안 당하려면 우리 모두는 배움을 좋아해야 한다.

# 不如丘之好學

공자는 스스로가 학문을 좋아한 표본이다.
공자는 "나만큼 배우기를 좋아하는 사람은 없을 것이다."라며
'호학'에 있어서만큼 최고의 자부심이 있다.

공자께서 말씀하셨다. "작은 읍에도 반드시 나처럼 천성이 충성스럽고 믿음이 있는 사람이 있다. 그러나 나처럼 학문을 좋아하는 사람은 없을 것이다."

**子曰** "十室之邑[137], 必有忠信如丘者焉, 不如丘之好學也." 「公冶長」 28
**자왈** "십실지읍, 필유충신여구자언, 불여구지호학야."

공자는 인류역사상 대단한 업적을 남긴 성현이다. 사상뿐만 아니라 시, 역사, 음악 그리고 교육에 이르기까지 여러 분야를 집대성하였다. 현대와 비교할 수조차 없는 2500년 전에 그처럼 넓은 영역에 걸쳐 깊이 있는 학문을 집대성할 수 있었던 비결 중의 하나가 바로 이러한 호학에 있었던 것이다.

공자의 제자 자하(子夏)도 배움을 좋아한 표본이다.

자하가 말했다. "날마다 과거에 몰랐던 것을 알아가고, 다달이 배운

• • •
137 작은 읍(邑), 즉 열 가구가 모여 사는 작은 곳을 말한다.

것을 잊지 않는다면, 학문을 좋아한다 할 만하다."

**子夏曰** "日知其所亡[138], 月無[139]忘其所能, 可謂好學也已矣."「子張」5
**자하왈** "일지기소망, 월무망기소능, 가위호학야이의."

자하도 '호학'을 말한다. 그는 나날이 새로운 지식을 습득한다. 또 다달이 학습된 것을 계속 유지하는 태도를 취한다. 이것이 바로 그가 말하는 '호학(好學)'의 핵심이다.

나는 어떤가? 배움의 길에서 이처럼 나날이 다달이 정진하는가? 호학의 자세를 취하고 있는가? 행여 누구에게 보여주려고, 자랑하려고 학문하지는 않는가?

배움 그 자체를 좋아하는 사람이 멋지다.

## ○ 박학하라

博學

무엇이 멋진 제자의 자세인가?
공자는 광범위하게 두루 공부하는 자세를 말한다.

• • •

138 뜻이 '無'와 통한다.
139 ~하지 않다.

공자께서 말씀하셨다. "군자는 광범위하게 문헌과 전적을 공부해야 하며, 예의로써 자기 자신을 절제해야만 도(道)에서 배반하여 떠나지 않게 된다 할 수 있느니라."

子曰 "君子博學於文, 約之以禮, 亦可以弗$^{140}$畔$^{141}$矣夫$^{142}$!" 「雍也」 27
자왈 "군자박학어문, 약지이예, 역가이불반의부!"

공자는 넓게 공부하라고 말한다. 즉, 어느 한쪽으로 쏠리는 학문태도를 경계한다.

어느 한쪽만을 지나치게 강조하는 교육은 어떤 문제가 있나? '우물 안의 개구리(井底之蛙 정저지와)'가 되기 때문이다. 그렇게 학문하면 빼꼼히 하늘만 올려다보는 사람이 된다. 그런 방식의 공부로는 우리의 시야를 넓힐 수 없다.

무엇을 넓게 공부해야 하나? 공자는 우선 '문(文)'을 두루 공부하라 한다. 여기서의 '문'은 현대적 관점에서 인문학으로 이해된다. 인문학은 사람이 어떻게 사람답게 살 수 있는가를 연구하는 학문이다. 이런 점에서 우리나라 교육도 정책적으로 인문과학, 사회과학, 자연과학 등을 나란히 발전시킬 필요가 있다.

지금은 1970년대 공업입국을 주창하던 시대와 다르다. 강산이 무려

• • •

140 ~않다(부정부사)
141 '叛'과 통한다. 배반하여 떠나다.
142 어기조사

다섯 번이나 바뀌었다. 한 쪽 바퀴만 너무 커지면 그 마차는 전진할 수가 없다. 어느 한쪽만 발달한 것을 기형이라 한다. 기형적인 발달이 왜 문제인가? 이 방법으로는 멀리 갈 수도, 높은 수준에 도달하기도 어렵다. 오히려 인류의 진정한 행복에 방해가 될 수도 있다. 이 시대가 아무리 고도의 전자기술을 중시한다 해도 '인간'이 빠진다면 '괴물'이 될 수밖에 없다. 한국 최초의 여성 대통령인 박근혜 대통령은 "인간에 대한 관심과 배려 그리고 삶에 대한 자기성찰이 깔려 있지 않으면 어떤 발명도, 제도도 괴물이 된다."라며 인문학의 중요성을 강조한 바 있다.[143]

또, 광범위하게 두루 공부하되, 새로운 것에 대하여서도 열린 마음을 가져야 한다. 달항의 어떤 사람이 공자를 비꼰다. 대단한 것 같지만 특별한 전문기술 하나 없는 인간이라는 것이다. 공자의 대응은 어떤가?

---

## 吾執御

전문 기술에 대한 공자의 태도는 무엇인가?
공자는 '수레를 모는 기술'을 배우겠노라고 답한다.

---

달항의 어떤 사람이 말했다. "공자는 참으로 위대하다! (그러나) 그는 학식이 깊고 넓지만 이름을 날릴만한 전문기술은 없다." 공자가 이를 듣고 자신의 제자들에게 말씀하셨다. "내가 어느 방면의 기술을 가질

• • •

143 박근혜 대통령은 서강대학교에서 전자공학을 전공했지만, 고교시절 문과 학생이었고, 문예반과 연극반에서 활동한 인문학적 소양이 풍부한 사람으로 알려진다. 중앙일보 2013. 07. 10

까? 수레를 모는 기술? 아니면 활을 쏘는 기술? 나는 수레 모는 기술을
가져야겠다."

達巷[144]黨人曰(달항당인왈) : "大哉孔子, 博學而[145]無所成名. (대재공자, 박학이
　　무소성명.)"

`子聞之, 謂門弟子曰` "吾何執? 執御乎, 執射乎? 吾執御矣."「子罕」2
`자문자, 위문제자왈` "오하집? 집어호, 집사호? 오집어의."

　　공자는 전문 기술이 없다고 비판하는 말에 '수레를 모는 기술'을 배우
겠노라고 답한다. 지금으로 치면 운송관련 기술로 택시운전, 시내버스
운전, 지하철 운전 등으로 비유할 수 있다.
　　세상에는 여러 종류의 사람들이 있다. 그중에는 어떻게든 비판꺼리
를 찾아내려는 사람도 있다. 이때 발칵발칵 화를 내며 따질 필요가 없
다. 멋진 사람은 수용할 줄 알기 때문이다. 세상 넓은 줄 모르고 초원
을 질주하던 폭발적인 힘의 소유자 야생마가 훈련을 통해 온순하게 수
레를 끌듯이, 자기의 속에는 엄청난 지혜와 폭발적인 힘을 소유하였지
만 그것을 조절할 줄 아는 사람이야 말로 온유한 사람이다. 세인의 비
판에 수레를 모는 기술을 배우겠다고 응대한 공자의 지혜와 온유함이
멋지다.

● ● ●
144 지명
145 '그러나', 부정 접속사

> # 多見而識之
>
> '박학'하기 위해 필요한 것이 무엇인가?
> 공자는 많이 듣고 많이 보는 자세를 말한다.

공자께서 말씀하셨다. "자기도 모르면서 그럴 것이라고 생각한 것에 근거하여 그 일을 행하는 사람이 있다. 나는 이렇게 해본 적이 없다. 많이 듣고 그 가운데 좋은 것을 선택하여 따랐으며, 많이 보고서 그것을 알게 되었다. (지식을 얻는 것에 대하여 말하자면) 이렇게 하는 것이 그 다음이다."

**子曰** "盖有[146]不知而作[147]之者, 我無是也. 多聞, 擇其善者而從之 ; 多見
而識[148]之 ; 知之次也." 「述而」 28

**자왈** "개유부지이작지자, 아무시야. 다문, 택기선자이종지 ; 다견이식
지 ; 지지차야."

공자는 알지도 못하며 추측하여 어떤 행위를 하지 말라고 한다. 많이 듣고 그 가운데 좋은 것을 선택하여 행동하라고 한다. 중국말에 '화비삼가(貨比三家 : 물건을 구입할 때는 반드시 세 곳 이상을 둘러보고 사라.)'는 말이 있다. 집집마다 가격이 다르고, 제품의 질이 다를 수 있다. 그중에 제일 좋은 것을 선택하라는 말이다. 중국에서 물건을 구입해본 사람은 이

• • •

146 술어 '有'의 목적어는 이하 '不知而作之者'이다.
147 '그 이치를 모르면서 망령스럽게 행동함'을 이른다.
148 기억하다, 알다.

말이 왜 의미가 있는지 절감할 것이다. 또 많이 보는 행위로써 지식과 지혜를 습득하라고 말한다. 배움에는 왕도가 없다. '많이 듣고, 많이 봄'으로써 지혜를 쌓아야 한다. 즉, "다문다견(多聞多見)"해야 한다.

많이 듣고 본다는 점에서, 젊은이에게 필요한 것 중의 하나는 여행이다. 여행은 멀리 떠난다는 것이 주는 고독감과 함께 자기를 돌아보는 기회를 준다. 또 여행지역이나 국가 등에서 이질적인 문화체험을 할 수 있다는 장점이 있다. 이는 우리 문화만이 최고라는 문화절대주의를 극복하고 균형이 잡힌 시각을 갖게 한다. 다양한 문화적 체험을 통하여 우리문화의 정체성을 발견하기도 한다.

한편, 독서나 영화, 연극관람 등도 우리의 사고와 시야를 넓힐 수 있는 방법이다. 특히 시대를 내다보는 멋진 리더가 되고자 한다면, 동서양의 고전을 망라하여 '독서'를 많이 해야 한다. 중국은 마오저뚱(毛澤東)에서 현 시진핑(習近平) 주석에 이르기까지 국가 지도자들의 독서를 매우 중시한다. 심지어 지도자들의 필독서를 정하여 읽게 하는 정도이다. "독서가 리더십 수준을 결정한다. 독서는 리더의 책임이다. (중앙일보 2013. 09. 27)" 시진핑(習近平) 현 중국 국가주석의 말이다.

21세기는 전문지식과 아울러 유연한 사고방식을 가진 인재를 요구하는 시대이다. 그의 활동무대는 전 세계이다. 따라서 눈을 들어 세계를 바라보는 안목, 사고의 유연성, 창의성 등을 함양할 수 있도록 다양한 학습이 이루어져야 한다. 이 기초 위에 자신의 독특한 장점을 찾아내고 개발해야 하는 것이다.


널리 두루 배우며, 새로운 분야에 대해 열린 마음을 가지는 사람이 멋지다.

## ㅇ 모르면 모른다고 하라

> # 不知爲不知
>
> 무엇이 멋진 제자의 자세인가?
> 공자는 "모르면 모른다"고 말하는 자각적 자세를 말한다.

공자가 말씀하셨다. "중유(자로)야! 내가 너에게 어떻게 지식을 추구할 것인가 가르쳐줄까? 아는 것을 안다고 말하고 모르는 것을 모른다고 말하는 것, 이것이 (바로 진정한) 지혜란다."

**子曰** "由[149], 誨[150]女[151]知之乎? 知之爲知之, 不知爲不知, 是知[152]也!"「爲政」 17

**자왈** "유, 회녀지지호? 지지위지지, 부지위부지, 시지야! "

공자는 '안다'와 '모른다'를 자각하는 '지식'을 제시하여 혈기가 왕성한 것으로 유명한 자로를 깨우친다. 즉 경험지식을 쌓는 데 집착하지 말고, 허심탄회하게 자신의 지식에 대하여 자각적인 반성을 하라고 강조한다.

'안다'는 것은 무엇이고 '모른다'는 것은 또 무엇인가? 지식에 두 종류가 있다. 그 하나는 경험에 의한 지식이다. 이는 경험이나 학습을 통해 얻어

· · ·

149 공자의 제자, 성은 중(仲), 이름은 유(由), 자는 자로(子路) 라고도 하고 계로(季路)라고도 한다.
150 동사로, 가르치다.
151 2 인칭, 너('你')
152 '智'와 통한다, 명사로 지혜, 총명함.

지는 사실적 지식이다. 또 다른 하나는 '안다'는 것을 알고, '모른다'는 것을 아는 지식, 즉 '안다'와 '모른다'를 자각(自覺)하는 '지식'이다. 후자는 경험을 초월한 도덕적 자각이다.

멋진 사람이 가져야 할 지식은 자각적 지식이다. 경험적 지식을 초월하는 이 자각적 '지식'은 가치에 대한 명백한 자각을 뜻한다. 이는 덕성(德性)의 시비를 판별하는 지식으로 '지혜(智慧)'를 의미한다.

지혜로운 사람은 경험적 지식보다도 도덕적 자각지식을 가진 사람이다. 그렇기 때문에 그가 '모르는 것을 모른다'고 하는 것은 자기 자신이 '모른다'는 것을 '안다'는 의미이다. 이것은 성장과 발전을 위해 무엇보다 우선되어야할 자기 자신에 대한 솔직한 발견이다. 그는 자신이 무식하다는 것을 자각하기 때문에 지식에 대한 깊은 갈증을 느끼게 된다. 그는 자각적으로 열심히 공부할 수밖에 없다. 미국의 세계적인 회사 GE[153]의 제프리 이멀트 회장은 한국을 방문하여 한 인터뷰에서, 인재를 채용할 때 "똑똑한 사람보다 지식갈증이 큰 사람을 뽑는다."고 한다.(중앙일보 2013. 10. 25) '지식갈증이 큰 사람'이 바로 자각적 지혜를 가진 사람이다.

• • •

153 제너럴일렉트릭(GE)은 한국에 널리 알려져 있는 미국기업이다. 발명왕 토머스 에디슨이 창업. 125년의 역사를 가진 이 회사는 뉴욕증시의 기본지수인 다우존스지수가 1896년 시작된 이래 계속 올라 있는 유일한 기업이다. 100여 년 동안 창업자 에디슨을 제외하곤 현재의 회장을 포함해 단지 8명의 회장이 있었을 뿐이다. 후임은 철저하게 전임회장에 의해 추대되는 전통이 있다. 그러나 GE의 전통유산은 후임자가 전임자의 경영패턴을 과감하게 바꾸는 것으로 일관됐다. 현재의 제프리 이멀트 회장(현재 12년 동안 재임)도 전임 잭 웰치의 절대적 지원으로 회장에 취임해 처음부터 많은 변화의 노력을 기울이고 있다. 언뜻 보기에는 이멀트 회장이 웰치 전 회장을 부인하는 것처럼 보일 수 있으나 실제로는 전임자들이 걸어온 길과 유산을 그대로 이어받고 있다는 평가다. 전통과 유산을 간직하면서 생산성을 높이는 방법으로 개혁을 꾸준히 추진하는 전략을 가진다.

멋진 사람은 자각적 지식이 있기 때문에 모르는 것을 억지로 '안다'고 우기지 않는다. 모르는 것을 '모른다'고 아는 것이 진정한 '앎'이기 때문이다.

자신이 모른다는 것을 자각하는 사람이 멋지다.

---

## 吾有知乎哉？ 無知也

무엇이 자각하는 사람의 태도인가?
공자는 "나는 아는 것이 전혀 없다."고 말한다.

---

공자께서 말씀하셨다. "나에게 지식이 있는가? (나는)지식이 없다. 비천하고 무지한 사람이 나에게 묻더라도, 나는 그 사람이 묻는 것에 대하여 텅텅 빈 것 같이 아는 것이 하나도 없다. 나는 다만 사물의 정면과 반면을 되물어서 끝까지 힘껏 추구할 따름이다."

子曰 "吾有知乎哉？ 無知也. 有鄙夫[154]問於我, 空空如[155]也. 我叩[156]其兩端[157]而竭[158]焉."「子罕」8

자왈 "오유지호재？ 무지야. 유비부문어아, 공공여야. 아고기양단이갈언."

• • •

154 재주와 학문이 없는 비천한 사람
155 텅텅 비어 있는 것처럼 아무 지식도 없는 모양
156 질문하다. 강구하다.
157 사물이 가지는 이치의 정(正)과 반(反)
158 할 수 있는 힘껏 하다.

"나는 아는 것이 없다."는 공자의 고백은 "나는 하나의 원리로써 (만사의 도리를) 관통하였다(子─以貫之. 여일이관지 衛靈公 2)"고 말하는 공자의 모습과는 딴 판이다. 이는 공자의 자각적 지식이 어느 정도인가를 보여주는 것이다. 공자는 비록 무지한 사람이 묻더라도 그 사람보다 더 많은 지식을 가졌다고 여기지 않는다. 그는 마음이 텅텅 비어 있는 것과 같은 편견 없는 자세로 문제해결을 위해 노력한다.

자신의 '무지'에 대하여 깊이 자각한 사람은 진정한 지식을 추구하려고 애쓴다. 그는 경험적 지식에 의한 선입견이나 편견에 구속받지 않으므로, 자신의 경험적 지식을 객관적으로 정확히 운용할 수 있다. 결국, '무지'에 대한 깊은 '자각'은 진정한 지혜를 얻는 출발점이다.

가장 어려운 일과 가장 쉬운 일을 물었을 때, 그리스 천문학자 탈레스는 "자신을 아는 일이 가장 어렵고, 다른 사람에게 충고하는 일이 가장 쉽다."고 대답한다.

자각적 지혜를 추구하는 사람이 멋지다.


## ○ 묻는 것을 부끄러워 마라

> # 不恥下問
>
> 무엇이 멋진 제자의 자세인가?
> 공자는 묻는 것을 부끄러워하지 않는 자세를 말한다.

자공이 공자에게 여쭈어 말하길 "공문자(孔文子)에 대하여 사람들은 왜 그에게 '문(文)'이라는 시호(諡號)를 주었습니까?" 공자께서 말씀하셨다. "그는 부지런하고 또한 배움을 좋아하여 자신의 아랫사람에게 묻는 것을 부끄럽게 생각하지 않았다. 그래서 (그의 사후에) 사람들이 '문'이라는 시호를 준 것이다."

子貢問曰 : "孔文子¹⁵⁹何以謂之『文』也? (공문자하이위지『문』야?)"
子曰 "敏¹⁶⁰而好學, 不耻下問¹⁶¹, 是以謂之『文』也." 「公冶長」 15
자왈 "민이호학, 불치하문, 시이위지『문』야."

공자는 호학(好學)에 있어 필요한 덕목 하나를 말한다. 그것은 '묻는 것을 부끄러워하지 않는 태도'이다. 공자는 '공문자(孔文子)'라는 사람의 묻기를 좋아하는 자세를 높이 샀다. 공문자는 특히 아랫사람에게도 잘 물었던 사람이다.

'불치하문(不耻下問)', 즉, 지위, 학식, 나이 등에 있어 자신보다 못한 사람에게 묻는 것을 부끄러워하지 않는다는 것은 바로 '호문(好問)' 정신이다. 고대의 순(舜)임금도 높은 자리에 있으면서도 묻기를 좋아한 사람이다. 『중용(中庸)』은 "큰 지혜를 가진 사람이다. 순임금은 묻기를 좋아하고 주변 사람들의 말을 경청하기를 좋아했기 때문이다(舜其大智也與. 舜

---

• • •

159 성은 공(孔), 이름은 어(圉)이다. 위(衛)나라의 대부(大夫)를 지냈다. '문(文)'은 죽은 그가 죽은 후에 붙여진 시호이다.
160 부지런하다.
161 아랫사람에게 묻는 것을 부끄럽게 생각하지 않다.

好問而好察邇言. 순기대지야여. 순호문이호찰이언.)"라고 그의 '호문(好問)' 정신을 칭송한다.

우리가 특히 아랫사람에게 묻는 것이 거북한 이유는 무엇인가?

첫째, 사람이 교만하기 때문이다. '내가 최고야!'라는 교만한 마음으로 학문을 할 때, 진보를 기대할 수 없다. 그는 교만이 주는 장벽에 갇혀 건전한 토론과 인간적인 유대감을 쌓을 기회를 잃는다. 또 '묻는다'는 행위는 몰라서 물을 수도 있지만 새로운 아이디어나 창의적인 견해를 얻기 위해 묻는 경우도 있다. 교만한 사람은 이런 기회를 가질 수 없다.

둘째, '소통의식이 없기 때문이다. 후배들과 세대차이가 발생하는 원인이 변화의 물결이 너무 빨라서이기도 하지만 그들과의 소통부재에도 원인이 있다.

이제 나도 나이가 50이 넘어섰다. 시속 53km로 종점을 향해 달려가는 중이다. 이제 후배와 제자들의 의견을 물으며 그들과 함께 호흡하는 지천명(知天命)이고 싶다. "불치하문(不恥下問)", 정말 배우고 싶다면 위아래 가리지 말자. 특히, 아랫사람에게조차 부끄럽게 생각하지 말고 묻자. 이순신 장군은 자신에게나 다른 사람에게나 묻기를 좋아했기에 걸출한 영웅이 되었고, 다산 정약용 선생은 묻기를 좋아했기에 실학의 꽃을 피울 수 있었다.[162]

• • •

162 박재희, 『3분 古典』, 작은 씨앗, (2013:43) 참조

切問而近思

공자의 제자 자하도 배우기를 좋아하며, 모르는 것을 물어 해결한 사람이다.
그는 특히 절실하게 물어 유추해 나간다고 말한다.

자하가 말했다. "널리 배우고 뜻을 돈독히 하며, 의문이 있으면 절실하게 물어 해결하고, 생각할 때에는 가까운 곳으로부터 시작하여 유추해 나간다. 인(仁)은 바로 그 속에 있게 된다."

**子夏曰** "博學而篤志<sup>163</sup>, 切問<sup>164</sup>而近思<sup>165</sup>, 仁在其中矣." 「子張」6

**자하왈** "박학이독지, 절문이근사, 인재기중의."

자하 역시 절실한 물음을 통해 배움의 영역을 부단히 확대한 사람이다. "사실에 가까이 가도록 유추하여 생각한다(近思)."는 말을 통해 볼 때, 그는 수없이 많은 질문을 했던 사람이다. 한 번의 질문으로 사실을 규명하기 어렵다. 그는 목표에 도달하기 위해 절실한 마음으로 자주 질문했던 것이다.

결국, 위아래 가리지 말고, 귀를 열어 놓고 묻는 행위는 부끄러운 것이 아니다. 이는 멋진 사람으로 성장하기 위한 중요한 경쟁력의 하나이다.

• • •

163 자신의 의지를 돈독하게 지키다.
164 이미 배웠으나 아직 깨닫지 못한 것을 절실하게 묻다.
165 자기가 할 수 있는 바(가까운 곳)의 일을 생각하다.

모르는 것을 묻는 배움의 자세를 가진 사람이 멋지다.


## o 죽을 때까지 공부하라

> # 篤信好學, 守死善道
>
> 무엇이 멋진 제자의 자세인가?
> 공자는 배움을 좋아하는 태도를 평생 유지하는 자세를 말한다.


공자께서 말씀하셨다. "신념을 돈독히 하고 배움을 좋아하며, 죽을 때까지 선한 도를 지켜라. 위험한 나라에는 들어가지 말고 어지러운 나라에서는 살지 마라. 세상에 도(道)가 있으면 나아가 자기를 발현(하여 벼슬살이를) 하고, 도가 없으면 숨어 살아라. 나라에 도가 있는데도 가난하고 천한 것은 부끄러운 짓이며, 나라에 도가 없는데도 부귀한 것 역시 부끄러운 짓이다."


**子曰** "篤信好學, 守死[166]善道. 危邦不入, 亂邦不居. 天下有道則見, 無道則隱. 邦有道, 貧且賤焉, 恥也 ; 邦無道, 富且貴焉, 恥也." 「泰伯」13

**자왈** "독신호학, 수사선도. 위방불입, 난방불거. 천하유도칙견, 무도칙은. 방유도, 빈차천언, 치야 ; 방무도, 부차귀언, 치야."

• • •

166 죽을 때까지 지키다.

공자는 평생 학문하는 태도를 유지하라고 한다.


배움을 좋아하는 태도는 평생 지속되어야 할 덕목이다. 젊은 날, 특히 중고등학교 시절에만 열심히 하고 대학 때는 좀 놀아도 된다는 식의 발상은 이제 통하지 않는다. 천재적인 머리를 가지지 않아도 된다. 어느 분야이건 간에 그의 전 일생을 배움의 길에서 부지런히 노력한 사람은 각자의 분야에서 빛나는 성취를 거둔다.

요즈음 공부하겠다고 대학원에 진학하여 인문학을 전공하는 젊은이들에게 말하고 싶다. 과거에 고등학교를 어디 나왔고, 학부를 어디 나왔고는 학문 본질과 아무 관계가 없다. 이제부터가 문제이다. 어떤 일부의 똑똑한 친구들은 아예 학문을 할 수 없다. 왜인가? '너무' 똑똑하여 인생 돈벌이 계산이 다 끝났기 때문이다. 공부하는 것이 돈벌이에 도움이 안 된다고 생각하여 다른 길로 갔기 때문이다. 그들에게는 기회가 없고, 지금 학문을 좋아하여 이 길로 들어선 그대들에게는 학문의 기회가 있다. 취직이 안 되어 대학원, 그것도 인문학을 하는 대학원에 왔다고 자조(自嘲)하지 말자. 우리는 큰 기회를 가진 사람들이고, 앞으로 성장할 가능성이 누구 못지않은 사람들이다. 과거는 묻지 말자. 그러나 미래는 툭 터놓고 이야기하자.


평생 학문하는 태도를 유지하는 사람이 멋지다.

※ 다음 내용을 논어에서 찾아 써보자.

1. 왜 배워야 하나?　　　　　　　　2. 어떻게 배울까?

3. 좋은 학습태도는?　　　　　　　　4. 호학(好學)이란?

5. 박학(博學)이란?


※ 서로 관련된 내용을 연결해 보자.

1. 많이 보고서 그것을 알게 되었다　　　　　　a. 思而不學, 則殆

2. 옛날 사람들(학자들)은 자기 자신의
　　발전을 위하여 배웠다　　　　　　　　　　b. 多見而識之

3. 이렇게 하고도 힘이 남으면 여러
　　학술 서적을 공부해야 한다　　　　　　　　c. 好仁不好學, 其蔽也愚

4. 단지 사색만 하고 학습하지 않으면 위태롭다　　d. 行有餘力, 則以學文

5. 인(仁)을 좋아하나 배우지 아니하면
　　그 병폐는 어리석음이다　　　　　　　　　　e. 古之學者爲己


※ 다음을 해석해 보자.

1. 不恥下問 :　　　　　　　　　　2. 篤信好學 :

3. 博學篤志 :

제 2 절

# 스승의 자세

◦◦◦◦◦◦◦◦◦◦◦

## ○ 제자의 개성을 살려라

> # 回也其庶乎，屢空
>
> 무엇이 멋진 스승의 자세인가?
> 공자는 제자의 개성과 재능을 살려 교육하는 자세를 말한다.

　자고는 어리석고, 증삼은 노둔하고, 자장은 자만하여 치우치고, 자로는 거칠었다. 공자가 말했다. "안회는 거의 (도를) 터득하였지만 자주 (쌀통이) 비었고, 자공은 운명을 받아들이지 않고 크게 자산을 불렸는데, (그가 시세를) 예측하면 자주 맞추었다."

　柴[167]也愚, 參[168]也魯, 師[169]也辟, 由[170]也喭. (시야우, 삼야노, 사야벽, 유야언.)

● ● ●

167 공자의 제자 자고(子高)의 다른 이름
168 공자의 제자 증삼(曾參)의 다른 이름
169 공자의 제자 자장(子張)의 다른 이름
170 공자의 제자 자로(子路)의 다른 이름

**子曰** "回[171]也其庶[172]乎, 屢空. 賜[173]不受命, 而貨殖焉, 億則屢中." 「先進」18

**자왈** "회야기서호, 누공. 사불수명, 이화식언, 억즉누중."


교육은 인성교육과 일반 지식에 대한 것으로 나눌 수 있다. 이때, 지식이나 기술의 전수에 있어서 사람마다 수준의 차이가 있다. 이에 대한 고려가 있어야 한다. 공자는 제자들에 대해 성격, 행동, 덕성 등뿐만 아니라 그들의 장단점 및 생활 형편까지 비교적 자세히 파악한다.


> # 德行, 言語, 政事, 文學
>
> 공자는 제자들을 개성에 따라 교육하여
> 각 분야에서 뛰어난 인재로 키웠다.


공자께서 말씀하셨다. 〈중략〉, "도덕과 품행이 좋은 사람으로 안연·민자건·염백우·중궁 등이 있고, 언어(말을 잘 함)에 뛰어난 사람으로 재아·자공이 있으며, 정치하는 일에 뛰어난 사람으로 염유·계로가 있고, 문헌과 전적에 밝은 사람으로 자유·자하가 있다."


• • •

171 공자의 제자 안회(顔回)의 다른 이름
172 '많다, 풍성하다, 바라다' 등 뜻이 여러 가지이다. 여기서는 '가깝다, 거의 되려하다'의 뜻임.
173 공자의 제자 자공(子貢)의 다른 이름

**子曰** "〈中略〉. 德行 : 顏淵、閔子騫、冉伯牛、仲弓. 言語[174] : 宰我、子
貢. 政事 : 冉有、季路. 文學[175] : 子游、子夏." 「先進」 3.

**자왈** "〈중략〉. 덕행 : 안연·민자건·염백우·중궁. 언어 : 재아·자공.
정사 : 염유·계로. 문학 : 자유·자하."

　공자가 말하는 '덕행(德行)', '언어(言語)', '정사(政事)', '문학(文學)'을 '공
문사과(孔門四科)'라 하며 공자문하의 4대 교육과목이다. 또 '四科'에 능
하였던 위의 10인을 '십철(十哲)'이라 한다. 이처럼 사람의 재능에 따른
공자의 교육법을 후세 사람들은 '인재시교(因材施敎 : 사람의 재질, 재능,
개성에 따라 가르침을 베풀다)'라고 한다.

　배움의 길에서 각 분야마다 뛰어난 사람이 있다. 어떤 사람은 덕성이
뛰어나고, 어떤 사람은 말을 잘하고, 어떤 사람은 정치적 수완이 있고,
어떤 사람은 상업을 잘 하고, 어떤 사람은 글을 잘 짓는다. 또 어떤 사람
은 수학이나 과학을 좋아하며 잘 한다. 또 어떤 사람은 예술이나 체육에
재능이 있다. 따라서 각각 개인의 특성에 맞추어 갈고 닦아 정진할 필요
가 있다. 한 개인이 지식의 전 분야를 망라할 수 없다면, 개개인의 장점
과 특성에 맞춘 학습과 교육이 효과적이다. 개인의 특성에 따라 각 분야
에서 뛰어난 사람이 되는 방향으로 유도되어야 교육의 효과가 있고 성취
도 뛰어나게 된다.

• • •
174 외교적으로 응대하는 말을 이른다.
175 시서예악(詩書禮樂)과 전장제도(典章制度)를 말한다.

제자들의 개성을 살려 교육하는 스승이 멋지다.


## ○ 전통을 살려라

> # 信而好古
>
> 무엇이 멋진 스승의 자세인가?
> 공자는 제자들에게 전통에 대한 믿음을 심어주는 자세를 말한다.

공자께서 말씀하셨다. "(옛 것을 전달하기 위해) 기술하였을 뿐 새로운 것을 창작하지 않았다. 나는 고대의 것을 믿고 또 좋아하나니, 속으로 나를 노팽(老彭)에 비교해 본다."

**子曰** "述而不作, 信而好古, 竊[176]比於我老彭[177]."「述而」1
**자왈** "술이불작, 신이호고, 절비어아노팽."

공자는 호고(好古)주의자이다. 그는 스스로 "옛것을 좋아한다."고 말한다. 또 고대의 전통을 좋아하는데 있어 자신이 최고라는 확신이 있다.

• • •

176 몰래, 속으로, 가만히
177 하안(何晏)은 포함(包咸)을 인용하여, 노팽은 은(殷)나라의 어진 대부(大夫)라고 한다. 또 노(老)는 노빙(老聃), 팽(彭)은 팽조(彭祖)를 의미한다고 한다.『漢語大詞典. 8』, 漢語大詞典編纂委員會(1991:622) 공자 당시에 전통을 매우 중시한 유명한 인물로 이해할 수 있다.

그는 옛 전통을 좋아하는 기초 위에 지식습득에 대해 자각하는 사람이다(溫故知新).

　공자께서 말씀하셨다. "나는 태어나면서부터 지식이 있는 사람은 아니다. 옛 것을 좋아하고, 근면하게 배워 지식을 얻은 사람이다."

**子曰**　"我非生而知之者, 好古, 敏以求之者也."「述而」20
**자왈**　"아버생이지지자, 호고, 민이구지자야."

　공자의 '옛것을 좋아한다("好古")'에서 '古'가 의미하는 것이 무엇일까? 그것은 긴 역사를 통해 많은 사람들이 인정한 가치, 즉 '전통' 혹은 '표준적인 것'으로 이해된다. 즉, 스승된 자는 '전통(/표준)적'인 가치에 대한 믿음이 있어야 한다. 또 그것을 좋아해야 한다.

　만약 어떤 교사가 우리나라의 옛 역사와 문화적 가치에 대하여 의심을 품는다면, 그는 우리나라 교육자가 되기 어렵다. 우리의 옛것에 대한 이해와 좋은 감정이 없다면, 그는 그것에 대해 부지런히 배우고 연구하지 않을 것이기 때문이다. 그는 과거에 대한 이해와 이를 바탕으로 한 미래의 소망을 일굴 가능성이 작은 사람이다. 그러한 자가 스승이 되면 그의 학생들은 자아발견과 확립에 있어 우왕좌왕하게 될 것이다.

　공자의 호고주의는 이후 하나의 중국적 전통이 되었다. 중국의 개혁 드라이브를 걸고 있는 당주석인 시진핑(習近平)은 최근의 한 중요한 담화에서 "옛것을 통하여 오늘의 것으로 운용하고, 서양의 것을 들여다 중국적으로 운용하는 것을 계속 유지해야 한다(堅持古爲今用, 洋爲中用 견지고위금용, 양위중용). "[178]는 발언을 했다. 또 이들 둘을 잘 운용하여 문화 강대국을 만들자는 취지의 내용도 있다. 이는 중국 전통문화에 대한 자부심과 서양문화에 대한 중국적 수용을 의미한다.

이 시대는 문화경쟁시대이다. 개인적으로 아는 한 유명한 중국 학술인은 한국문화가 부럽다고 했다. 특히 한국 드라마나 싸이의 공연 등을 보면 한국문화가 자기네들에게 잘 파고든다는 것이다. 한국의 문화전략이 좋다고까지 한다. 그러나 그는 잘 모르고 하는 말이다. 우리의 실상을 보면 그렇게 낙관적이지 않다. '한류(韓流)'를 말하기 시작한 지가 벌써 10년도 넘었다. 그러나 문화정책적으로 뒷받침된 것이 무엇인지 잘 모르겠다. 가시적인 것이 무엇인가? '문화'에 대한 담론은 개인도 참여할 수 있지만 실제적인 사업은 개인이나 기업이 해결할 수 있는 것이 적고, 효과의 지속성도 보장할 수 없다. 그럼에도 불구하고 우리의 젊은이들은 세계를 무대로 멋지게 뛰어주었다. 또 문화기업들도 멋지게 해냈다. 우리의 젊은 친구들이 자랑스럽다. 이제 국가적으로, 제도적으로 뒷받침해야 한다. 박근혜정부는 다행히 문화융성위원회를 발족하였다. 그러나 위원회로 끝나서는 안 된다. 수수만년 한국문화를 흥성시키고 홍보할 법적·제도적 장치가 단단히 마련되어야 한다. 이때 내용(컨텐츠) 차원에서 필요한 한 축이 이 '호고정신'이다. 문화는 하늘에서 갑자기 뚝 떨어지는 것이 아니다. "해 아래 새것이 없다"고 한다.

문화는 역사를 먹고 자란다. 문화는 역사 속에서 그 민족 삶의 특징과 애환을 담아내는 그릇이다. 따라서 자기 민족의 옛것을 모른다면, 또 무

• • •

178 2013. 08. 18. 시진핑담화요점(習近平講話摘要) http://theory. people. com. cn 참조

관심하다면 그 사회는 디디고 설 언덕이 없다. 공자의 '호고정신'[179]이 주는 의미이다.

어떤 사람이 멋진 스승인가? 인류의 '전통(/표준적인 것/보편적인 가치)'에 대한 믿음과 사랑이 있는 사람이다. 그리고 이것을 후학들에게 전승하고자 하는 의지가 있는 사람이다.

전통의 맥을 잡아 교육을 하는 스승이 멋지다.

## ○ 창조적인 아이디어를 배양하라

> # 溫故而知新
>
> 무엇이 멋진 스승의 자세인가?
> 공자는 온고지신(溫故知新)의 자세를 말한다.

공자가 말씀하셨다. "이전에 배운 것을 복습하여 새로운 것을 깨우쳐 알 수 있다면, 이러한 사람은 스승이 될 수 있다."

`子曰` "溫故而知新, 可以爲師矣."「爲政」11
`자왈` "온고이지신, 가이위사의."

● ● ●
179 1장의 5. 4 '그 뜻을 기리는 사람'을 참조하라.

공자는 스승에게 필요한 자질 두 가지를 말한다. 하나는 원리에 대한 이해 능력이며, 다른 하나는 창조정신이다. 공자는 이처럼 창조적인 아이디어를 배양하고, 이를 제자들에게 교육하는 스승의 자세를 중시한다.

이전에 배운 것을 단지 아는 단계에서 그쳐서는 안 된다. 그것의 원리(/이치)에 대하여 은근하게 파고들어야 한다(溫故, warming up). 그리하여 새로운 사실에 대하여 밝혀내는 연구 자세가 필요하다(知新, create). 창조적인 아이디어는 하늘에서 갑자기 떨어지는 것이 아니다. 어떤 원인과 결과에 대해 깊이 파고드는 자세가 있어야 한다.

일본 사람들은 깊이 파고드는 것으로 유명하다. 그래서 그들의 학술도 여러 면에서 우리보다 앞선 것이 사실이다. 그들은 직업정신, 장인정신에서도 매우 집요하다. 당대에 안 되면 자식세대에, 자식세대도 안 되면 그 아래로 계속 내려가며 연구하고, 가업을 유지·발전시키는 장점이 있다. 우리가 배울 점은 배워야 한다. 그들이 어떤 일에 대해 끊기 있게 파고드는 면은 연구자로서도 적극적으로 본받을 만하다. 스승은 이런 자세를 제자들에게 보여주어야 한다.

'온고지신'하는 연구 자세로 제자들에게 창의적인 아이디어와 학문의 방향을 제시하는 스승이 멋지다.

---

## 盡善盡美

우리가 배움의 길에서 지향해야 할 수준은 어떠해야 하나?
공자는 최상의 상태로 나아가고자 하는 열망을 가지라고 말한다.

공자께서 『소(韶)』의 음악에 대하여 말하였다 : "아름답도다, 또 아주 좋도다." 또 『무(武)』의 음악을 말하였다 : "아름답도다, 그러나 최고 좋은 정도는 아니로다."

子謂『韶』[180] "盡美矣, 又盡善也."
자위『소』 "진미의, 우진선야."
謂『武』[181] "盡美矣, 未盡善也."「八佾」25
위『무』 "진미의, 미진선야."

'진선진미'라는 말을 탄생시킨 명구이다. 이는 여러 경우에 적용될 수 있는 말이다. 교육 차원에서는 최고의 표준에 가깝도록 최선을 다해야 한다는 말로 이해된다.

지금 우리나라의 대학교육은 교육자의 질이나 교육정책 차원에서 환골탈태(換骨奪胎)해야 한다. 우리나라 대학교육의 질이 최소한 우리나라의 경제실력만큼은 되어야 한다. 더 나아가 공자가 말하는 '진선진미'한 세계적 수준까지 올라가야 한다.

대학교육의 질적 제고를 위한 필자의 개인적인 아이디어 하나를 말하자면, 우선적으로 대학별, 학문별 특성화에 근거하여 인적, 물적 역량의 집중이 이루어져야 한다. 대학의 학과가 모두 소매점식으로 운영되는 현상황으로는 거대한 시스템으로 운영되는 선진국의 교육수준을 따라잡을

• • •
180 무악(舞樂)의 이름, '순(舜)' 시대의 악무(樂舞)라고 전한다.
181 무악(舞樂)의 이름, 주무왕(周武王)이 은(殷)을 멸망시킨 무공을 노래하는 악무(樂舞)라고 전한다.

수가 없다. 이런 상황 하에서 미국식 제도를 본뜨고, 그들만큼의 연구 성과를 요구하는 것은 밴텀급 권투선수에게 헤비급 선수하고 시합하라는 것과 다를 바 없다. 이를 해결하는 방법이 바로 '계체량'을 세분하는 것이다. 즉, 학문분야를 가능한 한 많이 나눈 다음 각 대학의 능력만큼 나누어 가지고, 각각 세계 1위의 분야가 되도록 집중적으로 지원하는 것이다. 국가가 다 못하더라도 괜찮다. 한국의 사립대학들도 부단히 노력한다. 또 사립대학들도 자신들의 집중분야가 생기면 훨씬 효율적으로 자원을 집중할 수 있다. 이때 해당 학문 분야만큼은 절대적인 자율권을 보장해줄 필요가 있다. 단 목표는 세계수준이라는 것을 분명히 제시해야 한다. 그렇게 되면 전국적인 차원에서 볼 때, 소매점식 상품 열거가 아니라 초대형백화점식 판매가 될 것이고, 나아가 명품 단독판매점처럼 될 것이다. 학문분야별 분업화가 성공하면 세계수준의 학문적 성과뿐만 아니라 고질적인 국내 대학 서열화도 막는 일조이석의 효과를 기대할 수 있다.

우리나라 대학 토양에서 한 대학이 다양한 분야에서 세계 수준으로 성장하기란 연목구어(緣木求魚)이다. 다양한 분야에서 진선진미한 수준이 될 수 없는 것이 너무나 분명한 현실이라면, 몇 개 분야 혹은 한 분야에서 만이라도 세계 1위 혹은 세계적 수준으로 올라서야 한다. 이런 일이 우리나라 50개 정도의 대학에서 일어난다면 각 대학들은 모두 얼마나 기쁘고 신나겠는가?

어느 한 영역에서라도 세계적 수준이 되는 것이 얼마나 어려운지 우리 모두 잘 안다. 지금의 소매점식 교육시스템에서 비록 다양한 제품이 판매대에 오르지만, 대부분의 상품들 위에 먼지가 쌓이고 있다. 그런 상품들은 재정리가 절박하다. 시대변화의 흐름을 쫓아가야 한다. 더 나아가

추월해야 한다. 지금은 우리나라 대학교육의 질을 끌어 올려 인재유출을 막고, 우리나라가 선진화로 나가는 길을 모색해야 하는 시기이다.

창조적인 아이디어와 최상의 목표를 제시하는 스승이 멋지다.

## ○ 가르침을 즐겨라

學而不厭, 誨人不倦

무엇이 멋진 스승의 자세인가?
공자는 배우고 가르치는 일에 싫증내지 않는 자세를 말한다.

공자께서 말씀하셨다. "묵묵히 배운 지식을 기억하고, 배움에 있어 만족함을 모르고, 다른 사람을 가르침에 있어 피곤함을 모르나니, 이 세 가지가 나에게 있어 무슨 어려움이 있겠느냐?"

子曰 "默而識[182]之, 學而不厭, 誨人不倦, 何有於我哉." 「述而」 2
자왈 "묵이식지, 학이불염, 회인불권, 하유어아재."

공자는 또 다른 차원에서 교육자의 두 가지 덕목을 말한다. 그 하나는 '배움에 만족을 모르는 것'이고, 다른 하나는 '가르치기를 게을리 하지 않

• • •
182 기억하다.

는다는 것'이다.

'배움에 만족하지 않다.'란 스승 자신을 위한 요구사항이다. '배움' 그 자체에 목표를 두고 중단 없이 학문을 계속함을 의미한다. 즉, 어떤 이득을 위해서 학문을 하다보면, 그 목적을 달성하면 배우기를 그만두게 된다. 또 오랫동안 학문을 하다가도 목적이 너무 높아 달성하기 어려울 것 같으면 중도에 그만두기도 한다. 멋진 스승은 이러한 자세를 버린다. 스승 스스로가 묵묵히 연구하는 자세를 가져야 한다.

'가르침에 피곤해 하거나 게으르지 않다.'라는 것은 제자를 위한 요구 사항이다. 스승은 자신의 실력이나 인격완성 뿐만 아니라 제자들의 완성도 추구해야 한다. 그렇기에 공자는 "어진 사람은 자기가 성취하고 싶으면 타인도 성취하게 해주고, 자기가 통달하고 싶으면 타인도 통달하게 해준다(夫仁者, 己欲立而立人 ; 己欲達而達人. 부인자, 기욕입이입인 ; 기욕달이달인. 雍也 28)."라고 하며, 또 "군자는 다른 사람들이 아름다움(/아름다운 일)을 완성할 수 있도록 장려한다(君子成人之美 군자성인지미 顔淵 16)."고 한다. 이는 가르침에 싫증내거나 피곤해하면 달성할 수 없는 일이다.

결국, '배움(/연구)에 만족하지 않는다.'와 '가르침에 피곤하거나 게으르다는 것'은 스승된 자가 자기완성 차원에서 극복해야 할 대상이다. 어떤이는 자기완성 차원에서 좀 게으른 것이 무슨 '허물'이겠느냐고 물을 수도 있겠다. 그러나 이는 제자들에게 도움을 줄 수 없다는 측면에서 일종의 '허물'이 아니라고 할 수 없다.

무엇이 교육자의 덕목인가? 그 첫째는 연구("默而識之, 學而不厭")요, 둘째는 교육("誨人不倦"), 셋째는 봉사이다. 나는 교육자로서 묵묵히 인내하며 연구에 열심인가? 학생들을 교육함에 있어 피곤한 줄 모르고 최선을 다하는가? 멋진 스승은 학생의 눈높이에 맞추어 피곤함 없이 가르침에 최선을 다한다. 오늘날 우리 학생들이 생각하는 스승의 모습은 어떠한가? 다음은 중학생 둘을 미국에 조기 유학 보낸 어느 '기러기' 아빠를 인터뷰한 내용의 일부이다.

"미국의 학교 분위기는 매우 엄격했다. 입학 때 나누어준 30여 쪽짜리 핸드북에는 수백 개 조항의 규칙이 빽빽이 적혀있다고 한다. 이틀 연속 같은 옷을 입어서는 안 되며, 수업 중 화장실에 가는 것은 한 달에 네 번으로 제한 한다 등…. 쉬는 시간에 교사들이 복도에 나와 아이들이 뛰어다니지 못하게 지켜 서 있고, 몇 분이라도 지각을 하면 곧바로 경고카드를 준다. 수업방식 역시 빽빽하다는 것이다. 쉬는 시간 4분, 점심시간 10분(한국은 쉬는 시간 10분, 점심시간 45분). 정기시험의 횟수가 한국의 두 배이고, 일주일에 서너 번 돌발 퀴즈시험까지 본다.

규율이 엄격하고 수업이 벅찬데도 아이들은 왜 '즐겁다'고 하는 걸까? 아이들은 그 이유를 이렇게 말한다. '한국에도 좋은 선생님이 많지만, 대체로 미국 선생님이 더 열심히 가르치고, 우리를 인간적으로 대하는 것 같아요.' 한국에선 일부 선생님이 기분에 따라 행동할 때가 있다. 이곳 선생님은 거의 모두 열 받을 만한 상황하에서도 조용하고 차분하게 처리한다. 한국에선 선생님에게 먼저 인사를 해야 선생님이 알은체한다. 이곳 선생님은 먼저 아이들에게 인사한다. 한국에선 수업 중에 떠들면 일부 선생님은 '너 이리 나와'라고 한다. 이곳 선생님은 떠든 아이의 옆에 다가가 다른 학생이 듣기 어렵게 조용히 꾸짖는다. 미국 선생님은 한국 선생님보다 자세하고 구체적으로 숙제를 내준다." (중앙일보, 2006. 09. 16)

나는 무뚝뚝하고 볼품없는 선생이 아닌가? 학생에게 먼저 반갑게 인사하는가? 수업 중에 떠든 아이에게 그 인격이 침해당하지 않도록 조심스럽게 꾸짖는 사람인가?

묵묵히 연구하며, 제자를 가르치는 것을 즐거워하는 스승이 멋지다.


## ○ 폭넓게 가르쳐라

> # 四敎
>
> 무엇이 멋진 스승의 자세인가?
> 공자는 폭넓게 교육하는 자세를 말한다.

공자는 네 가지 방면에서 제자들을 교육하셨다 : 문헌과 전적, 품행, 충성, 믿음을 지키는 것 등이다.


子以四教 : 文丶行[183]丶忠丶信.「述而」25

자이사교 : 문丶행丶충丶신.


공자의 교육내용을 설명하는 구절이다.

공자는 문헌을 통한 교육, 행동적인 측면의 교육 그리고 충성과 믿음

● ● ●
183 품행(品行), 도덕과 관계있는 행위

등을 망라한 전인적인 교육을 시행하였다. 이는 배우는 입장에서 본다면 본서 3장에서 살펴본 '박학하라'와 관련이 있다.

　나는 교육자로서 오늘날 학생들에게 무엇을 가르칠 것인가? 나는 30년 넘게 중국어학을 공부했고, 동시에 20여 년의 세월을 교단에 서왔다. 그러나 내가 학생들에 가르칠 수 있는 항목은 중국어학과 관련된 폭이 좁은 지식뿐이다. 폭넓게 가르치기에는 턱없이 모자라는 수준이다. 전공영역 내에서 다양성을 추구해보나 이 역시 일천한 수준이다. 그렇다면 품행으로써 모범을 보일 수 있는가? 제자들에게 정성스런 마음과 믿음을 심어줄 수 있는가? 모두 자신 있게 고개를 끄떡일 수 없다. 오호라, 나는 교육자로서 이 자리에 설 자격이 있는 자인가?

　교육자로서 나는 학생들에게 지적 욕구를 채워줄 능력이 있어야 하며, 아울러 창의력을 제공할 수 있는 아이디어가 있어야 한다. 또 국제적인 마인드도 함양해서 학생들이 국제무대에서도 당당히 경쟁할 수 있도록 도와주어야 한다. 우리나라 공학인재 양성 전문가인 장순흥 KAIST 부총장은 『포스트모던시대, 공학의 새로운 패러다임』의 추천사(2006:13-19)에서 앞으로 키워야할 인재 상에 대해 "창의적인 설계능력을 가진 인재", "사람의 마음을 이해할 수 있는 인재", "휴먼네트워크를 가진 인재", "글로벌 마인드를 가진 인재"라고 말한다. 인재는 키워지는 것이라고 말한다. 결국, 스승이 어떠한 마인드를 가지고 제자를 리드하느냐가 관건이다.

　폭넓게 가르치는 스승이 멋지다.

## ○ 편견을 버려라

# 無知, 空空如也

무엇이 멋진 스승의 자세인가?
공자는 편견이 없는 자세를 말한다.

공자께서 말씀하셨다. "나에게 지식이 있는가? (나는)지식이 없다. 비천하고 무지한 사람이 나에게 묻더라도, 나는 그 사람이 묻는 것에 대하여 텅텅 빈 것 같이 아는 것이 하나도 없다. 나는 (다만 사물의) 정면과 반면을 되물어서 끝까지 힘껏 추구할 따름이다."

**子曰** "吾有知乎哉？無知也. 有鄙夫[184]問於我, 空空如[185]也. 我叩[186]其兩端[187]而竭[188]焉." 「子罕」 8

**자왈** "오유지호재? 무지야. 유비부문어아, 공공여야. 아고기양단이갈언."

인간은 평등하게 교육받을 권리가 있다. 이러한 관점에서 제일 피해야 할 것은 교육대상에 대한 선입견이나 편견이다.

공자는 "나는 아는 것이 없다."고 말한다. 이 말은 공자의 자신에 대한

• • •

184 재주와 학문이 없는 비천한 사람
185 텅텅 비어 있는 것처럼 아무 지식도 없는 모양
186 질문하다.
187 사물이 가지는 이치의 정(正)과 반(反)
188 할 수 있는 힘껏 하다.

자각적 지식의 발로이다. 공자는 "비록 무지한 사람이 묻더라도, 그 사람보다 더 많은 지식을 가졌다고 여기지 않기 때문에 마음이 텅텅 비어 있는 것과 같다. 어떤 편견도 가지지 않고 그 사람이 묻는 문제의 이치에 대하여 다양한 측면을 파고들어, 그로 하여금 정확하게 알 수 있도록 최선을 다할 뿐"이라고 한다.

"고기양단(叩其兩端 : 그 양쪽을 다 추구하다)", 즉 사물이나 이치의 시말(始末), 인과(因果), 정반(正反) 그리고 '너'와 '나'의 인간관계 등 각 측면에 대한 균형잡힌 시각과 분석을 말한다. 이러한 자세는 자연과학을 하든 인문과학을 하든 사회과학을 하든 모든 이에게 반드시 필요하다. 이는 바로 편견이 없는 중용의 자세이다. 자동차 왕 헨리 포드도 "성공의 유일한 비결은 다른 사람의 생각을 이해하고, 자신의 입장과 상대방의 입장에서 동시에 사물을 바라볼 줄 아는 능력이다"고 했다.[189]

사람이 마음속에 '무엇을 안다'는 마음이 있으면, 자기의 견해에 따라 선입견(/편견)을 가지기 쉽다. 그럴 때 그는 모르는 것도 '안다'고 우기게 된다. 그는 자기의 견해대로 답하고 행동하게 된다. 그러나 공자는 그렇지 않다. 이러한 공자에 대해 제자들은 "(공자는 미리) 무엇을 추측하여 하려고 하는 마음이 없으셨고, 반드시 그래야 한다는 절대적인 마음이 없으셨고, 고집스런 마음이 없으셨고, 자신의 욕심을 채우는 사적인 마음이 없으셨다(毋意, 毋必, 毋固, 毋我. 무의, 무필, 무고, 무아. 子罕 4)."고 말한다.

● ● ●

189 최광선(2006:163), 『인간관계명품의 법칙』, 리더북스

# 有敎無類

제자에 대해 어떤 태도를 가져야 하나?
공자는 교육대상에 대하여 편견이 없다.

공자께서 말씀하셨다. "가르침에는 (차이에 따른) 구별이 없다."

**子曰**　"有敎無類." 衛靈公 38

**자왈**　"유교무류."

"가르침에는 구별이 없다."는 말은 교육대상에 차별을 두지 않는다는 말이다. 이는 덕성계발 측면에 있어 평등을 주장한 공자의 관점을 잘 보여 준다. 아무리 스승과 제자 사이라 하더라도, 또 피교육자의 환경이 어떠하더라도 그의 인격은 모두 평등하게 존중되어야 한다. 이러한 관점에서 공자는 모든 사람의 마음속에는 어진 마음(仁)이 선천적으로 갖추어 있다고 보아 인성교육에 제한을 두지 않는다. 즉, 종족, 성별 및 귀천의 차별이 있을 수 없다는 것이다. 이러한 교육대상에 대한 평등정신은 후에 맹자에게 전수되었다. 맹자는 "모든 사람은 (성인인) 요순이 될 수 있다(人皆可以堯舜. 인개가이요순 〈告子上〉)."고 한다.[190]

편견없이 교육하는 스승이 멋지다.

• • •

190　王邦雄 · 曾昭旭 · 楊祖漢, 황갑연譯(2002:317−318) 참조

## ○ 여자와 어린이는 희망이다

누가 멋진 스승인가?

여자와 어린이 교육에 희망을 발견하는 스승이다.

먼저 공자의 견해를 보자.


공자께서 말씀하셨다. "여자들과 소인들은 교육하고 기르기가 어렵다. 그들에게 가까이 하면 (그들은) 예의가 없고, 그들을 멀리하면 (그들은) 원망한다."


子曰 "唯女子與小人[191]爲難養也, 近之則不孫[192], 遠之則怨." 「陽貨」 25

자왈 "유녀자여소인위난양야, 근지즉불손, 원지즉원 ."


공자는 여자와 어린이(소인)은 교육하기 어렵다고 한다. 공자의 교육 대상에 대한 이런 태도는 현재적인 관점에서 반성과 수정의 여지가 있다. 인성교육뿐만 아니라 지식이나 기술교육에 있어서도 남녀노소(男女老少) 혹은 비천(卑賤)의 구별이 있을 수 없다.

우리는 특히 사회의 절반을 차지하는 여성에 대한 교육을 중시하여야 한다. 여성이 가지는 부드러운 힘은 시대를 초월하여 역사를 움직여온 힘의 한 축이다. 현대사회에서 소프트한 힘이 하드웨어의 힘을 능가하는

• • •

191 종과 하인

192 '遜(겸손하다)'과 같다.

예는 다반사이다. 이 소프트한 힘은 상대적으로 감수성이 예민한 여성들이 발휘하기에 수월한 면이 있다.

우리는 또 어린 아이들의 교육에 더욱 애정을 가지고 노력을 기울여야 한다. 무엇보다 편견 없이 키워야 한다. 건강하고 똑똑하게 키워야 한다. 서로 규칙을 지키고 협동하며 살아 나가는 법을 가르쳐야 한다. 미국, 덴마크 등 선진국에서 어린이를 그들이 살 긴 인생을 고려하여 교육하는 것을 보고 듣노라면 부러운 마음이 든다. 우리는 상대적으로 좁은 나라에서 그것도 분단된 현실에 살고 있다. 그래서 남을 이기지 않고는 생존할 수 없다는 강박관념에 젖어 살며, 아이들을 무한경쟁 속으로 밀어 넣는 것은 아닌지. 그러나 좁은 나라에서 산다는 사실은 결코 우리의 어린이들을 입시전쟁이라는 가혹한 전장으로 내몰기에 필요충분 조건이 아니다.

지구상에는 우리보다 더 작은 나라도 많다. 세기의 아동문학가 안데르센을 배출한 나라, 어린이의 천국 덴마크는 우리나라 인구의 10분의 1에 해당하는 인구 500여 만의 소국이다. 그러나 그들은 어린이들에게 인생은 서로 규칙을 지키며 살아갈 때 진정 아름다운 것이라는 믿음을 가르친다. 건강하고, 밝고, 똑똑한 어린이는 우리뿐만 아니라 전 인류 새 역사 창조의 원동력이요 희망이다.

교육에 있어 남녀노소와 비천(卑賤)의 구별을 둘 수 없다. 특히 어린 자녀와 열악한 환경에 처해 있는 사람들에 대한 교육은 그들의 자존심과 자아상을 깨뜨리지 않는 축복을 통한 교육이 중요하다. '너 같은 놈은 세상에서 처음 본다.' '열심히 공부하지 않으면 똥통을 지게 된다.' 뜬금없는 비교와 험담, 미래에 대한 부정 등은 아무리 그 의도가 좋다고

하여도, 우리가 상상하는 것보다 훨씬 빨리 그들을 망가뜨린다. 이는 그들의 미래를 저주하는 행동이다. 그들이 꿈을 이루고 성공하기를 바란다면, 그들을 향해 파멸과 절망을 경고하기보다 생명과 희망 그리고 가능성을 축복해야 한다.

여자와 어린이 교육에 희망을 발견하는 스승이 멋지다.


## o 인생 40을 비관하지 마라

누가 멋진 스승인가?
실패를 딛고 일어설 수 있도록 도와주는 스승이다.
먼저 공자의 견해를 보자.

공자께서 말씀하셨다. "어떤 사람이 40세가 되었는데도, 다른 사람들로부터 나쁘다고 여겨진다면, 그의 일생은 끝장이다."

子曰　"年四十而見惡[193]焉, 其終也已." 「陽貨」 26
자왈　"연사십이견오언, 기종야이."

공자는 나이 40에도 두드러진 업적이 없으면 별 볼일이 없다고 한다.

• • •
193 나쁘다고 여겨지다.

공자는 또 "40, 50세가 되어도 여전히 성취한 바가 없다면 역시 경외할 만하지 못하다(四十, 五十而無聞[194]焉[195], 亦不足畏也已. 사십·오십이무문언, 역부족외야이. 子罕 23)."고 한다.

나이 15세에 학문에 뜻을 두고, 30에 '이립(而立)'하여 40세에는 '불혹 (不惑)'의 단계까지 들어간 성인(聖人) 공자의 입장에서 청·장년기에 최 선을 다할 것을 요구하는 글이라고 보인다. 그러나 교육에는 40세라는 한계선이 있는 것이 아니다. 40까지는 실패했더라도 또 다시 일어설 가 능성도 있지 않은가?

세계적인 기업 'KFC'의 점포 앞에 서서 인자한 미소를 짓는 할아버지 는 60세 이후에 사업을 일으켜 전 세계적으로 대성공한 창업자이다. 또 어떤 선교사는 '당신 인생 중 가장 황금기가 언제였느냐?'는 질문에 '72 세에서 85세 사이였다'고 회고 했다.

고등학교 3학년 학생이 자기의 고교시절을 뒤돌아보며 늦었다고 절망 하는 모습이나, 이제 대학 4학년생이 자기의 대학생활을 뒤돌아보며 늦 었다고 절망하는 행위는 좋지 않다. 인생은 길지도 않지만 결코 짧지도 않다. 그리고 무엇보다 중요한 것은 우리 인생의 성취나 공과(功過)는 죽 은 후에 절대평가를 받는다는 사실이다. 최소한으로 보더라도 그렇다. 70까지는 멋지게 살고 70세부터 80세까지 거지 같이 구걸하며 산다면 무슨 의미가 있겠는가? 차라리 중간에 약간 삐끗했더라도 마지막에 좋 은 기록으로 골인하는 인생이 멋지다.

• • •

194 명성, 즉 성취를 이른다.
195 어기조사. 특별한 뜻은 없다.

인생은 마라톤으로 비유된다. 이 마라톤은 혼자 뛰는 마라톤이다. 세상에는 수많은 사람이 와서 살고 가지만 모두 자기만의 코스를 뛰고 간다. 이 마라톤에서 좋은 기록으로 골인했다면, 그는 당연히 상을 받을 것이다. 그러나 골인을 못하거나 기대치보다 형편없는 기록으로 골인하면 벌을 받거나 꾸중을 들을 것이다. 그렇다면 당신은 어느 구간에서 적정한 속도를 올리며 멋진 레이스를 펼칠 것인가? 20대인가? 30대인가? 40대인가? 50대인가? 60대인가? 70대인가? 80대인가?

인생의 전 구간을 줄기차게 골인 점을 위해 달려가는 것이 제일 멋진 선수의 모습이다. 그러나 100년의 인생 레이스에 있어 그렇게 일관되게 멋진 레이스를 펼치기는 어렵다. 따라서 멋진 레이스를 펼치려면 '인생의 타이밍'을 놓치지 않아야 한다. 20-30대에 실패했다면 40-50대에라도 괜찮다. 지금부터라도 멋진 레이스를 펼쳐야 하지 않겠는가? 과거는 묻지 말자. 인생 40은 오히려 가슴이 벅찬 새로운 도전이어야 한다.

제자가 실패를 딛고 일어설 수 있도록 도와주는 스승이 멋지다.


## ✏ 분발하도록 일깨워라

# 不憤不啓

무엇이 멋진 스승의 자세인가?
공자는 제자가 분발하여 학문을 할 수 있도록 일깨워주는 자세를 말한다.

공자께서 말씀하셨다. "(배울 때) 분발하지 않으면 열어주지 않고, 애태우지 않으면 발휘하도록 말해주지 않는다. 한 귀퉁이를 들어 보였을 때 (다른) 세 귀퉁이로 반응하지 않으면 다시 반복하지 않는다."

子曰 "不憤[196]不啓, 不悱[197]不發, 擧一隅[198]不以三隅反, 則不復[199]也." 「述而」8
자왈 "불발불계, 불비불발, 거일우불이삼우반, 즉불복야."

공자는 일방적인 지식전달을 원치 않는다. 제자들이 자신의 부족함을 알고 적극적으로 참여하도록 유도한다. 공자는 유능한 교육자이다. 필자는 교육자로서 힘든 것 중의 하나는 '플라스틱 얼굴'로 총기(聰氣) 없이 앉아 있는 학생들의 모습을 볼 때이다. 이들에게 무슨 말을 해서 집중시킨단 말인가? 참고 소리지르다 보면 은근히 화가 올라온다.

현대의 교육학에서도 자기 주도적 교육법이 효과적이다. 말을 물가까지 끌고 갈 수는 있어도 물을 먹이기는 쉽지 않다. 스스로 물을 마시도록 유도해야 한다. 2500년 전에 시도한 대 교육자의 교육방법을 보며 참 현명한 방법이라는 생각이 든다. 공부라는 것은 철저하게 자기가 해야 하는 것이기 때문이다. 학원에 백날 붙잡아놔야 뭐할 것인가. 엉뚱한 생각이 머릿속에 가득하다면 시간 낭비, 돈 낭비, 정력 낭비일 뿐이다.

나는 요즈음 대학원 학생들을 지도하면서 전과는 다른 생각을 하는

● ● ●
196 분발하다. 동사.
197 말나오지 않을 비. 여기서는 동사로, 반응하지 않음을 의미한다.
198 귀퉁이, 모서리, 부분
199 동사, 반복하다.

것이 하나 있다. 즉, 논문을 나만 쓰지 말고 대학원생들과 함께 쓰자는 것이다. 내가 뭐 별로 잘 쓰지도 못하지만, 그럼에도 불구하고 대학원생들을 참여시키고, 오히려 내가 한 편의 논문을 쓰는 것보다 학생들이 한 편 쓸 수 있도록 유도하도 하는 것이 옳다는 생각이 든다. 그들을 나보다 낫게 키우는 것이 나의 인생목표에 맞는 것이기 때문이다. 또 그것이 역사발전의 섭리이다. 아마 나도 지천명(知天命)이 되어서 그러나 하는 생각도 해본다.

제자들이 분발하도록 일깨워주는 스승이 멋지다.

## ㅇ 목탁이 되어라

---

# 木鐸

무엇이 멋진 스승의 자세인가?
'목탁'이 되어 자기의 제자들에게 인생길을 제시하는 자세를 말한다.

---

의읍(儀邑)의 우두머리 벼슬아치가 공자 뵙기를 청하여 말하였다. "군자가 여기에 오셨으니 내가 만나 뵙지 않으면 안 되겠소." 공자를 따르던 제자들이 그를 데리고 가서 공자를 뵙게 했다. 그가 나와서 공자의 제자들에게 말하였다. "여러분들은 어찌하여 (관직을) 잃을까 걱정하시오? 이 세상에 도가 사라진지가 오래 되었도다. 하늘이 장차 공자를 목탁(/스승)으로 삼으려 하는 도다."

儀[200]封人[201]請見[202](의봉인청현), 曰：＂君子之至於斯[203]也, 吾未嘗不[204]得見也. (군자지지어사야, 오미상불득견야.)＂從者見之(종자현지).

出曰(출왈)：＂二三子[205]何患於喪[206]乎？ 天下之無道也久矣, 天將以夫子爲[207] 木鐸[208]. (이삼자하환어상호？ 천하지무도야구의, 천장이부자위목탁.)＂「八佾」24

"목탁(木鐸)"이라는 말이 나오게 된 명구이다.

'목탁'은 백성들에게 경종을 울릴 때 사용하는 도구로 '스승'을 의미한다. 공자는 춘추전국(春秋戰國)의 혼란한 시대에 여러 나라를 주유(周遊)하면서 올바른 인생의 도리를 선양하는 '목탁'이 되었다. 그는 비록 정치적으로 '치국평천하'의 위치에는 이르지 못하였지만, 2천5백년의 세월 동안 인류사회에 사도(師道)의 존귀함을 밝힌 위대한 교육자요, 사상가가 되었다.

의(儀) 땅의 관리가 공자를 한번 보자마자 시대의 '목탁'이라는 절실한 느낌을 받은 것은 그가 사람에 대한 관찰력이 뛰어났기 때문일 것이다.

• • •

200 춘추시대 위(衛)나라의 지명, 지금의 하남성 난고현(蘭考縣) 지역이다.
201 변경을 관리하던 벼슬아치
202 윗사람에게 나아가 '뵙다'의 뜻일 때는 '현'으로 읽는다.
203 '이곳', 장소표시 대명사
204 '일찍이(嘗)'라는 부사를 사이에 두고 이중부정의 형태로 강한 긍정의 의미를 나타낸다.
205 여러분, 당신들
206 상실하다. 여기서는 '벼슬을 잃어버림'을 말한다.
207 '以~爲…' ~로 …삼다.
208 목탁. 고대에 명령을 내릴 때에 쳐서 사람을 소집하던 도구로 '지도자, 스승'을 의미한다.

그러나 무엇보다 공자의 순수하고 지극한 덕성이 그에게 절실한 감동을 주었기 때문이리라.

나도 이 시대에 대한민국 교육의 한 귀퉁이를 담당하고 있는데, 무엇으로 나의 학생들에게 모범을 보여야 할지 생각해 본다. 역시 학문으로 모범을 보여야 한다. 내가 비록 둔재(鈍才)일지라도 '학문하는 자세'만큼은 제자들에게 보여야 한다. 빈둥빈둥 놀면서 먹으려 한다면 나의 존재 의미는 없는 것이다. 무엇을 많이 하려는 욕심보다 무엇을 어떻게 하며 학생들 앞에 설 것인가를 생각해 본다.

학부생들에게는 좀 더 이른 시기에 꿈과 이상을 발견하는 일에 도움이 되어주어야겠다. 또 대학원생들에게는 논문을 쓰는 훈련을 좀 더 잘 시켜주어야겠다. 또 이런 구체적인 일과 함께 그들에게 용기와 희망을 주는 교육자가 되고 싶다. 그들의 인격과 능력을 업그레이드 시켜주는 교육자가 되고 싶다. 내 속에 그런 용기가 쉬지 않고 샘솟았으면 좋겠다. 그리고 교단에서 물러나는 날까지 내 인덕의 함양을 위해서 부단히 노력해야겠다. 허물 많고 가식 많은 나의 겉모습을 꾸미는 것이 아니라, 속사람이 살아나는 역사가 있길 기원해 본다.

스스로 모범을 보이는 스승이 멋지다.

※ 다음 논어의 유명 구절을 해석해 보자.

1. 信而好古 :

2. 盡美盡善 :

3. 溫故知新 :

4. 誨人不倦 :

5. 女子與小人爲難養 :

6. 天將以夫子爲木鐸 :

※ 다음에 대해 생각해 보자.

1. 논어가 말하는 교육자의 자질은?

2. "三人行, 必有我師"란?

※ 참된 스승의 자세에 대하여 글로 써보자.

제 3 장

# 멋진 리더와 리더십

누가 멋진 리더인가?

멋진 리더십의 근원은 무엇인가?

멋진 리더는 어떻게 사람들을 이끄는가?

이 장에서는 리더십의 근원과 리더의 자세를 통하여 '멋진 사람'에 대해 살펴보자.

　멋진 리더는 '정치(政治)', 즉 '올바름("正")에 대한 분명한 인식이 있는 사람이다. 멋진 리더는 분명한 명분을 가지며, 신뢰와 지조, 능력과 존중심 등의 덕목(德目)을 가진 사람이다.
　멋진 리더는 사람들을 어떻게 이끄는가? 그는 덕으로 이끈다. 그는 긴 안목으로 미래를 대비한다. 처신을 바르게 한다. 아집에 사로잡히지 않는다. 작은 이익을 탐하지 않는다. 자기가 원치 않는 일은 남에게 시키지 않는다. 올바른 사람을 등용할 줄 안다. 세계를 경영할 외교 인력을 양성한다.
　우리나라와 사회의 각 분야를 이끌 멋진 지도자를 새겨보자.

제 1 절

# 리더십의 근원

~~~~~~~~~~~~~~~~

o **정의**

## 正義

무엇이 멋진 리더십의 근원인가?
공자는 '정의'를 말한다.

계강자가 공자에게 정치에 대하여 물었다. 공자가 대답하여 말하였다. "정치의 정(政)이란 올바르다(/바로잡는다)는 뜻입니다. 당신이 먼저 자기의 품행을 단정히 하면, 누가 감히 단정치 못한 짓을 하겠습니까?"

季康子問政於孔子. (계강자문정어공자.)

**孔子對曰** "政者, 正也. 子帥[209]以正, 孰敢不正?"「顔淵」 17

**공자대왈** "정자, 정야. 자솔이정, 숙감부정?"

정치란 무엇인가? 공자는 "위정자가 먼저 자기 자신을 올바르게 하는 행위'라고 말한다. 정치를 하는 리더가 어떤 덕목(德目)을 가질 때 정치현

• • •

209 '帥'은 '率'과 같다. 앞장서서 이끌다, 선도하다, 영도하다.

장에서 큰 지도력을 발휘할 수 있는가? 공자는 '정치'를 하는 리더가 정도로써 자신을 지키고 백성들을 선도한다면, 누가 정도에 어긋난 짓을 할 것인가? 라고 되묻는다.

정치인이 먼저 자기 스스로 올바르게 갈고 닦음으로써 백성을 선도한다면 정치는 저절로 이루어진다. 언론을 탓하고, 계층을 탓하고, 지역을 탓하는 리더는 멋지지 않다.

'올바름(正)'이 구성원들을 이끄는 힘의 근원이다.

---

# 君子義以爲質

또, 무엇이 멋진 리더십의 근원인가?
공자는 '의(義)'를 중시한다.

---

공자께서 말씀하셨다. "군자는 의로써 실질적인 내용을 삼고, 예로써 (의를)행하며, 겸손으로써 (의를)표현하고, 믿음으로써 (의를)완성한다. 이렇게 해야만 군자라 할 수 있다!"

**子曰** "君子義以爲質[210], 禮以行之, 孫[211]以出之, 信以成之. 君子哉!"「衛靈公」19

• • •

210 근본, 실질적 내용. "義以爲質"은 "以義爲質"에서 '義'를 도치시킨 구조이다. 이하 "禮以行之", "信以出之", "信以成之"도 같은 구조이며, 대명사 '之'는 '義'를 가리킨다.
211 '遜(겸손하다)'과 통한다.

**자왈** "군자의이위질, 예이행지, 손이출지, 신이성지. 군자재!"

멋진 리더는 의리(義理)를 근본으로 삼는다. 그는 예로써 '의'를 실천하며, 겸손으로써 '의'를 표현하며, 진실한 믿음으로써 '의'를 완성한다.

공자는 여러 차례 '의'에 대하여 설파한다. "사람이 질박하며 의리를 좋아한다(質直而好義. 질직이호의. 顔淵 20).", "군자는 도의(道義)에 밝으나, 소인배는 다만 이익에만 밝을 뿐이다(君子喩於義, 小人喩於利. 군자유어의, 소인유어리. 里仁 16)." 공자는 덕성의 본질을 곧고 의를 좋아하는 것으로 본다. 또 군자는 '의'에 밝아 의를 행위의 준칙으로 삼지만, 소인은 '이익(利)'에 밝아 이익으로써 행위의 준칙을 삼는다고 본다.

'의'란 어진 마음을 실천할 판단근거이다. 멋진 사람은 '의'의 실천을 통하여 남들을 편안하게 해주는(安人 안인) 사람이다. 한편, '의'의 객관적인 통로이자 수단이 바로 '예'이다. 이렇게 보면 도덕의 근원은 '인(仁)'이고, 시공에 적절한 도덕적 판단은 '의(義)'이며, 도덕실천의 통로는 '예(禮)'이다.[212]

• • •

212 王邦雄·曾昭旭·楊祖漢, 황갑연譯(2002:69) 참조

# 義之與比

리더는 무엇에 근거하여 행동해야 하나?
공자는 행위의 준칙은 선입견이 아니라 '의'라고 말한다.

공자께서 말씀하셨다. "군자는 세상(의 일에) 대하여 반드시 긍정하려는 것도 없고, 반드시 부정하려는 것도 없다. 다만 의에 부합하(/가까우)면 행할 뿐이다."

子曰 "君子之於天下也, 無適$^{213}$也, 無莫$^{214}$也, 義之與比$^{215}$." 「里仁」10

자왈 "군자지어천하야, 무적야, 무막야, 의지여비."

공자가 말하는 바, '의(義)'는 행위를 위한 근거, 즉 판단의 잣대이다.

그러나 세상의 일에 대한 우리의 견해는 어떤가? 많은 경우 먼저 감정이나 지식에 따른 선입견이 개입된다. 또, 우리 같은 평범한 인생은 어떤 일에 대해 '절대적인 의'와 '절대적인 불의'로 분별하기가 어렵다. 어떤 일은 70%는 의로운 것 같은데, 30% 정도는 아닌 것 같다. 또 그 반대인 경우도 있다. 그렇기에 혹자는 세상에 절대적인 '선'도 절대적인 '악'도 없다며 자기에게 유리한 상황논리에 빠져든다. 그러나 '의'의 그 본질은 변할 수 없다. 다만 그 운용이 시간과 장소에 따라 달리 표현될 수 있고,

• • •

213 전적으로 중요시하다.
214 (반드시)부정하다.
215 근접하다. 가깝다.

또 조절될 수도 있는 것이다. 따라서 참다운 의는 어떤 특수한 상황에 의해 제한을 받지 않는다. '의'는 '인'과 '예' 사이에 위치하며 행위의 판단 기준이 된다.

멋진 사람은 '의'로써 판단의 준거를 분명히 세움으로써, '인'을 드러내는 통로가 되는 '예'에 속박되는 것을 피할 수 있다. 즉 '인'을 빙자하여 '예'를 지나치게 강조할 경우, '의'에 근거하여 그 행위의 옳고 그름을 생각할 여유도 없이 수동적으로 속박될 가능성이 매우 크다. 이 때문에 근대시기에 어떤 사람들은 "공자의 예교가 사람을 잡아먹는다(禮敎吃人. 예교흘인.)"고 말한 적도 있다. 즉 세상에는 군신(君臣), 부자(父子), 형제, 남녀, 노소, 무력의 강약 등등 많은 서열차이가 존재한다. 요즈음에는 이런 관계를 '갑(甲)'과 '을(乙)'이라는 말로 대신하기도 한다. 이때 각각의 우열 차이를 내세워 무조건적으로 예의를 지키라고 한다면, 이러한 예의는 사람을 속박할 가능성이 너무 크다. 이는 오랜 세월을 거치면서 불쑥불쑥 일어난 "공자가 죽어야 나라가 산다."며 예교타파(禮敎打破)를 주장하게 된 주원인이다.[216] 그러나 이는 '의'의 판단기준 없이 '예'만으로써 행위를 구속할 때 일어나는 잘못된 현상이다. 오늘날 세계각지에 우후죽순처럼 솟아나는 공자학원(孔子學院)[217]을 보며 인간만사는 참 아이러

• • •

216 고대에 진시황 때에는 살아있는 유학자들을 묻어버리고, 책을 불태워버린 분서갱유(焚書坑儒) 사건이 있었고, 현대에는 모택동 등에 의한 '공자와 임표를 비판한다'는 "비공비림(批孔批林)"의 구호가 있다. 한국에서는 한때, 『공자가 죽어야 나라가 산다』라는 책이 크게 히트한 적이 있다.

217 중국 교육부는 매우 적극적으로 세계 각 나라의 여러 대학교들과 합작하여 '공자학원'을 세우고 있다. 이는 중국문화 전파와 중국어 교육을 위한 기관으로, 중국 정부는 매년 20~30% 정도의 운영비를 지원한다. 세계 최초의 공자학원은 2004년에 대한민국 서울에서 공자아카데미라는 이름으로 설립되었으며, 2013년 현재 우리나라에는 19개

니하다는 생각이 든다.

인간사회의 행위준칙을 구현하는 법(法)에 종사하는 사람들은 특히 '의'에 대하여 민감해야 한다. 그들의 '의'에 대한 판단이 사람을 죽이기도 하고 살리기도 하기 때문이다. 법조인은 '정의(正義)를 바로 세우리라'는 사명의식으로 그 일에 뛰어든 사람들이다. 그러나 오늘날 돈과 권력 앞에 힘없이 무너지는 법조인들을 자주 보면서 안타까운 마음이 든다. 오죽하면 '유전무죄 무전유죄(有錢無罪 無錢有罪)'라는 말이 생겨났을까? '돈이 있으면 무죄이고 돈이 없으면 유죄로 처벌받는다'는 이 말이 버젓이 존재하고, 법률소비자연대의 조사에 따르면 국민의 80% 가량이 유전무죄, 무전유죄라는 말이 성립한다는 것에 동의한다. 또 2013년 6월 흥사단이 실시한 조사에 따르면, 우리나라 고등학생의 47%가 '10억 원이 생긴다면 감옥에 갈 죄를 저지를 수 있다'고 생각하는 것으로 드러나 충격을 준다.[218] 이러한 현상에 대해 법조인만 욕할 수도 없다. 그러나 그렇다고 하여 법조인의 책임이 가벼워지지는 않는다. 법조인들은 법이 서민들이 기댈 수 있는 '언덕'이 되도록 하는 일을 사명으로 하는 사람들이기 때문이다.

미국 수도 워싱턴디시 연방정부 법무부 청사 입구엔 '오직 정의만이 사회를 지탱한다(Justice alone sustains society).'라는 글귀가 새겨져 있다. 이는 '정의'에 대한 신뢰만 무너지지 않는다면, 사회는 어떤 위기와 위험이 발생해도 지탱될 수 있다는 말이다.

• • •

의 공자학원이 설립되었다. 전 세계적으로는 106개 국가에 350여 개의 공자학원이 설립되었다.

218 http://www. hani. co. kr/arti/society/society_general/608564. html

見義不爲, 無勇也

어떻게 의를 행하여야 하나?
공자는 '의'를 보면 '용기' 있게 행하라고 한다.

공자가 말씀하셨다. "마땅히 제사지내야 할 귀신도 아닌데 제사를 지내주는 것은 아첨이다. 마땅히 행하여야 할 (도의에 부합한) 일을 보고서도 행하지 않는 것은 용기가 없는 것이다."

子曰 "非其鬼而祭之, 諂也. 見義不爲, 無勇也." 「爲政」 24
자왈 "비기귀이제지, 첨야. 견의불위, 무용야."

공자는 의로운 일을 보면 반드시 실천할 것을 말한다. 어떻게 의를 함양할 것인가? 이는 용기를 필요로 한다. 공자는 "충성스러움과 믿음을 위주로 하여 의로움으로 옮겨가라(主忠信, 徙義, 崇德也. 주충신, 사의, 숭덕야. 顏淵 10)."고 한다. '충'과 '신'을 중심에 두고 사는 삶이 '의'를 배양하는 길이라는 것이다.

'의'를 행하기 위해서 우리는 또, 어떠한 믿음을 가져야 하는가?

'의는 강하며 반드시 승리한다는 믿음'이다. 의로써 이긴다는 것은 상대방을 공격하여 묵사발 만드는 행위가 아니다. 말 그대로 선으로써 악을 이기는 불가사의(不可思議)이다. 공자는 "어진 사람은 반드시 용기가 있다(仁者必有勇. 인자필유용. 憲問 4)"고 한다. 링컨도 말한다. "옳은 것이 강하다는 믿음을 가져야 합니다. 이 믿음으로 우리의 의무를 끝까지 완수해야 합니다."[218]

또한 '의로운 삶을 사는 사람들에게는 하늘의 복이 주어진다.'는 믿음이 있어야 한다. 성경은 "의를 위해 주리고 목마른 사람은 복이 있다. 그들이 배부를 것이다. …(중략)…. 의롭게 살려고 하다가 박해를 받는 사람은 복이 있다. 하늘나라가 그들의 것이다."(마태복음5:6,10)라고 말한다.

용기 있게 정의(正義)를 실천하는 리더가 멋지다.


## ○ 명분

> # 名正, 則言順, 事成
>
> 무엇이 멋진 리더십의 근원인가?
> 공자는 '명분(正名)'을 말한다.

자로가 말했다. "위나라 임금이 선생님을 기다려 정치를 하려 하는데, 선생님께서는 먼저 무엇을 하시겠습니까?" 공자께서 말씀하셨다. "반드시 올바른 명분으로(/명실상부하게) 할 것이다!" 자로가 말했다. "이렇게 할 필요가 있나요? 선생님(의 이 말씀)은 시대(/실제)에 맞지 않습니다! 어떻게 정명(正名)으로 하시겠다는 건지요?" 공자께서 말씀하셨다. "저속

• • •
219 존 홈스·카린 바지, 김성웅 옮김(2006:34)

하구나, 유(由)야! 군자는 자기가 모르는 일에 대하여 마땅히 모르는 것은 남겨두는 태도를 취하여야 한다. 만일 명분이 바르지 않으면 하는 말이 이치에 맞지 않고, 말이 이치에 맞지 않으면 하는 일이 이루어지지 않는다. 일이 이루어지지 않으면 예악(禮樂)이 흥성할 수가 없다. 예악이 흥성하지 않으면 형벌이 적절하지 않게 된다. 형벌이 적절하지 않으면 백성들은 어떻게 행동해야 좋을지를 모르게 된다. 때문에 군자는 먼저 명분을 확실히 한 후에 말을 해야 하며, 말한 것은 반드시 행할 수 있어야 한다. 군자는 자기가 한 말에 대하여 하나라도 얼렁뚱땅 넘어가는 것이 없다.”

子路曰(자로왈) : “衛君[220]待子而爲政, 了將奚先？ (위군대자이위정, 자장해선？)”

子曰 “必也正名[221]乎！”

자왈 “필야정명호！”

子路曰(자로왈) : “有是哉, 子之迂[222]也！奚其正？ (유시재, 자지오야！해기정？)”

子曰 “野[223]哉, 由也！君子於其所不知, 蓋闕[224]如[225]也. 名不正, 則言不順；言不順, 則事不成；事不成, 則禮樂不興；禮樂不興, 則刑罰不中[226]；刑罰不中, 則民無所措[227]手足. 故君子名之必可言也, 言之必可行也. 君子於其言, 無所苟[228]而已矣[229].” 「子路」3

자왈 “야재, 유야！군자어기소불지, 개궐여야. 명불정, 즉언불순；언불순, 즉사불성；사불성, 즉예악불흥；예악불흥, 즉형벌부중；형벌부중, 즉민무소조수족. 고군자명지필가언야, 언지필가행야. 군자어기언, 무소구이이의.”

유학(儒學)의 '정명(正名)' 사상을 말하는 명구이다.[230]

공자는 지도자가 세워야할 필수적인 덕목으로 '명분'을 꼽는다. '정명(正名)'은 '명분(名分)'을 바르게 한다는 것이다. '명'은 지위(/위치)에 대한 명칭이며, '분'은 본분을 의미한다. 사람이 지위에 해당하는 명칭을 갖게 되면 마땅히 그 본분(/책임)을 다해야 한다. 공자는 "임금은 임금다워야 하며, 신하는 신하다워야 하며, 아비는 아비다워야 하며, 자식은 자식다워야 한다(君君, 臣臣, 父父, 子子. 군군, 신신, 부부, 자자. 顏淵 11)."고 말한다. 여기서 앞의 '君, 臣, 父, 子' 등은 각각 '명분'이고, 뒤의 '君, 臣, 父, 子' 등은 각각 해당 명분에 대한 행위적인 본분, 즉 역할을 의미한다. 공자는 명분을 바르게 하는 것이 정치의 요체요, 지도자의 덕목이라고 본다.

올바른 명분은 합리적인 말을 만들고, 합리적인 말은 결국 일을 성공시킨다. 일이 이루어지면 예절과 음악이 흥성하게 된다. 예절과 음악으

* * *

220 춘추(春秋) 시기의 위(衛)나라 임금, 시호는 '出'이다.

221 올바른 명분. 소위 '정명(正名)'은 명칭과 명분을 바로잡아야 한다는 사상이다. 공자는 당시의 사회등급, 인륜관계 등에 속하는 여러 가지가 이미 예의 제도의 규정에 부합하지 않으므로, 마땅히 먼저 이것을 바로잡아 명실상부(名實相符)하게 해야 한다고 보았다.

222 멀다(遠), 실제상황과 멀리 떨어져 있거나 시대상황에 적합하지 않음을 이른다.

223 비속하다, 저속하다.

224 결핍되다(缺). 의문점을 남겨놓는 것을 이른다('存疑').

225 어기조사. 특정한 의미는 없다. ·

226 적당하지 않다. 이치에 맞지 않다. 여기서 '中'은 술어로 쓰인다.

227 조치를 하다, 놓다, 두다.

228 대충대충 하다, 얼렁뚱땅 하다.

229 어기조사

230 논리적으로 '개념'과 '실재'를 설명하는데 자주 인용되는 구절이기도 하다.

로 순화된 백성에게는 형벌이 필요가 없게 된다. 따라서 지도자가 경계해야 할 것은 정당한 명분을 잃어버리고 역할에 충실하지 못할 때이다. 그렇기에 공자는 명분과 역할의 중요성을 강조하여 "술잔이 술잔 같지 않으면 (어찌) 술잔이겠는가!(觚不觚,觚哉!觚哉! 고불고, 고재! 고재! 雍也 3)"라고 말한다.

심각한 분열의 상처를 남길 뻔했던 미국의 남북전쟁을 오히려 통합의 장으로 만든 링컨 대통령은 '평등정신'이라는 미국성립의 명분을 새롭게 함으로써 노예해방전쟁에서 승리하였다. "미국은 '모든 사람은 평등하게 창조되었다.'고 선언함으로써 발족되었습니다. 그런데 지금 이 구호를 '흑인은 빼고 모든 사람은 평등하게 창조되었다.'고 읽고 있습니다. 무지와 방자함이 나라를 뒤덮게 되면, 그때는 '흑인, 외국인 그리고 가톨릭교도들을 빼고 모든 사람은 평등하게 창조되었다.'로 읽을 게 분명합니다. 이런 일이 일어난다면 나는 차라리 러시아로 가겠습니다. 그곳은 위선 떨지 않고 전제정치를 정당화한 나라가 아닙니까?" "흑인은 여러 면에서 백인과 같지 않습니다. 피부색, 도덕적인 혹은 지적인 능력 면에서도 다를 수 있습니다. 하지만 다른 누구의 허락 없이도 빵을 먹을 권리, 그것도 자기가 노력하여 얻은 빵을 먹을 권리라는 면에서는 나와도 똑같고 더글러스 판사님과도 똑같으며, 모든 살아 있는 사람들과도 똑같습니다."[231]

'평등(平等)'이라는 대의명분으로부터 당위성(當爲性)을 끌어내 인권역사에 금자탑을 쌓은 멋진 사람의 모습이다. 이 명분이 결국 흑인들을 노

• • •

231 존 홉스 · 카린 바지, 김성웅 옮김(2006:83-84)

예에서 자유인이 되게 하였다.

　올바른 명분은 구성원들에게 자유를 준다. 또 그 자유를 위해 목숨을 걸고 싸우게 만드는 힘이 있다. 반면 명분이 없으면 자꾸 말을 덧붙이게 되고 결국 궤변으로 빠진다. 궤변은 명분이 없는 말로, 결국 일을 망치는 단초이다("名不正, 則言不順 ; 言不順, 則事不成."). 궤변을 늘어놓는 재주가 많은 자를 지도자로 선택하면 안 된다. 그는 구성원들의 마음을 두 갈래 세 갈래로 갈라놓는다. 그곳에는 균형적이고 조화로운 발전을 기대할 수 없다. 명분을 세우지 못하는 지도자는 인종을 가르고, 종교를 가르고, 자기 국민을 갈라놓고도 그 죄가 무엇인지 모르는 자요, 오히려 편을 갈라놓고, 자기편에 속하지 않으면 모두 적으로 보는 자이다.

　올바른 명분에 따라 자기 역할을 하며, 구성원을 이끄는 리더가 멋지다.


## ○ 덕성

> # 爲政以德
>
> 무엇이 멋진 리더십의 근원인가?
> 공자는 '덕성(德性)'을 말한다.

　공자가 말씀하셨다. "지도자는 정치를 함에 있어 덕으로 해야 하는 바, 북극성에 비유할 수 있다. 북극성은 하늘의 중심에 자리를 잡고 있으며, 뭇 별들이 그를 둘러 에워싸고 있느니라."

子曰 "爲政以德[232], 譬如北辰[233], 居其所而衆星共[234]之."「爲政」1

자왈 "위정이덕, 비여북신, 거기소이중성공지."

"위정이덕(爲政以德)"을 탄생시킨 명구이다. 공자는 리더가 왜 '덕'으로 이끌어야 하는가를 말한다. "지도자는 이미 한 개인이 아니라 여러 별들의 중심에 위치하여 조율하는 자"이기 때문이다.[235] 지도자가 덕으로 조율하지 않으면 이 모든 조화와 질서가 깨진다.

---

## 君子懷德

멋진 리더는 마음에 무엇을 품어야 하는가?
공자는 덕을 품으라고 말한다.

---

공자가 말씀하셨다. "군자(/지도자)가 그 마음속에 덕을 품으면, 소인(/백성)들은 고향으로 돌아가 편안히 기거하고, 군자가 형과 법을 마음에 품

---

• • •

232 도덕(道德)으로 교화(敎化)하는 것이 유가(儒家) 정치수단의 근본이다.

233 북극성(北極星), 라틴어로 폴라리스(Polaris). 작은곰자리의 첫 번째 별로, 일주(日周) 운동 상 거의 그 위치를 바꾸지 않으므로 방위(方位)를 가리키는 지표가 된다.

234 '拱'과 통한다. 두 손을 마주잡듯 하여 에워쌈을 뜻한다.

235 이러한 의식은 중화인민공화국의 오성홍기(五星紅旗)에도 반영된다. 즉, 오성 홍기에 그려진 다섯 개의 별은 노동자, 농민, 소자본가, 민족자본가의 다섯 주체에 의한 혁명을 상징하며, 네 별들의 중심점은 큰 별을 향한다. 이는 중국공산당의 영도하에 혁명적 계급 간의 대단결을 상징한다.

으면 백성들은 (타국의) 은혜로운 임금을 마음에 품(고 좇아 떠나)게 된다.”

子曰 “君子[236]懷[237]德, 小人[238]懷土[239] ; 君子懷刑, 小人懷惠[240].” 「里仁」 11

자왈 “군자회덕, 소인회토 ; 군자회형, 소인회혜.”[241]

공자는 리더가 ‘덕(德)’을 품을 때와 ‘형벌’을 품을 때를 비교하여 설명한다. 백성들은 지도자가 마음에 무엇을 품고 있는지 귀신같이 안다. 민심(民心)은 천심(天心)이기 때문이다. 지도자가 덕을 품으면, 백성들은 덕에 감복된다. 지도자나 백성이나 모두 인격체들이기 때문이다. 반대로 지도자가 형법(刑法)을 마음에 품으면 백성들은 마음이 떠난다. 이는 역사상 한비자(韓非子), 상앙(商鞅), 이사(李斯) 등 쟁쟁한 법가(法家) 학자요 정치가들의 이념으로 무장하고 '법대로!'를 외쳤던 진(秦 BC221-207)나라의 종말을 보면 알 수 있다. 기세등등하던 진나라는 불과 20년도 못가 3세만에 농민 중심의 진승(陳勝), 오광(吳廣) 등의 궐기와 항우(項羽), 유방(劉邦) 등에 의해 막을 내리고 말았다.

모든 인간이 다 선하지는 않기 때문에 형벌과 법은 꼭 필요한 것이지만, 법은 억울한 사람들은 만들어낼 가능성이 크다. 설령 잘못을 범하여

• • •

236 여기서의 ‘군자’는 ‘임금’, 혹은 ‘정치 지도자’를 의미한다.
237 (마음속에 품고) 생각하다.
238 여기서의 소인은 백성을 의미한다.
239 고향의 논밭(田産)
240 주어지는 좋은 점, 은혜
241 군자가 품고 따라야 할 덕목으로 ‘懷德’과 ‘懷刑’은 서로 상대적인 개념으로 쓰이고 있다.

형벌을 받더라도 그것을 고맙게까지 생각할 백성은 하나도 없다.[242]

마음에 덕성을 품고 이끄는 리더가 멋지다.

## ○ 믿음

> # 民無信不立
>
> 무엇이 멋진 리더십의 근원인가?
> 공자는 '신뢰(信)'를 말한다.

자공이 정치에 대하여 물었다. 공자께서 말씀하셨다. "식량이 풍족하게 해야 하며, 군사력을 충분하게 해야 하며, 백성들이 (지도자/정부를) 믿게 해야 한다." 자공이 말했다. "반드시 부득이하게 하나를 버려야 한다면, 위의 세 가지 중에 어느 것을 먼저 버려야 합니까?" 공자께서 말씀하셨다. "군사력을 버려라." 자공이 말했다. "반드시 부득이하게 하나를 버려야 한다면, 위의 두 가지 중에 어느 것을 먼저 버려야 합니까?" 공자께서 말씀하셨다. "식량을 버려라. 자고이래로 사람은 모두 죽는다. 그러나 백성이 지도자(/정부)를 믿지 않으면 존립할 수 없게 된다."

● ● ●

242 본서 3장의 2. 2 '덕풍으로 이끌라'를 참조하라.

子貢問政. (자공문정.)

**子曰** "足食, 足兵[243], 民信之矣."

**자왈** "족식, 족병, 민신지의."

**子貢曰** "必不得已而去, 於斯三者何先? (필부득이이거, 어사삼자하선?)"

**曰** "去兵."

**(자)왈** "거병."

**子貢曰** : "必不得已而去, 於斯二者何先? (필부득이이거, 어사이자하선?)"

**曰** "去食. 自古皆有死, 民無信不立."「顔淵」7

**(자)왈** "거식. 자고개유사, 민무신불립."


자공의 질문에 대한 공자의 대답을 통하여 정치의 선후와 요체에 대하여 알 수 있다. 공자는 정치의 핵심이 '신뢰'임을 말한다.

지도자는 우선 백성의 '식량' 문제를 해결해야 한다. 그런 다음에 '군사력'을 강화해야 한다. 그 다음에 교화(敎化)를 통해 백성들의 '신뢰'를 얻어야 한다. 이것이 정치의 선후 문제이자 기본적인 요구사항이다. 그러나 거꾸로 하나하나 버려야 한다면 최후까지 붙잡아야 할 핵심은 무엇인가? 공자는 가장 먼저 '군사력'을 버리라고 한다. 그 다음이 '식량'이다. 그러나 끝까지 놓치지 말아야 하는 것이 있다면, 그것은 바로 백성들의 정부(/지도자)에 대한 '믿음'이다.

정치는 신뢰를 기반으로 존립하는 생물이다. 백성이 어떤 정치집단을 못 믿는다는 말은, 그 정치집단은 설수 없다(民無信不立)는 것을 의미한

• • •
243 무기, 병기(兵器), 무력

다. 백성들은 힘이 약해 외침을 받더라도, 심지어 배가 고프더라도 믿음이 있으면 지도자를 따라 나선다. 그러나 '믿음'이 사라지면 정치와 교화의 모든 가치는 눈이 녹듯 소멸된다.

人而無信, 不知其可也

리더가 구성원들의 신뢰를 얻지 못하는 집단은 어떤가?
공자는 그런 집단은 힘과 역량을 모을 수도 없고,
전달할 수도 없어 어떤 발전도 기대할 수 없다고 말한다.

공자가 말씀하셨다. "사람이 만일 신뢰가 없으면, 어떻게 일을 처리해야 할지 모른다. 마치 큰 수레에 쐐기[244]가 없는 것과 같으며, 작은 수레에 멍에가 없는 것과 같다. 수레가 무엇에 의지하여 앞으로 나간단 말인가?"

**子曰** "人而[245]無信, 不知其可也. 大車無輗[246], 小車無軏[247], 其何以行之哉?"「爲政」22

**자왈** "인이무신, 부지기가야. 대거무예, 소거무월, 기하이행지재?"

• • •

244 큰 수레의 끌채의 마구리와 멍에를 고정하는 기능을 한다.
245 접속사, 만일(如果)
246 음은 '예', 수레의 끌채를 고정하는 '쐐기'를 말한다.
247 음은 '월', 수레의 끌채, 멍에를 말한다.

'쐐기' 없는 수레나 멍에[248] 없는 수레가 동력을 전달받을 수 없듯이, 믿음이 없는 사람은 아무 일도 진전시킬 수 없다. 그렇기에 공자는 "다른 사람과 약속은 의에 부합해야 하며, 자기가 한 말은 마땅히 지켜야 한다(信近於義, 言可復也. 신근어의, 언가복야. 學而 13)."고 한다.

---

## 言之必可行也

멋진 리더는 무엇에 대해 믿음이 있어야 하나?
공자는 명분과 언행 그리고 실천을 통한 '신뢰'의 중요성을 강조한다.

---

공자가 말씀하셨다. "그러므로 군자는 먼저 명분을 확실히 한 후에 말을 해야 하며, 말한 것은 반드시 행할 수 있어야 한다. 군자는 자기가 한 말에 대하여 하나라도 어렁뚱땅 넘어가는 것이 없다."

**子曰** "故君子名之必可言也, 言之必可行也. 君子於其言, 無所苟而已矣."「子路」3

**자왈** "고군자명지필가언야, 언지필가행야. 군자어기언, 무소구이이의."

리더의 말은 신뢰를 생명으로 한다. 따라서 멋진 리더는 특히 구성원

• • •

248 쐐기나 멍에는 동력전달의 고리이다. 멍에를 예로 들자면, 소의 목에 거는 도구로 그에 부하된 소의 힘으로 바퀴를 돌려 수레가 움직인다. 이런 의미에서 '멍에'는 인생의 '부담/짐'으로 비유되기도 하지만, 여기서는 동력전달의 고리라는 의미로 즉 '신용/믿음'의 기능을 말한다.

들로부터 자신의 말에 신뢰를 얻어야 한다. 리더가 공약(公約)한 내용은 보증수표처럼 그 가치가 보증되어야 한다.[249]

　지도자와 국민과의 '믿음'은 정치존립의 핵심이다. 존경받는 정치인의 필수요소는 국민으로부터의 신뢰임을 간파한 링컨은 말한다. "국민의 신망을 한번 저버리면 다시는 존경과 경애를 되찾을 수 없습니다. 잠시 모든 사람을 기망(欺罔)할 수 있고, 일부의 사람들을 내내 바보로 만들어 버릴 수는 있어도, 모든 사람을 항상 속일 수는 없습니다."[250]

　신뢰로써 구성원들을 이끄는 리더가 멋지다.


## ㅇ 지조

> # 松柏之後彫
>
> 무엇이 멋진 리더십의 근원인가?
> 공자는 '지조(志操)'를 말한다.

　공자께서 말씀하셨다. "추운 때가 되어서야 소나무와 잣나무가 제일 늦게 시든다는 것을 알게 된다."

• • •

249 링컨은 "훌륭한 정치인이란 자신을 뽑아준 국민들의 의사를 반드시 수행하는 사람입니다."라고 국민과 정치인간의 신의에 대하여 말한다. 존 홈스 · 카린 바지, 김성웅 옮김(2006:66)

250 존 홈스 · 카린 바지, 김성웅 옮김(2006:91)

**子曰** "歲寒然後, 知松柏之後彫²⁵¹也! "「子罕」28
**자왈** "세한연후, 지송백지후조야! "

공자는 지조 있는 사람을 소나무와 잣나무에 비유한다.

소나무와 잣나무는 사시사철 시들지 않는 침엽수이다. 추운 겨울에도 하얀 눈 속에서 초록으로 꼿꼿하게 서있다. 아무리 심한 한파에도 꿋꿋이 견디며 본래의 색깔을 변질시키지 않는다. 소나무와 잣나무가 동양에서 지조 있는 사람으로 비유되는 까닭이다.

우리나라에 제일 흔하면서도 가장 사랑받는 나무가 소나무일 것이다. 제주도의 귀양살이 속에서도 선비로서의 지조를 잃지 않았던 추사 김정희도 유명한 세한도(歲寒圖)에서 소나무 몇 그루를 그려 넣었다. 소나무는 우리나라의 애국가에도 등장한다. "남산 위의 저소나무 철갑을 두른 듯, 바람서리 불변함은 우리 기상일세." 근세기에 내외 우환(憂患)의 혹독한 시련을 겪으며, 후손들이 대대로 지조 있는 국민이 되길 바라는 선배님들이 지은 가사이리라.

공자는 인간이 가지는 참다운 '지조'에 대해 말한다.

공자께서 말씀하셨다. "지조 있는 선비나 어진 사람은 살기 위해서 어진 도리(仁道)를 망치는 것을 구하지 않고, 자기 몸을 희생하여 인덕(仁德)을 성취한다."

• • •

251 시들다. 영락하다. '凋'와 같다.

子曰 "志士仁人, 無求生以害仁, 有殺身以成²⁵²仁." 「衛靈公」9

자왈 "지사인인, 무구생이해인, 유살신이성인."


'지조 있는 사람(志士)'은 자기를 희생하여 '인(仁)'을 성취하는 사람이다. '지조 있는 사람'과 '어진 사람'은 동일한 행동 양식을 보인다. 즉 지조 있는 사람은 목숨을 버려서까지 인을 추구하는 용기 있는 사람이다. 공자는 "삼군 대장의 권력은 빼앗길 수 있지만, 일개 필부라도 그 의지를 빼앗겨서는 안 된다(三軍可奪帥也, 匹夫不可奪志也. 삼군가탈수야, 필부불가탈지야. 子罕 26)"는 말로 한 인간이 지켜야 할 지조의 중요성을 강조한다. '지조'는 신뢰를 바탕으로 하는 정치마당에서의 필수적인 덕목이다.


지조 있게 행동하며 구성원들을 이끄는 리더가 멋지다.


## ○ 능력

---

### 君子不器

무엇이 멋진 리더십의 근원인가?
공자는 '정형화되지 않는 능력'을 말한다.

---

• • •

252 이루다. 성취하다.

공자께서 말씀하셨다. "군자는 그릇처럼 그렇게 용도가 단일 되어서는 안 된다."

**子曰** "君子不器[253]."「爲政」12

**자왈** "군자불기."

공자는 군자가 갖추어야할 '능력'에 대해 말한다. 군자는 일정한 형태와 모양을 가지는 그릇이 아니라 덕성과 인격을 갖춘 무형(無形)의 '그릇'이 되어야함을 말한다. 즉 소인은 일정한 형태(/재주와 기능)만을 갖춘 그릇으로 비유된다. 따라서 그 용도가 한정적이다. 그러나 군자의 그릇은 그 용량이나 용도가 한정적이지 않다.

멋진 리더는 자각(自覺)을 통해서 자신의 인성, 덕성, 능력, 지성을 계속적으로 키워나가는 사람이다. 그렇기에 멋진 리더는 유한한 육체적 생명이나 신분 그리고 개인의 사사로운 경험이나 감정 등을 초월할 수 있다. 결국, "군자는 (전문적인) 그릇처럼 그 쓰임이 한정되지 않는다(君子不器)"는 것은 멋진 리더가 가지는 마음의 영역이 넓고 큼을 비유한 말이다.

또, 공자가 말하는 '그릇'의 의미는 '재능이 있는 사람'을 말한다.

자공이 물었다. "저는 어떻습니까?" 공자가 말씀하셨다. "너는 그릇이

• • •

253 기물, 그릇 여기서는 어떤 한 방면의 용도만 있는 그릇을 어떤 한 방면의 지식이나 기술이 있는 사람에 비유한다.

다." 자공이 말했다. "어떤 그릇입니까?" 공자가 말씀하셨다. "호련이다."

**子貢問曰**(자공문왈) : "賜也何如？ (사야하여？)"

**子曰** "女, 器也."

**자왈** "여, 기야."

曰 : "何器也？ (하기야？)"

**曰** "瑚璉[254]也." 「公冶長」 4

**(자)왈** "호련야."

 

　자기 자신이 어떤 인재인지를 묻는 자공의 질문에, 공자는 '호련'이라는 귀한 그릇이라고 대답한다. 자공은 매우 총명한 제자였고, 공자의 학문과 인격에 대하여 감복하고 따랐다. 또 공자와의 감정도 절실하여 공자 사후에 6년 동안 묘지를 지켰다. 그러나 공자의 도는 "총명한 자공(賜也達. 사야달. 雍也 6)"에게 전해지지 않고, 오히려 "노둔한 증자(參也魯. 삼야노. 先進 17)"에게 전수되었다.[255]

　매우 전문적인 효율성(/재능)이 있고, 이를 통해 큰 공헌을 하는 것도 중요하다. 그러나 더 중요한 것은 자신의 덕성을 함양하는 것이다. 그럴 때 자신을 바로 세우며, 나아가 남을 편안하여 할 수 있는 것이다. 또, 능력(그릇)이 크다 할지라도 결국 덕성으로 조절되어야 함을 의미한다.

• • •

254 종묘에 제사를 지낼 때, 서직(黍稷)을 담는 귀한 그릇

255 이것을 통해 재능이나 총명은 결코 도를 밝혀내는데 있어 필요충분조건이 아니며, 때로는 오히려 방해 요인으로 작용할 수 있음을 알 수 있다. 王邦雄 · 曾昭旭 · 楊祖漢, 황갑연譯(2002:177) 참조

단지 전문적인 그릇(/전문적이 재주와 기능이 있는 사람)이 되어 성공하면 쉽게 오만하게 되고 결국은 실패할 가능성이 높다. 그런 그릇은 그 자체 내에 수용할 수 있는 범위 내에서만 수용하며, 그 그릇의 범위 밖에 있는 덕성의 수양과 자유를 수용하지 못하기 때문이다. 자공을 '호련'이라는 귀하기는 하지만 일정한 용도의 '그릇'으로 비유한 공자의 뜻을 알 것 같다.

멋진 삶을 추구하는 우리는 경계가 없는 '큰 그릇'이 되어야 하며, 그 안에 덕성, 생명, 자유 등 고귀한 인생가치를 일평생 담아야 한다.

그릇의 용도는 대개 한두 가지로 한정되어 있다. 특수한 용도를 가진 그릇일수록 그 용도는 특수한 한 가지로 제한되기 쉽다. 공자는 멋진 지도자는 그릇처럼 제한적인 능력만을 갖추어서는 안 된다고 본다. 그렇다면 지도자가 갖추어야 할 진정한 능력은 무엇인가? 그것은 사람의 마음을 움직일 수 있는 능력이다.

해가 지지 않는 대영제국을 구가했던 근세기에 수상을 역임했던 윌리엄 글래드스턴(1809-1898)과 벤자민 디즈레일리(1804-1881)를 대비시키는 유명한 일화가 있다. 두 사람과 같이 식사를 해본 경험이 있는 사람들은 한결같이 이렇게 말한다. 글래드스턴과 식사를 한 이후에는 그가 영국에서 가장 똑똑한 사람이라는 생각이 든다는 것이다. 하지만 디즈레일리와 식사를 한 후에는 그와 식사를 한 자기 자신이 가장 똑똑한 사람이라는 생각이 든다고 한다.[256] 둘 중 누가 정말로 상대방의 마음을 움직

• • •

256 전병옥, 『젊은 사자는 썩은 고기를 먹지 않는다』 중에서, 지하철 4호선 성신여대입구역의 유명문구 게시판

이는 능력 있는 사람인가?

멋진 지도자는 또, 자기가 이끌고 갈 사람들을 이해하는 능력이 있어야 한다. 그리고 그들이 능력을 발휘할 수 있도록 도울 능력이 있어야한다. 지도자 혼자서 모든 일을 진선진미(盡善盡美)하게 처리할 수는 없기 때문이다. 또 이는 독단에 빠지지 않는 길이며, 진정으로 구성원들의 협조를 얻는 길이다.

마음의 영역이 넓고 큰 리더가 멋지다. 또, 구성원들이 협력을 이끌어내는 능력있는 리더가 멋지다.

## ○ 존중

---

### 後生可畏

무엇이 멋진 리더십의 근원인가?
공자는 타인에 대한 '존중심'을 말한다.

---

공자께서 말씀하셨다. "젊은이는 가히 경외할 만하다. 어찌 후배가 지금의 어른만 못할 것이라고 알겠는가? (그러나) 40, 50세가 되어도 여전히 성취한 바가 없다(/이름이 알려지지 않으)면 역시 경외할 만하지 못하다.

**子曰** "後生[257]可畏, 焉[258]知來者[259]之不如今[260]也？ 四十, 五十而無聞[261] 焉[262], 亦不足畏也已."「子罕」23

**자왈** "후생가외, 언지래자지불여금야？ 사십 · 오십이무문언, 역불족외 야이."

　　멋진 리더가 갖추어야할 또 하나의 덕목은 '존중심'이다. 공자는 특히 "후생가외(後生可畏)", 특히 젊은 세대에 대한 존중심을 말한다.

　　후배의 재능을 알아보고 경외하는 사람은 멋진 사람이다. 이는 바로 인재에 대한 존중심이다. 아랫사람들이 재능을 최대한 발휘할 수 있도록 도와주는 사람은 멋진 사람이다.

　　이는 아랫사람에 대한 예의로써 드러난다. 그렇기에 공자는 군주가 신하를 부리는 방법에 대해 묻는 정공(定公)의 말에 다음과 같이 말한다.

● ● ●

257 젊은이나 후배를 이른다.
258 어찌(安). 부사
259 후배를 이름
260 현재의 어른(成人)
261 명성, 즉 성취를 이른다.
262 어기조사. 특별한 뜻은 없다.

# 君使臣以禮

멋진 리더는 무엇으로 구성원을 부리는가?
공자는 구성원들에 대한 '존중'을 말한다.

공자가 대답했다. "군주가 신하를 부릴 때는 예의에 맞아야 하고, 신하가 군주를 섬길 때는 충성해야 한다."

**孔子對曰** "君使臣以禮, 臣事君以忠." 「子罕」 23
**공자대왈** "군사신이례, 신사군이충."

공자는 리더가 구성원들로부터 충성이라는 진심을 다한 섬김을 받는 비결을 말한다. 예의로써 아랫사람들을 존중하는 것이다. 공자도 제자들의 능력을 인정해준 멋진 스승이었다. 공자는 제자 자공이 말한 "안회는 하나를 들으면 열을 알고, 자기(자공)는 하나를 들으면 둘을 안다(回也聞一以知十, 賜也聞一以知二. 회야문일이지십, 사야문일이지이.)는 말에 동의하여 "나와 너는 그보다 못하다(弗如也. 吾與女弗知也. 불여야. 오여여부지야. 公冶長 9)."라며 제자 안회를 높여 칭찬한다. 멋진 스승의 모습이다.

나이와 직위로 사람을 억누르는 것은 조직을 무기력하게 만드는 지름길이다. 샘 · 월튼 월마트 창업회장은 아랫사람들을 존중하고, 그들의 힘과 지혜를 결집시켜 사업에 성공한 사람이다. "일선에서 일하는 사람들만이 매장에서의 실상을 제대로 알고 있다. 최고 아이디어는 평사원으로

부터 나온다. 조직 하부에까지 책임감을 부여하라. 그리고 그 안에서 아이디어가 솟아나도록 하라. 당신은 동료들이 무슨 말을 하는지 들어야만 한다."[263]

구성원들을 인격적으로 존중하며, 그들의 능력을 최대한 키워주는 리더가 멋지다.

● ● ●

263 행복한 경영이야기 http://www. happyceo. co. kr/

※ 다음을 해석해 보자.

1. 政者, 正也 :

2. 名不正, 則言不順 ; 言不順, 則事不成 :

3. 民無信不立 :

4. 爲政以德 :

5. 殺身成仁 :

6. 君子不器 :


※ 논어에서 지조 있는 사람을 의인화한 나무는?




※ 리더의 덕목에 대해 자기의 생각을 적어보자.

제 2 절

# 리더의 자세

꿈의 삶꿈ꙮ

o **본분을 지켜라**

---

## 君君, 臣臣, 父父, 子子

무엇이 멋진 리더의 자세인가?
공자는 지도자다운 본분을 지키는 자세를 말하다.

---

제나라 경공이 공자에게 정치에 대하여 물었다. 공자가 대답하여 말하였다. "임금은 임금다워야 하며, 신하는 신하다워야 하며, 아비는 아비다워야 하며, 자식은 자식다워야 합니다." 경공이 말하였다. "당신의 말이 맞소! 만일 임금이 임금답지 못하고, 신하가 신하답지 못하며, 아비가 아비답지 못하며, 자식이 자식답지 못하면, 비록 식량이 있다하더라도, 내가 어찌 그것을 먹을 수 있겠소?"

齊景公[264]問政於孔子.(제경공문정어공자.)

孔子對曰 "君君, 臣臣, 父父, 子子."[265]

• • •

264 춘추(春秋) 시기의 제(齊)나라 12대 임금 경공(景公), 이름은 저구(杵臼), 시호가 경(景)
이다. 재위기간은 BC 547~490이다.
265 이 4개의 절로 이루어진 복문에서, 'AA' 앞의 'A'는 진술대상(주어)이고, 뒤의 'A'는 진

**공자대왈** "군군, 신신, 부부, 자자."

公曰(공왈) : "善哉! 信如君不君, 臣不臣, 父不父, 子不子, 雖有粟, 吾得而
食諸[266]("선재! 신여군불군, 신부신, 부불부, 자부자, 수유속, 오득이식
저)?"「顔淵」11

　국가(사회)를 구성하는 각 구성원의 신분과 위치에 걸맞는 자세에 대
해 말하는 명구이다.

　공자는 각각의 사회구성원이 자기 위치에서 자신의 역할과 도리를 다
하는 것, 또 그 역할을 잘 하도록 돕는 것을 좋은 정치로 본다.

　얼마선 코미디에서 "남자가 남자다워야 남자지!"라는 말이 유행한 적
이 있다. 그 말을 여기에 적용시켜 보자. "정치가 정치다워야 정치지!" 잘
되는 나라의 정치는 모든 국민이 각각 맡은 바의 역할을 잘 해내게 도와
주는 것이다. 즉 멋진 리더는 집단의 구성원들이 맡은 바 자신들의 소임
을 잘 해낼 수 있도록 환경을 만들어주는 사람이다.

　이 시대는 시야를 지나치게 '성공'에 초점을 맞추는 경향이 있다. 그러
나 이 성공이라는 말은 어떤 의미에서 영원한 미완성이다. 우리가 성공
했다고 말하는 순간 성공은 이미 저만치 달아나 있다. 그렇기 때문에 지
나친 성공 일변도의 추구는 우리에게 피곤함과 좌절감을 준다. '성공' 못
지않게 중요한 것이 '가치'를 추구하는 자세이다. 진정한 가치, 각자의

● ● ●

　술내용(술어)이다. 이처럼 중국어는 글자의 의미가 기능에 영향을 미치는 것 못지않게
　해당 글자나 어구가 어느 위치에 놓이느냐의 문제가 그 기능을 결정하는 중요한 요소
　가 된다.
266 '之乎?'와 같다. 어찌 ~하겠는가?

본분에 합당한 가치추구의 길은 조화로운 길이다. 각자가 충실하게 달려가면 그만인 절대게임이다. 가치추구가 주는 것은 만족과 행복감이며, 그 결과물은 진정한 의미의 '성공'이다.

본분을 지키는 리더가 멋지다.

---

## 席不正, 不坐

리더가 본분을 지키는 구체적인 행위는 무엇일까?
공자는 자리를 가려서 앉는 모범을 보인다.

---

(공자는)자리가 바르지 않으면 앉지 않으셨다.

席不正, 不坐. 「鄕黨」12

석부정, 부좌.


공자는 자리가 반듯하지 않으면 앉지 않는다. 이 말은 앉을 자리가 아니면 앉지 말라는 말로 해석된다. 즉 자기 자리가 아니면 앉지 말라는 것이다.

구겨지고 뭉개졌든 말든 무조건 높은 자리에 앉으려고 용을 쓰는 사람들이 있다. 그런 사람은 조직과 사회에 대한 깊은 좌절감을 준다.

공자는 '제자리의 분수'를 모르는 사람들에게 말한다.

# 不在其位, 不謀其政

리더는 어떻게 행동해야 하나?
공자는 자신의 직위에 적합한 행동을 하라고 한다.

---

공자께서 말씀하셨다. "해당 직위에 있지 아니하면 그 직위의 정치 일을 도모하지 마라." 증자가 말했다. "군자는 생각이 자신의 직권 범위를 넘어서지 않는다."

**子曰** "不在其位, 不謀其政."

**자왈** "불재기위, 불모기정."[267]

**曾子曰(증자왈):** "君子思[268]不出其位. (군자사불출기위.)"「憲問」 26

어느 시대건 자신의 직위에 부적합하게 행동하는 사람들이 있다. 특히 '호랑이 등을 타고 호랑이의 위세를 부리는 사람(狐假虎威 호가호위)'이 문제이다. 권부(權府)에 있기 때문에 그 위세를 틈타 여기저기 낙하산을 떨어뜨리는 사람도 있다. 심지어 하위직이 상위 독립적 직위의 인사 문제까지 개입하여 물의를 일으키는 경우도 있다. 국가적 재앙이다. 멋진 사람들의 모습이 아니다.

공자는 사람이 벼슬길에 나가고 물러나는 태도에 대해 말한다.

● ● ●

267 같은 내용이 「泰伯」 14에도 출현한다.
268 생각. 명사. 이 "君子思不出其位"는 소위 화제구문(/이중주어문) 구조 'NP1+NP2+VP'로 '군자(NP1)는 그 생각(NP2)이 자기의 직위를 넘지 않는다(VP)'로 해석된다.

무엇이 '제자리의 분수'인가?
공자는 세상에 도가 있으면 나가고, 도가 없으면 숨으라고 말한다.

공자께서 말씀하셨다. "〈중략〉 위험한 나라에는 들어가지 말고, 어지러운 나라에서는 살지 마라. 세상에 도(道)가 있으면 나아가 자기를 발현(하여 벼슬살이를) 하고, 도가 없으면 숨어 살아라. 나라에 도가 있는데도 가난하고 천한 것은 치욕이며, 나라에 도가 없는데도 부귀한 것 역시 치욕이다."

**子曰** "〈中略〉危邦不入, 亂邦不居. 天下有道則見[269], 無道則隱. 邦有道, 貧且賤焉, 恥也 ; 邦無道, 富且貴焉, 恥也."「泰伯」13

**자왈** "〈중략〉 위방불입, 난방불거. 천하유도즉현, 무도즉은. 방유도, 빈차천언, 치야 ; 방무도, 부차귀언, 치야."

공자가 말하는 바, "세상에 도(道)가 있으면 나아가 자기를 발현(하여 벼슬살이를)하고, 도가 없으면 숨어 살아라."는 말은 역대 중국 지식인들의 벼슬길에 있어서의 거취를 결정하는 중요한 원칙이 되었다. 어지러운 시대에는 숨어 살면서 하늘의 때를 기다린다는 것이다.

그러나 이 내용이 우리나라의 국민정서와 잘 맞지 않았으면 하는 바

• • •
269 음은 '현', 뜻은 '드러내다'

람으로 읽어본다. 설령 우리의 현실이 어렵더라도 문제해결을 위해 인재들이 용감하게 나서는 우리나라 우리사회가 되길 소원한다. 그리하여 도덕, 인권, 정의 등이 단단하게 떠받쳐주는 품격 있는 나라가 되었으면 좋겠다.

자신의 본분과 위치를 지키며 구성원들을 이끄는 리더가 멋지다.


## ○ 덕풍(德風)으로 리드하라

> # 君子之德風
>
> 무엇이 멋진 리더의 자세인가?
> 공자는 형벌보다 덕스런 바람(風)으로 이끄는 자세를 말한다.

계강자가 공자에게 정치에 대하여 물었다. "무도(無道)한 나쁜 사람을 죽여, (다른 사람들로 하여금) 도덕이 있는 사람이 되게 한다면 어떻겠습니까?" 공자께서 대답하셨다. "당신이 정치를 하면서 어찌 사람을 죽일 수 있단 말이오? 당신이 선한 일을 하려 한다면, 백성들도 선한 일을 할 것입니다. 멋진 지도자의 덕은 바람과 같고, 서민의 덕은 풀과 같습니다. 풀 위에 바람이 불면 (풀은) 반드시 눕는 법입니다."

季康子問政於孔子曰(계강자문정어공자왈): "如殺無道[270], 以就[271]有道, 何如?

(여살무도, 이취유도, 하여?)"

孔子對曰 "子爲政, 焉[272]用殺? 子欲善而民善矣. 君子[273]之德風[274], 小

人[275]之德草, 草上之風, 必偃[276]."「顔淵」19

공자대왈 "자위정, 언용살? 자욕선이민선의. 군자지덕풍, 소인지덕초,

초상지풍, 필언."


노나라 제후인 계강자는 '백성을 계도할 수만 있다면 무도한 백성을
죽이는 방법을 써서라도 그렇게 하는 것이 어떻겠느냐'고 묻는다. 도대
체 어느 세월에 '덕치(德治)'나 '예치(禮治)'가 실현되겠느냐는 것이다. 공
자는 덕성을 소유한 지도자를 바람으로, 일반 백성을 풀로 비유하여 그
를 깨우친다. 풀 위로 바람이 불면 풀이 쓰러지듯 덕스런 지도자가 이끌
면, 백성들은 모두 스스로 순복(順服)한다는 것을 말한다. 이는 덕성의
부드러우나 강력한 기능을 말한다.[277]

계강자의 말대로 법과 형벌로 다스리는 것은 그 효과가 즉시즉시 나
타난다. 우리는 과거 1980년대 초에 '정의 사회구현'이라는 명분하에 자
행된 신군부의 살벌한 공포분위기와 법집행을 경험한 적이 있다. 또 어

• • •

270 무도(無道)한 나쁜 사람
271 되다, 성취하다.
272 어찌(何/安), 의문을 나타내는 어기부사이다.
273 지위가 있는 사람을 이른다.
274 바람같다. 뒤의 '草'는 풀과 같다. 모두 술어로 기능한다.
275 서민, 일반 백성을 이른다.
276 눕다.
277 본서 1장 2. 2, 3장의 1. 3 등을 참조하라.

떤 사람들은 우리의 민족성을 들먹이며 '법대로 굴려야 들어먹을 민족'이라고 스스로 저주하기도 한다. 그러나 공자는 여전히 '바람'과 같은 덕치(德治)의 방법을 견지한다. 집단의 구성원들이 감복(感服)하는 것은 눈에 보이는 형벌이 아니다. 바람처럼 눈에는 보이지 않으나 스스로 감동하여 복종하게 만드는 것은 리더의 인덕이다.

멋진 지도자는 덕스런 바람으로 백성들의 마음 구석구석을 어루만져 다스린다. 멋진 지도자는 덕스런 바람으로 백성들을 자연스럽게 리드한다. 백성들은 풀이 바람 앞에서 고개를 숙이듯 진심으로 순종한다. 무력으로, 특히 강한 형벌로써 다스리는 것은 짧은 기간 멋져보일지도 모른다. 그러나 저 유명한 진시황의 역사를 보너라도 그런 지도자는 자기 나라를 긴 시간 동안 유지시키지 못한다.

---

# 道之以德

누가 멋진 리더인가?
구성원들을 덕으로 이끄는 사람이다.

---

공자가 말씀하셨다. "법령으로 백성을 이끌고, 형벌로써 속박한다면 (백성들은) 죄를 지어 벌 받는 것을 피하려 할 뿐 수치를 느끼지 못한다. **덕으로써 이끌고 예의로써 구속한다면 백성들은 수치스런 느낌이 있게 되고 자신의 잘못을 바로잡을 것이다.**"

子曰 "道$^{278}$之以政, 齊$^{279}$之以刑, 民免而無恥. 道之以德, 齊之以禮, 有恥
且格." 「爲政」3

자왈 "도지이정, 제지이형, 민면이무치. 도지이덕, 제지이례, 유치차격."

공자는 덕으로 이끌어야 정치의 '본질'이 살아나고 그 효과를 볼 수 있
다고 말한다. 그는 지도자가 백성으로 하여금 자신의 행위에 대하여 수
치심을 갖게 하여 인격수양과 덕성실천을 따르게 하라고 비결을 말한다.
그것은 바로 인성(人性)의 계발을 통해 인간의 도덕의지가 작동되도록
하라는 것이다. 즉, 법령과 형벌로써 백성을 다스리면, 그들의 도덕적인
근원을 계발시킬 수 없다. 따라서 백성들은 형벌만 피하려고 노력할 뿐
도덕적 가치에 대한 자각과 착한 마음의 실현에는 무감각해진다. 이때
백성들은 수치심을 느끼지 않으므로 자신들의 인성(人性)에 대한 존엄성
에 대하여 별 자각이 없다.

한 인간이 인격(人格)을 가지듯, 한 나라의 백성은 그 나라 백성으로서
의 자존감이 있어야 한다. 지도자는 이점을 깊이 자각해야 한다. 백성으
로 하여금 그 나라 백성이 된 것에 대하여 자존감과 정체(正體)감을 가질
수 있도록 이끌어야 한다. 그러기 위해서는 국민들의 자존감을 자각(自
覺)할 수 있도록 하는 일련의 정책들을 개발하여야 할 것이다. 현대의 초
강대국인 미국이 해외에 있는 자국민 한 사람 한 사람을 어떻게 대하는
지 눈여겨볼 일이다. 맹자도 "좋은 정치는 백성이 두려워 하지만, 좋은

• • •

278 '導'와 통한다. 인도하다.
279 가지런히 하다.

가르침은 백성이 사랑한다(善政, 民畏之, 善敎, 民愛之. 선정, 민외지, 선교, 민애지. 〈盡心上〉)."고 말한다. '두려운 마음'이 아니라, '사랑하는 마음'이 생기도록 이끄는 리더가 멋지다.

현대의 법치국가에서 법대로 하는 정치를 나무랄 수는 없다. 정의를 실현하기 위해 법에 의거해 형벌로 다스리는 것은 국민적 합의이다. 그럼에도 불구하고 미국 대통령이요 유능한 법률가이자 변호사였던 링컨은 말한다. "혹독한 정의가 최선의 방책은 아닙니다."[280]

덕풍(德風)으로 구성원들을 이끄는 리더가 멋지다.


## ○ 긴 안목으로 대비하라

人無遠慮, 必有近憂

무엇이 멋진 리더의 자세인가?
공자는 '멀리 내다보는 자세'를 말한다.


공자가 말씀하셨다. "사람이 멀리 내다보고 생각하지 않으면, 반드시 눈앞에 근심이 있게 된다."

●●●
280 존 홈스·카린 바지, 김성웅 옮김(2006:58)

子曰 "人無遠慮, 必有近憂." 「衛靈公」12

자왈 "인무원려, 필유근우."


공자는 장기적인 안목에서 대비하여야 걱정거리가 생기지 않음을 말한다.

내일 일도 어찌 될지 모르는 것이 우리 인생이다. 이 시대는 특히 급변하는 시대이기에 멋진 사람은 더더욱 멀리 내다보고 계획하며 대비하는 사람이어야 한다. 여기서 분명히 해야 할 한 가지는 '생각하다'의 '려(慮)'이다. 이는 미래에 대한 용의주도한 생각이지 미래에 대한 근심걱정이 아니다.

'긴 안목으로 미래를 대비하라'는 우리 인생에서 여러 분야에 적용되는 교훈이다.

우리가 자녀교육에서 실패하는 원인 중 하나도 자녀에 대한 부모의 조급한 근심걱정에서 기인한다. 특히 자녀의 먼 미래까지 걱정에 걱정을 거듭하여 현재에 적용시키는 것은 문제이다. 그럴 때 현재에 발생한 조그만 문제에 대하여 참지 못하고 내뱉게 된다. "나중에 뭐해 처먹으려고 그러느냐!" 이렇게 윽박지르며 저주할 때 아이의 미래도 그렇게 저주받을 가능성이 크다. 진정으로 자녀의 성공과 축복을 바란다면 자녀의 미래를 멀리 내다보고 축복해야 한다. 구체적으로 축복할 말이 생각나지 않으면 크게 축복하자. "다 잘 될거야! 걱정 마!" "훌륭한 사람이 되어야 해!" 막연한 말 같지만 그래도 부모가 한 축복의 말은 힘이 있고 평생 생각나는 교훈일 수도 있다. 나는 어머니가 정규교육을 받지 못하여 구체적으로 내 미래에 대해 축복을 받지는 못했지만 느릿한 충청도 억양으로

"종호야, 훌륭한 사람 되야 혀!"라고 말씀해 주시곤 하던 음성이 지금도 귓전에 맴 돈다.

우리나라의 국가정책 차원에서 볼 때, 경부고속도로 건설은 미래를 내다본 정책이었다. 만일 그 당시에 고속도로를 건설하지 않았더라면, 그 후에 우리는 몇 배 혹은 몇 십 배의 경제적 부담과 고통을 감수하고 고속도로를 건설해야 했을 것이다.

반대로, 한 치의 앞도 내다보지 않고 자신의 자존심과 명예를 지키려 하는 지도자는 백성을 도탄에 빠뜨릴 가능성이 크다. 그 예를 24년간 이라크를 철권통치하며 수많은 자국민을 학살한 후세인에게서 볼 수 있다. 결정적인 사건은 2003년 03월 20일부터 약 4개월간 진행된 미국, 영국, 호주 등과 이라크 사이의 전쟁이다. 나는 이 사건을 '침공이냐 인권보호냐'의 문제를 따지고 싶지 않다. 그저 아무 잘못도 없고 이유도 모른 체 죽은 수백만 이라크 국민들이 불쌍할 뿐이다. 후세인은 자국민(주로 쿠르드족 및 시아파) 학살도 모자라, 그 잘 생긴 콧수염을 씰룩거리며 미국과 서방세계를 적극적으로 자극하였다. 그는 허공을 향해 주먹을 휘저으며 위대한 이라크인의 자존심을 이야기하고 승리할거라 장담하곤 했다. 그러나 몇 개월 지나지 않아 맞이한 결과는 무엇인가? 최첨단 무기의 융단폭격으로 인하여 국토는 쑥대밭이 되었고, 통계조차 어려운 살상이 일어났고, 살아남은 국민들도 테러로 인해 내일의 생명을 기약할 수 없는 불안과 공포의 삶으로 전락하고 말았다. 이게 지도자로서 할 짓인가? 그 입으로 정의(正義)를 말하기 전에, 누구를 나쁘다고 말하기 전에 조금만 더 먼저 멀리 내다보아야 했다. 생명은 무엇과도 바꿀 수 없는 그렇게 중요한 것이다. 우리말에 "소나기는 피해 가라"는 말이 있다. 자기 국민이 그런 도탄에 빠질 것을 미리 생각했다면 피해야 했다. 무슨 수를 써서라도 국민은 살려야 했고, 자신도 살아야 했다. 그래야 먼 미래에 시시비비도 가리고, 발전을 기대할 수도 있기 때문이다. 그렇게 잘난 체하고 목소리 높이던 그가 TV에 전 세계로 생중계되는 가운데 자신의 종교를 향한 외마디를 내뱉고 교수형장의 이슬로 사라진 지도 이미 7년이 되었다.

국민의 생존과 민족의 앞날을 내다보는 지도자라면 설령 어떤 굴욕일지라도 참고[281] 인내해야 한다. 믿음과 용기를 가지고 멀리 내다보고 정치를 한 링컨은 "아무리 노련한 정치인이라 할지라도 대통령직에 있을 때의 삶이 장밋빛만은 아닐 것입니다. 나는 국민들에게, 기독교 세계에, 역사에 그리고 나의 최종 보고자인 하나님께 책임을 지고 있습니다."[282]라고 말한다. 역사와 인생의 최종 목적지까지 염두에 두고 자신의 사명을 감당한 멋진 리더의 모습이다.

역사적인 관점으로 멀리 미래를 내다보고 대비하며, 구성원들을 이끄는 리더가 멋지다.

• • •

281 중국 역사에서 유방(劉邦)을 도와 한(漢) 제국을 건설하는 데 주역을 맡았던 한신(韓信) 장군도 젊었을 때 동네 깡패들에게 불의의 봉변을 당한 적이 있다. 잘난 그에게 골탕을 먹이려고 벼른 것이다. 봉변을 당하지 않으려면 한신에게 자신들의 가랑이 밑으로 통과해서 도망치라고 한 것이다. 이에 한신은 두말없이 그들의 요구대로 행동하여 봉변을 피했다. 그때 맞서 싸웠다면 그는 여러 깡패들에게 어떤 일을 당했을지 알 수 없는 일이고, 후에 그처럼 위대한 일도 이룰 수 없었을 것이다. 성경도 말한다. "슬기로운 자는 재앙을 보면 숨어 피하여도 어리석은 자는 나아가다 해를 받느니라. 잠언 23:3"
282 존 홈스·카린 바지, 김성웅 옮김(2006:70)

## ○ 묵직하게 처신하라

---

# 臨之以莊

무엇이 멋진 리더의 자세인가?
공자는 정중하고 무겁게 행동하는 자세를 말한다.

---

계강자가 공자에게 물었다. "백성으로 하여금 군주(위정자)에게 존경하고 충성하며 열심히 일하게 하려면, 어떻게 해야 합니까?" 공자가 대답하였다. "만약 장중한(위엄있는) 태도로 대하면, 그들은 공경할 것이며, 군주(위정자)가 부모에게 효도하고 백성에게 자애로우면, 충성할 것입니다. 또 착한 사람을 등용(선발)하여 그렇지 못한 자들을 가르치면, 백성들은 열심히 일할 것입니다."

季康子[283]問(계강자문) : "使民敬, 忠以[284]勸[285], 如之何? (사민경, 충이권, 여지하?)"

**子曰** "臨[286]之以莊, 則敬 ; 孝慈, 則忠 ; 擧善而敎不能[287], 則勸." 「爲政」20

**자왈** "임지이장, 즉경 ; 효자, 즉충 ; 거선이교불능, 즉권."

---

● ● ●

283 성은 '季孫', 이름은 '肥', 시호는 '康'이다. 노나라 애공이 군주로 있을 때, 재상을 지냈다.
284 접속사, '而'의 용법과 같은 경우이다.
285 '敬, 忠, 勸'등은 모두 동사로 쓰인다.
286 임하다, 대하다. 동사
287 '不能', 능력이 없는 사람을 가리킴.

제후 계강자의 질문에 대해, 공자는 어떻게 하여야 백성으로 하여금 군주(위정자)를 공경하고, 충성하며, 근면하게 할 수 있는가를 말한다.

리더의 처신은 정중하고 무거워야 한다. 그러한 리더는 구성원들의 공경과 충성을 받는다. 그 밑의 구성원들은 맡은 바 일을 열심히 수행한다. 결국, 리더가 무겁게 행동하고 중심을 지키는 것은 "북극성(/리더는)이 자신의 자리(하늘의 중심)에 위치한다(北辰[288]居其所 북신거기소). 爲政 1"는 의미와 통한다. 즉, 리더는 무게중심을 잘 지켜야 한다.

반면, 리더가 촐싹거리고 방정맞으면 무엇이 문제인가? 그러한 리더는 구성원들에게 믿음을 주지 못한다. 그 밑에서 함께 일하는 사람은 물론이고, 그 사람 밑의 일반 구성원들이 모두 불안해한다.

---

# 君子不重, 則不威. 學則不固

경박스런 리더의 문제점은 무엇인가?
공자는 리더가 "정중하지 못하면 위엄도 없고, 배움조차 견고하지 못하다."고 말한다.

---

공자가 말씀하셨다. "군자가 정중하지 않으면 위엄이 없고 배운 것도 견고하지 않게 된다. 충성스럽고 믿음직스런 사람을 가까이하고, 자기만 못한 사람과 벗하지 말라. 잘못이 있으면 고치는 것을 두려워하지 말라."

• • •

288 북극성으로, 지도자(/리더)를 의미한다. 현대 중국의 매우 유명한 그룹이 이 이름을 사용한다. 이런 점에서 중국 전통사상을 이해하는 것은 현대 중국사회를 이해하는 바탕이 될 수 있다. 인생의 기본 개념이나 전통관념은 쉽게 단절되지 않기 때문이다.

**子曰** "君子不重, 則不威. 學則不固[289]. 主[290]忠信. 無[291]友[292]不如己者. 過
則勿憚改." 「學而」8

**자왈** "군자부중, 즉불위. 학즉불고. 주충신. 무불여기자. 과즉물탄개."

경박하고 방정맞은 리더는 위엄(/품)이 없다. 그는 학문을 견고하게
쌓을 수 없다. 그는 아무하고나 어울려 낄낄거리며 잘못이 있어도 고치
려 하지 않는다. 그런 사람은 자기가 국가와 백성을 어떻게 섬겨야 할지
모른다. 그는 리더로서 기본 자질이 안 된 사람이다. 리더가 왜 중심을
지키고 무겁게 행동해야 하는지 생각하게 하는 구절이다.

미국 대통령 중 가장 훌륭한 대통령으로 꼽히는 링컨 대통령은 국민
을 위한 충복의 자세로 자신에게 주어진 사명을 감당한 사람이다. 그는
말한다. "솔직히 말해서 내가 대통령감이라고 생각해 본 적은 단 한 번
도 없습니다. 나는 오직 국민의 충복일 뿐입니다."[293] 이렇게 말하는 그
는 정중하며, 섬김의 자세가 분명한 리더였다.

묵직하게 처신하며 구성원들을 이끄는 리더가 멋지다.

● ● ●

289 사서는 '견고함'으로, 백화는 '막히다, 비천하다.'로 풀어 썼다.
290 사서에는 '鄭玄曰「主, 親也.」'를 인용하여 '가까이하다, 친하게 하다'로 해석하였으며,
　　백화에서는 '중시하다, 숭상하다.'로 해석한다.
291 '~하지마라(毋)'와 통한다.
292 동사로 '벗하다', '친구삼다'
293 존 홈스·카린 바지, 김성웅 옮김(2006:71)

## ○ 아집을 버려라

---

# 毋固

무엇이 멋진 리더의 자세인가?
공자는 '아집'을 버리는 모범을 보인다.

---

공자는 다음과 같은 네 종류의 마음을 경계하여 끊으셨다. 주관적으로 미리 추측하는 마음이 없으셨다. 반드시 그래야 한다는 절대적인 마음이 없으셨다. 고집스런 마음이 없으셨다. 자신의 욕심을 채우는 마음이 없으셨다.

子絕四 : 毋[294]意, 毋必, 毋固, 毋我. 「子罕」4

자절사 : 무의, 무필, 무고, 무아.

공자는 네 가지의 집착이 없었다. 공자는 성숙한 인격자요, 스승으로서 버려야 할 것들을 끊은 사람이다.

멋진 리더는 고집스런 마음으로 주변 사람들을 괴롭히지 않는다. 주관적으로 추측하여 마음대로 재단하는 것은 주변사람들에게 고통을 준다. 반드시 어떠해야 한다는 절대성도 타인에게 적용시킬 때, 역시 고통의 원인이 된다. 고집스런 마음으로 자기의 이익을 추구하는 행위는 사람을 영원히 갈라놓는 지름길이다. 내가 먼저고 네가 나중이라는 의식도

• • •
294 없(있)다. '無'와 같다.

서로를 피곤하게 한다.

어떤 사람들은 리더가 힘이 있어 보이려면 자기주장이 강해야 한다고도 한다. 그러나 리더는 구성원들이 합의하는 일을 완성시킬 때 리더로서의 진정한 능력과 힘이 드러난다. 어떤 한 건의 일을 '우뚝함'으로 고집스럽게 해내는 것으로는 부족하다. 지속적으로 일을 성공시키려면 구성원들의 타협을 유도하고 그 힘을 결집시킬 때 가능하다. 고집스런 리더는 구성원들의 패를 갈리게 하고 집단을 분열에 빠지게 할 가능성이 높다.

멋진 리더는 타협할 줄 아는 성숙한 인품의 소유자이다.[295] 링컨은 "양보와 타협의 정신! 이 정신이야말로 지난 세월 많은 위기에서 우리를 살려낸 정신이며, 장래에도 안심하고 기대도 좋을 그런 정신입니다."[296] 라고 역설한다.


타협으로 구성원들을 이끄는 리더가 멋지다.


●●●

295 2장의 1. 7과 2. 6을 참조하라.
296 존 홈스·카린 바지, 김성웅 옮김(2006:99)

## o '빨리빨리'와 '작은 이익'은 금물이다

無欲速, 無見小利

무엇이 멋진 리더의 자세인가?
공자는 빨리빨리와 작은 이익에 연연하지 않는 자세를 말한다.

자하가 여부(莒父)의 총감독자가 되어 (공자에게) 정치에 대하여 물었다. 공자가 말씀하셨다. "급하게 목적을 달성하려 하지 마라, 작은 이익을 탐하지 마라. 급하게 목적을 달성하려 하면 오히려 목적에 이르지 못하게 되며, 작은 이익을 탐하면 오히려 큰일을 해낼 수 없게 된다."

子夏爲莒父[297]宰, 問政. (자하위여부재, 문정.)

子曰 "無欲速, 無見小利. 欲速, 則不達 ; 見小利, 則大事不成." 「子路」 17

지왈 "무욕속, 무견소리. 욕속, 즉부달 ; 견소리, 즉대사불성."

빨리빨리와 작은 이익에 연연하면 진정한 목적지에 도달할 수 없음을 설파한 명구이다. 공자는 멋진 지도자는 어떤 자세로 정치와 일을 추구해야 하는가를 말한다. "급하게 목적을 달성하려 하지 마라, 작은 이익을 탐하지 마라."는 것이다.

모든 일은 순서에 따라 차례차례 진행되어야 성공에 이르는 것이다. '급할수록 돌아가라'는 우리의 속담이 있다. 그러나 우리나라 사람들처

• • •

297 노(魯)나라의 읍(邑)이름

럼 '빨리빨리'를 좋아하는 국민성을 가진 나라는 흔치 않다. 물론 빠른 것이 좋을 때도 있다. 그러나 그 서두름으로 인하여 문제가 발생하여 목적지에 도달하지 못하는 경우가 많다. '급하게 이루려할 때' 생기는 문제는 '대충대충'이다. 우리 사회는 '빨리빨리'의 대가로 인한 대형사고로 수많은 인명을 빼앗긴 아픔이 있다. 아시아의 네 마리 용이라며 잘나가던 1990년대 중반에 육지의 '삼풍백화점 붕괴', 한강의 성수대교 붕괴, 서해바다의 여객선 침몰, 목포 공항의 비행기 추락 등도 모자라 대구의 지하철 폭발사고 등의 인재(人災)가 계속적으로 발생하여, 수백 명의 사람들이 죽은 사건들이 있다. 이처럼 육, 해, 공, 지하에 이르기까지 연이어 발생한 사건을 두고 혹자는 대통령이 복이 없어 그렇다고 자조하기도 했다.[298] 그러나 이것을 대통령이 복이 없어 그랬다거나 해당 감독자의 관리 소홀만으로 돌릴 수는 없을 것이다. 급속한 산업화와 그로 인한 '대충대충' 그리고 '얼렁뚱땅'하는 자세 때문이다. 그 대가가 커도 너무나 크다.

민음의 사람 에이브라함 링컨은 말한다. "기다리는 사람에게는 기회가 다가오지만 서두르는 사람에게는 기회가 달아납니다.", "조바심은 좋은 삶의 자세가 아닙니다. 그것은 때때로 좋은 생각을 허름한 누더기로 만들어 버리기도 합니다."[299]

. . .

298 그 뒤 1997년 말에는 외환부족으로 IMF 구제금융 지원을 받는 사태까지 이어졌다. 이로 이해 한국경제는 만신창이가 되었지만, 우리나라는 오늘날 오뚜기처럼 다시 일어섰다. 우리는 정말 대단하고 자랑스런 사람들이다.
299 존 홈스·카린 바지, 김성웅 옮김(2006:39)

또, 작은 이익을 탐하다가 큰일을 그르칠 수 있다. 큰 문제는 작은 문제 하나를 잘못 처리하여 발생하는 경우가 많다. 이러한 원리는 이익추구를 최우선으로 하는 현대의 기업에도 적용된다. 기업의 리더로서 어떤 이익을 위하여 노력할 것인가의 문제이다. 기업의 목표인 이익은 작은 이익과 큰 이익으로 구분할 수 있다. 기업이 고객이나 종업원과의 관계를 희생해가며 얻은 이익은 작은 이익이다. 즉 제살을 깎아 먹는 식의 이익이다. 이는 훗날 부메랑으로 돌아와 큰 이익을 내는데 결정타를 먹일 것이다. 이것이야말로 소탐대실(小貪大失)이다.

자기의 맡은 바 역할을 차분하게 다 해내는 리더가 멋지다.


## ㅇ 내가 원치 않는 일은 남에게도 시키지 마라

> # 己所不欲, 勿施於人
>
> 무엇이 멋진 리더의 자세인가?
> 공자는 자기가 하기 싫은 일을 남에게 전가시키지 않는 자세를 말한다.

자공이 여쭈었다. "한 마디의 말로 평생 동안 받들만한 원칙이 있습니까?" 공자가 말씀하셨다. "아마도 그것은 '용서(恕)'이겠지! 자기가 하기 싫은 일은 남에게도 억지로 시키지 마라."

子貢問曰(자공문왈) : "有一言[300]而可以終身行之者乎? (유일언이가이종신행
　　지자호?)"

子曰 "其恕乎! 己所不欲, 勿施於人." 「衛靈公」24

자왈 "기서호! 기소불욕, 물시어인."


　자기가 하기 싫은 일을 남에게 전가시키지 마라! 이는 동서고금, 종
교를 막론하고 통용되는 대인관계의 황금률이다.


기독교 : "남에게 대접을 받고자 하는 대로 너희도 남을 대접하라."(누가
　　복음)

불교 : "내게 해로운 것으로 남에게 상처 주지 말라."(우다나품)

이슬람교 : "나를 위하는 만큼 남을 위하지 않는 자는 신앙인이 아니다."
　　(코란)

힌두교 : "이것이 의무의 전부이니, 내게 고통스러운 것을 남에게 강요하
　　지 말라."(마하바라타)


　이러한 여러 종교에서의 교리는 모두 너와 내가 공존하기 위한 가르
침이다. 결국 공자의 이 말도 조화와 공존을 위한 가르침이다. 공자는
스스로 이 원칙이 자신의 가르침을 관통하는 것이라고 설명한다. 또 증
자는 일이관지하는 공자의 가르침의 내용을 구체적으로 말한다.


● ● ●

300 한 글자(一字), 한 마디를 의미한다.

공자의 '일이관지'라는 가르침의 내용은 무엇인가?
진심어린 용서와 배려의 마음이다.

공자가 말씀하셨다. "증삼아! 나의 도는 하나의 근본적인 도리로써 시작과 끝을 관통하고 있단다." 증자가 말했다. "그렇습니다." 공자가 나가신 후, 어떤 학생들이 증자에게 물었다. "선생님의 말씀은 무슨 뜻입니까?" 증자가 말했다. "선생님이 말씀하신 근본적인 도리는 바로 충성과 용서일 뿐입니다."

> 子曰 "參³⁰¹乎! 吾道一以貫³⁰²之."
> 자왈 "삼호! 오도일이관지."
> 曾子曰(증자왈) : "唯³⁰³(유)." 子出, 門人問曰 (자출, 문인문왈) : "何謂也(하위야)?"
> 曾子曰 : "夫子之道, 忠恕³⁰⁴而已矣³⁰⁵! (부자지도, 충서이이의!)" 「里仁」 15

'충서(忠恕)' 가운데 용서하는 마음(恕)은 상대를 '배려하는 마음'이다. 이는 문자적으로 보더라도 '서로 같은(如) 마음(心)'이다. 남에게 가혹하

● ● ●

301 공자의 제자, 증자(曾子)의 이름
302 꿰뚫다, 통하다.
303 그렇습니다('是的).
304 '恕'는 중국 전통 도덕규범의 하나로, 자기의 마음으로 다른 사람의 마음을 미루어 헤아리는 것을 이른다.
305 어기조사로 현대중국어의 '罷了'에 해당한다.

게 요구하는 마음이 아니다. 이런 마음자세를 가지는 사람은 자기가 하기 싫은 일은 남에게 억지로 시키지 않는다. 상대편의 입장에서 수용하고 이해한다.

'충서(忠恕)'의 마음은 사람을 수단이나 필요에 따른 대상으로 보지 않고, 인격적으로 대우하는 마음이다. 그렇기 때문에 상대방의 '다름'이나 '차이'에 대해서 수용하는 마음이다. 결국, 충서의 마음은 열등감이나 우월감을 던져버리는 평등한 삶, 자유로운 삶의 전제이다.

자기가 하기 싫은 일을 남에게 전가시키지 않으며, 구성원들을 이끄는 리더가 멋지다.


## ○ 곧은 사람을 세우라

> # 擧直
>
> 무엇이 멋진 리더의 자세인가?
> 공자는 올곧은 사람을 세워주는 자세를 말한다.

애공이 공자에게 물었다. "어떻게 하면 백성이 복종하겠습니까?" 공자가 대답하였다. "정직한 사람을 등용하고, 사악한 사람을 면직시키면, 백성들은 복종합니다. 그러나 사악한 자를 등용하고, 정직한 사람을 면직시키면, 백성들은 복종하지 않습니다."

哀公<sup>306</sup>問曰(애공문왈) : "何爲<sup>307</sup>則民服<sup>308</sup>? (하위즉민복?)"

孔子對曰 "擧<sup>309</sup>直<sup>310</sup>錯<sup>311</sup>諸<sup>312</sup>枉<sup>313</sup>, 則民服 ; 擧枉錯諸直, 則民不服."

「爲政」19

공자대왈 "거직착제왕, 즉민복 ; 거왕착제직, 즉민불복."


　　공자는 리더가 집단을 아우르고 복종하게 하는 구체적인 방법을 말한다. 공자는 정직한 사람을 등용하라고 말한다.

　　'정직한 사람을 등용하고, 사악한 사람을 면직시키는 일'은 집단 전 구성원의 복종과 합심을 끌어내는 비결이다. 즉 정직한 사람을 세워서 모범을 보이게 하면, 구성원들은 저절로 복종하게 된다. 복종하라고 떠들거나 위협할 필요가 없다. 그러나 리더가 소인배이면 구성원들이 복종하지 않는다. 사람을 세우거나 파면시키는 기준이 리더의 주관과 욕심에 근거하기 때문이다. 구성원들은 그러한 리더의 면전에서만 굽실거릴 뿐 돌아서면 이내 딴 마음을 품는다.

　　또, 솔선(率先)하지 않는 지도자는 불신의 대상이 된다. 그곳에는 존경

- - -

306 춘추(春秋) 시대 노(魯)나라 말기의 군주(재위기간 B. C 494-468). 성은 '姬', 이름은 '蔣', 시호는 '哀'이다.
307 '何爲'는 '何爲'로, 즉 '어떻게 해야/ 무엇을 해야'의 뜻이다.
308 동사, 복종하다.
309 동사, 등용하다.
310 명사, 정직한 사람
311 '措'와 통한다. 내버려 두다. 폐기하다.
312 '諸'를 어떻게 보느냐에 따라 두 가지의 해석이 가능하다. 하나는 특정 의미가 없는 '어투조사'로 보는 해석(본문의 해석)이다. 또 전치사로 '~의 위에(之於)'의 뜻으로 보는 해석 '정직한 사람을 등용하여 부정직한 사람의 위에 두면'이다. 두 경우 모두 가능하다.
313 명사, 정직하지 않은 사람. 사악한 사람

심도, 승복하는 마음도 없다.

---

# 其身正，不令而行

공자는 리더가 먼저 솔선수범하면, 정치는 저절로 굴러간다고 말한다.

---

공자가 말씀하셨다. "자신의 몸가짐이나 행위가 바르면 명령하지 않아도 행해지고, 자신의 몸가짐이나 행위가 바르지 못하면 명령할지라도 따르지 않는다."

**子曰** "其身正, 不令而行；其身不正, 雖令不從."「子路」6
**자왈** "기신정, 불령이행, 기신부정, 수령부종."

공자는 지도자가 먼저 솔선수범(率先垂範)할 것을 말한다.

결국, 지도자가 집단 내에서 올바른 사람을 세워주고, 적재적소에 배치하며, 스스로 올바르게 행동하는 모범을 보일 때 좋은 정치는 자연스럽게 실현된다는 것이다.

집단 내에서 정의를 세워주며, 솔선하여 구성원을 이끄는 리더가 멋지다.

## ○ 외교 인력을 양성하라

> # 使於四方
>
> 무엇이 멋진 리더의 자세인가?
> 공자는 세계무대를 내다보고 인력을 양성하는 자세를 말한다.

공자께서 말씀하셨다. "어떤 사람이 300편의 『시(詩)』를 암송하매, 그에게 정치 일을 맡겼으나 잘 처리하지 못하였다. 사신으로서 여러 곳으로 나갔으나, 독자적으로 응대하여 교섭하지 못하였다. 비록 (시경을) 많이 외웠다고는 하나, 또한 무슨 쓸모가 있겠는가?"

**子曰** "誦『詩』三百, 授之以政, 不達[314] ; 使[315]於四方, 不能專對[316] ; 雖多, 亦奚以爲?"「子路」5

**자왈** "송 『시』 삼백, 수지이정, 부달 ; 시어사방, 불능전대 ; 수다, 역해이위?"

시경『詩經』의 효용성을 정치와 외교에 구체적으로 적용시켜 말하는 명구이다. 공자는 내치(內治) 뿐만 아니라, 사신으로 여러 곳에 나가서도 독자적으로 응대하며 교섭하는 외교 인재의 양성을 말한다.

• • •

314 통하다. 여기서는 정치의 일을 잘 처리함을 이른다.
315 한국 음은 '시'로 '사신으로 나가다'의 뜻이다.
316 (독자적으로) 응대하다.

리더는 독자적인 응대능력을 가져야 한다. 아울러 그러한 외교능력을 가진 글로벌한 인재를 양성해야 한다. 글로벌한 인재는 국제무대에서 자기민족의 생존과 번영 나아가 인류의 보편적 가치 실현에 대한 신념을 가지고 자신 있게 행동해야 한다. 이 시대는 특히 국가와 국가 간의 교류가 빈번한 시대이다. 외교사절 혹은 기업의 대표로 외국에 나가서 일을 처리해야 하는 경우가 빈번하다. 암송되어진 단순한 지식으로는 독자적이고 창의적인 대응을 기대할 수 없다.

우리나라는 지구상 몇 안 되는 분단국가이다. 국토 면적으로 볼 때 소국이다. 그러나 주변에는 온통 초강대국들이다. 그 틈바귀 속에서 우리는 오늘날 세계 10위권에 드는 경제력을 갖춘 대단한 나라가 되었다. 이런 환경 속에서도 우리나라 각 분야의 발전을 위해 외교(/해외)업무를 담당해온 선배들이 자랑스럽다. 이제는 우리가 전 세계인들과 교류하며 현재의 상태를 계속 유지·발전시켜 나가야한다, 그리고 다가올 통일을 대비해야 한다. 이를 위해 각 분야마다 글로벌한 안목을 갖춘 인재들을 양성해야 한다. 특히 외교 분야를 중시해야 한다. 이점에서 2006년 1월부터 UN 사무총장직을 수행하고 있는 반기문 총장은 귀감(龜鑑)이 되기에 충분하다. 국가적인 경사이다. 임기 내에 인류를 위해 좋은 일을 많이 하는 역사가 있길 기원한다.

또, 멋진 리더는 시야를 안에만 두고 아옹다옹하지 말고 밖을 내다보아야 한다. 본인이 외교 분야에 역량을 가지고 있을 뿐만 아니라 그러한 전문가를 배양하는데 안목을 가져야 한다. 2014년부터 학생을 선발하는 국립외교원이 이런 역할을 잘 수행하길 기원한다. 그리하여 제2, 제3의 반기문이 계속 출현하길 기원한다.

외교무대에서 독자적이고 창의적인 대응을 할 수 있는 리더가 멋지다. 또, 그러한 인재를 키워내는 리더가 멋지다.

## ○ 지혜로운 자와 동행하라

> # 必也臨事而俱, 好謀而成者
>
> 무엇이 멋진 리더의 자세인가?
> 공자는 일을 성공으로 이끄는 지혜로운 자와 함께 동행하는 자세를 말한다.

공자가 안회에게 말씀하셨다. "임용되면 (정치의 이상을) 실현하고, 물러나게 되면 은둔하려는 것은 오로지 나와 너만이 가지고 있는 생각이다."[317] 자로가 말하였다. "선생님께서 삼군을 통솔하여 출정하신다면, 누구와 함께 하겠습니까?" 공자가 말씀하셨다. "맨손으로 호랑이와 격투하고, 맨발로 황하를 건너려다가 죽더라도 후회하지 않는 자와 나는 함께 하려하지 않는다. 반드시 일에 임하여 두려운 자세로 근신하고, (지혜로써) 도모하기를 좋아하여 성공하는 자와 함께 할 것이다."

. . .

317 이는 「泰伯」 13의 내용과 연관된다. 본서 3장의 2. 1 해당부분을 참조하라.

**子謂顔淵曰** "用³¹⁸之則行³¹⁹, 舍³²⁰之則藏³²¹, 惟我與爾³²²有是夫³²³! "

**자위안연왈** "용지칙행, 사지칙장, 유아여이유시부! "

**子路曰**(자로왈) : "子行三軍³²⁴, 則誰與³²⁵? (자행삼군, 즉수여?)"

**子曰** "暴虎³²⁶馮河³²⁷, 死而無悔者, 吾不與也. 必也臨事而懼, 好謀而成 者也." 述而 10

**자왈** "폭호풍하, 사이무회자, 오불여야. 필야임사이구, 호모이성자야."


공자는 혈기가 방자하여 대놓고 따져드는 제자 자로에게 단언한다. '너 같은 사람하고는 함께 전장에 나가지 않겠다.' 오히려 공자는 안회 (顔回) 같은 사람과 함께 하겠다고 한다.

앞 절에서 안회와 뜻을 같이 한다는 것은 "임용해 주면 나아가 정치의 이상을 실현하고, 물러나게 되면 은둔한다."는 것으로, 운명에 따라 진 퇴를 결정할 뿐 억지로 벼슬을 추구하지 않는다는 의미이다. 결국 '정치' 도 '사업'도 어진 마음의 자각과 그 실천을 통한 독립적 인격의 양성에 그 핵심이 있다. 그러나 이렇게 자질이 좋은 사람이 많지 않은 것이 우

• • •

318 군주가 등용하여 관리로 삼다.
319 벼슬길에 나가 (이상을 실현하)다.
320 (정치 일선에서) 물러나게 하다. '捨'와 통한다.
321 몸을 숨겨 은둔하다.
322 2인칭 대명사로 '너'의 의미로 안회를 가리킨다.
323 조사
324 삼군(군대의 총칭)을 거느리고 출정하다.
325 함께하다. 동사
326 맨손으로 호랑이와 싸우다.
327 걸어서 강을 건너다.

리 인생이다.

자로는 공자의 말을 이해하지 못하였을 뿐만 아니라, 스승이 안회를 칭찬하는데 대하여 심통이 난 것 같다. 그는 안회가 따를 수 없는 자신의 장점을 들추며 공자에게 묻는다. "선생님께서 삼군을 통솔하여 출정하신다면 누구와 함께 하겠습니까?" 확실히 자로는 기질적으로 용감하고 무예에 능한 사람이었다. 공자의 설명 속에서 그의 면모를 확인할 수 있다. 그러나 공자의 대답은 어떤가? "맨손으로 호랑이와 격투하고, 맨발로 강을 건너려다가 죽더라도 후회하지 않는 자와 나는 함께 하려하지 않는다." 무모한 용기와 충동적인 기질은 어진 마음(仁)의 실천과 거리가 있기 때문이다. 순자(荀子)도 "죽음을 가벼이 여기며 난폭한 것은 소인들의 용기이다(輕死而暴, 是小人之勇也. 경사이폭, 시소인지용야. 〈榮辱〉)."라고 한다. 결국 자로의 용감한 기질은 그의 마지막을 위(衛)나라 정쟁(政爭)의 소용돌이 속에서 허무하게 마감하게 한 원인이 되었다.

인간의 기질은 매우 다양하다. 또 각각 그 장단점이 있다. 그러나 기질적으로 장점을 가지고 있다고 하여도 올바른 방향으로 운용하지 않으면 오히려 단점으로 전락할 수도 있다. 기질적인 특성이 강하면 강할수록 기질의 노예로 전락할 가능성이 높다. 좋은 기질이라 할 수 있는 '용감한 기질' 때문에 의미 없는 희생을 자초한 자로의 경우가 그렇다. "죽더라도 후회하지 않는다(死而無悔)."라는 것은 자신의 기질에 맹목적으로 따를 뿐 자신의 행위를 뒤돌아 살피지 않는다는 의미이다. 따라서 기질이 강하면 강할수록 조심해야 할 것이 바로 기질의 운용 방향이다. 기질을 올바르게 운용하는 것이 인생을 성공적으로 이끌 수 있는 비결이다.

공자는 용감하나 기질적인 특성에 충실한 자로와는 함께 전장에 나가지 않겠다고 한다. "반드시 일에 임하여 두려운 자세로 근신하고, (지혜로써) 도모하기를 좋아하여 성공하는 자와 함께 할 것이다."라고 한다. "일에 두려운 마음으로 근신한다(臨事而俱)."는 자세는 어떤 일에 대하여 본인의 기질대로 처리하지 않는 자세이다. 즉 본인의 기질적 특성과 그 한계를 알기 때문에 지나치지 않으려 노력하는 모습이다. 또 "(지혜로써) 도모하기를 좋아한다(好謀而成者)."는 것은 자신의 기질적인 조건을 고려하여 가장 현명한 선택을 한다는 것을 말한다. 이러한 자세는 개인적인 기질의 한계를 극복하고 자신만의 독특한 기질의 가치를 성공적으로 완성하는 길이다.

결국, 리더는 자신의 기질을 가장 긍정적인 차원에서 성공적으로 완성시키고자 하는 자세를 가져야 한다. 또 리더는 그러한 사람을 발견하고, 그들과 '동행'하는 혜안이 있어야 한다. 코드만 맞는다고 해서 임용하고, 그들과 함께 '죽어도 좋다.', '끝까지 같이 간다.'는 식의 리더십은 구성원들을 편안하게 하는 것이 아니라 불안하게 하는 '깍두기'들의 리더십이다.

지혜로운 자와 함께하는 리더가 멋지다.

※ 다음 지도자의 리더십과 관련된 내용과 논어 구절을 연결해 보자.

1. 덕으로 이끌라

2. 자리가 아니면 앉지 마라

3. 곧은 사람을 세우라

4. 긴 안목으로 대비하라

5. 아집을 버려라

6. 내가 원치 않는 일은 남에게도
   시키지 마라

a. 己所不欲, 勿施於人

b. 擧直(, 則民服)

c. 爲政以德/道之以德

d. 人無遠慮, 必有近憂

e. 席不正, 不坐

f. 毋意, 毋必, 毋固

※ 다음 논어 구절을 해석해 보자.

1. 君子懷德 :

2. 君子之德風 :

3. 不在其位, 不謀其政 :

4. 天下有道則見 :

5. 欲速, 則不達 ; 見小利, 則大事不成 :

※ 멋진 리더의 자세 중 하나를 택하여 자신의 생각을 적어보자.

제 **4** 장

# 멋진 사랑과 우정

무엇이 멋진 사랑과 우정인가?

누구를 사랑할 것인가?

사람을 사랑한다는 것은 무슨 의미인가?

누구와 우정을 쌓을 것인가?

어떻게 멋진 우정을 쌓아 나갈 것인가?

이 장에서는 '멋진 사람'들의 우정과 사랑에 대하여 살펴보자.

멋진 사랑과 우정은 피차간의 인격적인 만남을 전제로 한다.

사람을 사랑한다는 것은 그 사람을 살리는 것이다. 얄팍한 꼬임으로 이용하려 든다면 살리는 사랑이 아니라 죽이는 사랑이다. 또 사랑하면 사랑하는 사람이 수고함으로써 성숙되도록 돕는다. 그를 위해 수고해 준다. 이 수고는 그 사람에게 쉼과 자유를 주는 사랑이다. 진정한 사랑은 살리는 사랑이요, 쉼과 자유를 주는 사랑이다.

어떻게 멋진 우정을 쌓아 나갈 것인가? 우정은 신뢰를 바탕으로 쌓이는 정이다. 좋은 친구를 사귀기 위해서는 자기 자신이 먼저 신뢰를 바탕으로 그에게 다가가야 한다. 또 친한 사이라도 예의로써 절제하며, 친구의 장점을 칭찬하여야 한다. 이렇게 하여 어진 친구를 많이 사귀는 것은 인생의 큰 기쁨이다. 또 친구를 사귐에 있어서도 겸손하게 자기보다 나은 점을 발견하여 배우는 자세가 필요하며, 그 대상을 좁히지 말고 온 세상에서 친구를 얻는 즐거움을 누려야 한다.

멋진 사랑과 우정을 향유하는 사람의 상을 새겨보자.

# 사랑

৩৩৩৩৩৩৩৩

## ❍ 사람을 널리 사랑하라

> # 愛人
>
> 우리는 '무엇·누구'를 사랑해야 하나?
> 공자는 사람을 사랑하라고 말한다.

번지(樊遲)가 인에 대하여 여쭈었다. 공자가 말씀하셨다. "사람을 사랑하는 것이다." 번지가 지혜에 대해 물었다. 공자가 말씀하셨다. "사람을 아는 것이다."〈하략〉

樊遲問仁(번지문인).

子曰 "愛人."

자왈 "애인."

問知(문지).

子曰 "知人."〈下略〉「顏淵」22

자왈 "지인."

공자가 "애인(愛人)"을 말한다.

공자는 '인(仁)'을 실현하는 구체적인 방법으로 사랑을 말한다. 즉, "사람을 사랑하는 것이다." 그렇다면 무엇이 사랑의 핵심인가? 공자의 말에 의거하면 '어진 마음'이다. 결국, '인'과 '사랑'은 한 몸(同體)이되 안과 밖의 관계이다. 동전의 앞뒤 관계와 같다. 사랑은 눈에는 안 보이지만 구체적인 행동으로써 보일 수 있다. 우리 인간은 어떤 행동이 사랑의 행동인지 다 안다. 다음 '사랑'의 가사를 보자.

"사랑은 오래 참고 사랑은 온유하며 투기하는 자가 되지 아니하며 사랑은 자랑하지 아니하며 교만하지 아니하며 무례히 행치 아니하며 자기의 유익을 구치 아니하며 성내지 아니하며 악한 것을 생각지 아니하며 불의를 기뻐하지 아니하며 진리와 함께 기뻐하고 모든 것을 참으며 모든 것을 믿으며 모든 것을 바라며 모든 것을 견디느니라. 고린도전서13:4-7"

사랑은 참는다. 투기하지 않는다. 자랑하지 않는다. 교만하게 굴지 않는다. 무례히 행치 아니한다. 자기의 유익을 구치 아니한다. 성내지 아니한다. 악한 것을 생각지 아니한다. 불의를 기뻐하지 아니한다. 진리와 함께 기뻐한다. 모든 것을 참는다. 모든 것을 믿는다. 모든 것을 바란다. 모든 것을 견딘다. 어떤가? 이렇게 끊어놓고 보니 '사랑'은 다 '동작적이거나 행위적인 것'이다. 사랑은 관념일 뿐만 아니라 구체적인 행위이다.

피차간에 사랑하는 행위는 너무나 예쁘고, 달콤하다. 편안하고, 자유스럽다. 행복하고, 창조적이다. '사랑'은 인간이 향유한 최고의 개념이자 행동이다. 언어 중에서 제일 듣고 싶은 말이다. 그런데 유행가에서는 '사랑은 왜 눈물의 씨앗'이라고 노래하는가? 아마도 사랑의 관계가 깨어지거나 이루어질 수 없어서 느끼는 안타까운 심정을 노래하는 것이리라.

'사랑'은 '자유'와 더불어 인간이 목숨과 바꿀 수 있다고 생각하는 두 가지 가치 중의 하나이다.[328] 사람들은 "자유가 아니면 죽음을 달라!"고 외친다. '자유'는 신이 인간에게 부여한 최고의 가치이다. 그런데 사랑하는 사람에게는 다 주고 싶다. 다 주는 것 중 가장 중요한 것은 '생명'과 '자유'이다. 그에게 자유를 주되 완전한 자유를 주고 싶다. 이런 의미에서 신은 우리를 얼마나 사랑하나? 우리에게 무얼 주었는가 생각하면 금방 안다. 제한 없는 자유다. 창조주는 심지어 인간이 자신을 부정할 수 있는 자유까지 허락한다. 인간은 자신이 만든 최고의 걸작품이기 때문에 어떤 제한도 두지 않는 완벽한 자유를 허락한다. 이 제한 없는 자유는 사랑 그 자체이다.

역사는 늘 사랑의 이야기이다. 어제도 오늘도 '사랑' 때문에 죽고 산다. 옛 사람들의 사랑이야기도 멋지지만, 지금 2006년 추석을 이틀 앞둔 오늘도 사랑 때문이 눈시울이 붉어진다. 자식이 탄 채 미끄러져 낭떠러지로 추락하는 승용차를 온 몸으로 막아선 젊은 엄마 때문이다. 그녀는 죽었고, 그녀의 두 아이들은 이로 인해 살았다. 이 이야기가 뉴스를 타고 전국으로 흐른다. 우리의 사랑이야기는 이 세상 끝 날까지 계속될 것이다.

사랑은 사랑으로 화답한다. 연애하는 사이에서 어느 한쪽이 말한다. '당신을 사랑합니다!' 다른 한쪽도 당연히 '사랑합니다!'이다. 이때 만일

• • •

328 사랑은 종류도 많다. 남녀 간의 사랑도 사랑이다. 남남 혹은 여여 간의 사랑도 사랑이다. 부모자식 간의 사랑도 사랑이다. 자기를 사랑하는 것도 사랑이다. 지적인 것에 대한 사랑도 사랑이다. 신이 인간을 사랑하는 것도 사랑이다. 인간이 신을 사랑하는 것도 사랑이다.

'존경합니다!'라거나 '고맙습니다!'라고 하면 김이 팍 샌다.


누가 멋진 사람인가?

사람을 깊이 사랑하는 사람이다.


## 泛愛衆

어떻게 멋진 사랑을 할 수 있는가?
공자는 '널리 사랑하라.'고 말한다.


공자께서 말씀하셨다. "젊은 사람은 집에 들어가서는 부모에게 효도하고, 밖에 나가서는 윗사람들에게 공경스럽게 행하여야 한다. 일을 처리함에 있어서는 삼가 조심스럽고 믿음직스러워야 하며, 남들을 두루 사랑하고, 인덕이 있는 사람과 가까이 해야 한다. 이렇게 하고도 힘이 남으면 여러 학술 서적을 공부해야 한다."

子曰 "弟子入則孝, 出則悌, 謹而信, 泛[329]愛[330]衆[331], 而親[332]仁[333]. 行有餘力, 則以學文[334]." 「學而」6

• • •

329 널리. 부사
330 사랑하다. 동사
331 대중, 여러 사람
332 친하게 하다. 가까이하다. 동사
333 여기서는 인덕(仁德)이 있는 사람을 가리킨다.
334 고대의 예의, 역사, 시 및 음악 등과 관련된 문헌을 이른다.

**자왈**  "제자입즉효, 출즉제, 근이신, 범애중, 이친인. 행유여력, 즉이학문."

공자가 말하는 '사람을 사랑한다(愛人)'는 것은 매우 포괄적인 사랑의 의미이다. 사랑의 대상도 매우 포괄적이다. 공자는 먼저 인덕(仁德)의 실행에 대해 말한다. 집에서는 효도하라. 집밖에서는 공경으로 사람을 대하라. 일처리는 신중하게 믿음직하게 하라. 그리고 남는 힘으로써 학문을 하라. 이 인덕 실천항목 중의 하나가 바로 '사람을 널리 사랑하라(愛衆)'이다. 결국, 여러 사람들에게 어진 마음을 실천하라는 것이다. 이는 결국, 보편적인 인류애로 통한다.

이 세대는 어떤 세대인가? 청소년들을 각종 입시로 밀어붙이는 세대이다. '오직 공부하라! 그것이 알파요 오메가이니라.' 청소년들도 별 수 없다. 그들도 그렇게 해야 한다고 믿는다. 시간대 별로 쫓기며 산다. 인덕을 닦는다는 것이 무엇인지 생각할 겨를이 없다. 사랑을 받는다는 것이 무엇인지, 남을 사랑한다는 것이 무엇인지 생각할 겨를도 없다. 그렇게 십여 년을 산다.

이제 우리는 젊은이들에게 말해야 한다. 진정한 사랑이 무엇인지 가르쳐야 한다. 남을 사랑하는 것에 대해 말해야 한다. 특히 '널리 여러 사람을 사랑하는 법(泛愛衆)'에 대하여 말해야 한다.

사람을 사랑하되, 보편적인 인류애를 가지는 사람이 멋지다.

## ○ 살리는가 죽이는가

> # 愛之欲其生
>
> 어떤 사랑이 진정한 사랑인가?
> 공자는 '사람을 살리는 사랑'을 말한다.

　자장이 어떻게 해야 덕을 높이고, 의혹됨을 구별할 수 있는지 여쭈었다. 공자가 말씀하셨다. "충성스러움과 믿음을 위주로 하여 의로움으로 옮겨가거라. 이것이 덕을 숭상하는 것이다. 누구를 사랑하면 그 사람이 살기를 바라고, 누구를 미워하면 그 사람이 죽기를 바란다. 그런데 살기도 바라고 죽기도 바라는 것이 바로 미혹된 것이다."

子張問崇[335]德辨[336]惑[337].(자장문숭덕변혹.)

**子曰** "主[338]忠信, 徙義, 崇德也. 愛之欲其生, 惡之欲其死. 旣欲其生, 又欲其死, 是惑也."「顔淵」10

**자왈** "주충신, 사의, 숭덕야. 애지욕기생, 오지욕기사. 기욕기생, 우욕기사, 시혹야."

　공자는 말한다. "사랑하는 사람은 살기를 바라고, 미워하는 사람은

• • •

335 높이다.
336 구별하다. 변별하다.
337 "崇德辨惑"은 '술+목+술+목' 구조가 '問'의 목적어가 되었다.
338 중시하다, 숭상하다. 동사

죽기를 바란다. 그런데 살기도 바라고 죽기도 바라는 것이 바로 미혹된 것이다." 누가 미혹된 사람인가? 사랑에 대해 두 마음을 품은 사람이다. 미혹되면 무엇이 문제인가? 사랑할 때는 누구나 좋다. 그러나 그 마음에 미운 감정이 생기면 어떠한가? 그는 그 사람이 죽기를 바란다(惡之欲其死). 더 악한 자는 죽이겠다고 쫓아다닌다. 그것은 사랑이 아니다. 사랑은 생명을 살리는 구체적인 행위이다.

다음은 전율(戰慄)이 감도는 한 토막의 사랑이야기이다.

"(세계)대전이 끝나고 아우슈비츠 수용소가 일반인에게 공개되었을 때의 일이다. 인간이 인간을 그렇게 학대할 수 있을까 하는 생각이 들 정도로 사람들은 이 인간 지옥을 보면서 치를 떨었다. 그 수용소를 처음 방문한 사람이 이렇게 말했다. '내가 이들과 똑같은 사람이라는 사실이 이렇게 수치스러울 수가 없다.' (그가) 아우슈비츠 수용소, 그 지옥의 벽면을 둘러보다가 어느 벽에 우뚝 서 마치 전기에 감전된 듯 꼼짝도 못한 채 응시하게 만든 글씨가 있었다. 거기에는 이렇게 쓰여 있었다. '바다를 먹물로 삼고 하늘을 두루마리로 삼아도 온 세상의 산천초목을 붓대로 삼아도 내 아버지의 사랑을 다 기록할 수가 없구나.' 어느 순교자의 기록이었다. 그 찬송이 힘차게 불리어질 때 아무도 이 가사를 내가 작사했다고 나서는 사람이 없는 것으로 보아 필시 이 작사자는 수용소에서 죽은 것이 분명하다. 그 지옥 속에서도 (살리시는) 하나님의 십자가 사랑을 바라보면 그것은 모두 사랑이다."[339]

사랑은 살리는 것이다. 나찌의 총이나 칼이나 독가스로 죽일 수 없다.

• • •

339 『홍정길목사의 301가지 감동스토리 I』, 프리셉트성경연구원(2003:167)

육체는 죽이지 않아도 시간이 지나면 스스로 죽는다. 그러나 사랑받는 마음과 사랑하는 마음은 영원히 죽이지 못한다.

누가 누구를 진짜 사랑했는지 어떻게 알 수 있나? 그 종말을 보면 안다. 진정 사랑했다면 어떤 결과가 나타나는가? 생명을 살리는 역사가 일어난다. '사랑하기에 죽인다.'는 못된 놈이 있기는 하지만, 이것은 비정상적인 인간이 하는 말이다. 또 사랑은 이랬다저랬다 하는 것이 아니다. 사랑은 한 마음을 품는 것이다. 즉 '사랑했다 미워했다' 하는 두 마음을 품는다면, 그는 사람을 살릴 수 없다.

카톨릭 초대교황으로도 불리는 베드로는 어떤 사람인가? 그는 예수의 죽음 앞에서 그를 세 번에 걸쳐 철저하게 부인하였다. 그는 모든 것을 회피하고 도망갔다. 물고기를 잡아 생계나 유지하고자 했다. 그에게 예수가 찾아가 삼세번 묻는다. "네가 나를 사랑하느냐?" "네가 나를 사랑하느냐?" "네가 나를 사랑하느냐? 요한복음21:15-17" 예수는 절망한 베드로에게 필요한 것이 무엇인지 안다. 예수는 베드로에게 사랑의 확신을 심어주고 싶다. 그 결과는 무엇인가? 자신을 완전히 무너뜨린 실패의 쓰라림에 떨던 베드로가 바뀌었다. 사랑을 회복한 베드로의 일생은 진정한 자유인이 되었다. 그는 사람을 살리는 일에 두려움 없이 매진(邁進)하다가 십자가에 거꾸로 매달려 죽기까지 그 일에 목숨까지 바친 용기 있는 사람이 되었다.

사람을 살리는 사랑을 하는 사람이 멋지다.

## ○ 사랑을 위해 수고하라

# 愛之, 能勿勞乎

사랑을 위한 멋진 자세는 무엇인가?
공자는 '사랑의 수고'를 감당하는 자세를 말한다.

공자가 말씀하셨다. "그를 사랑한다 하여 (그를) 수고롭게 하지 않을 수 있는가? 그에게 충성한다면, 그를 위해 깨우쳐주지 않을 수 있는가?"

**子曰** "愛之, 能勿勞[340]乎? 忠焉, 能勿誨乎?" 「憲問」7
**자왈** "애지, 능물노호? 충언, 능물회호?"

사랑하는 사람을 위해서 무엇을 해야 하나? 사랑하는 이에게 무엇인가 주고 싶다. 그러나 공자는 말한다. "사랑하는 사람이 수고를 통하여 성숙하도록 도와주어야 한다." 이는 마치 누구에게 충성한다면, 그가 깨우칠 수 있도록 도와주어야 것처럼 말이다. 중국 송(宋)나라 때의 대문장가인 소식(蘇軾)도 말한다. "사랑하기만 하고 수고롭게 하지 않는 것은 짐승들의 사랑이요, 사랑하면서도 수고롭게 할 줄 안다면 그 사랑함이 깊은 것"이라고 한다.[341] 결국, 사랑하는 이가 본인의 수고로움을 통해 성숙되도록 도우라는 것이다.

• • •

340 노력하다, 수고하다. '勞'의 해석이 분분할 수 있으나, 조동사 '能'의 뒤, 부정부사 '勿'의 뒤에 오므로 동사적으로 해석하는 것이 적절하다.
341 성백요 역주(2005:395)에서는 소식(蘇軾)의 말을 인용하여 설명한다.

무엇이 사랑하는 사람의 멋진 행동인가? 맛난 것 먹여주고, 매일매일 놀아주고, 편안하게 그냥 내버려 두는 것인가? 그건 아니다. 아이를 낳아 키워보면 안다. 아기가 자라고, 말을 시작하고, 초등학교에 들어가고, 청소년기를 보낸다. 특히 유아기에 그를 사랑하는 부모는 어떤 행동을 하는가? 그 아이를 위해 끊임없이 작은 행동들을 한다. 앉게 하기 위해 자꾸 앉혀놓는다. 아기는 갓 만든 메주처럼 옆으로 쓰러진다. 그래도 수없이 반복한다. 어느 날 거짓말 같이 아이가 앉기 시작한다. 또 걷게 하기 위해 자꾸 일으켜 세운다. 스르르 주저 앉는다. 그래도 수없이 반복시킨다. 어느 날 거짓말 같이 아이가 두세 발자국을 뗀다. 말을 가르치기 위해 같은 말을 수도 없이 반복한다. 어느 날 갑자기 아이가 한마디 내뱉는다. 그저 한 음절 내뱉는데 그게 그렇게 어렵다. 부모도 괴롭고 아이도 괴로울 듯하지만, 그들은 행복하다. 그들은 끊임없이 사랑을 주고받기 때문이다. 이 시기에 부모는 아이의 성장을 위해 어떻게 할까 끊임없이 생각한다. 이 모든 행위는 부모가 아이를 사랑하기 때문에 일어난다. 이처럼 사랑하는 사람의 진정한 성장과 성숙을 염두에 둔 사랑이 중요하다. 밥만 먹여주고, 옷만 입혀 쿨쿨 자게 하는 것은 동물들의 사랑이라는 소식의 말이 심한듯 해도 뼈있는 말이다. 하늘의 제왕 독수리도, 밀림의 제왕 사자도 새끼를 절벽에 밀어 떨어뜨리는 훈련을 시킨다고 한다. 새끼를 죽이려는 것이 아니라 본능적으로 사랑하기 때문이다.

또, 사랑은 실천적 헌신이 중요하다. 그것은 바로 사랑하는 사람을 위한 수고이다. 어떤 땐 이 수고가 힘들어 피하고 싶기도 하다. 그럼에도 불구하고 사랑하면 그를 위해 먼저 수고해 준다. 그리고 그 수고를 아끼지 않는다. 마음을 써준다. 보살핀다. 그를 성장시키기 위해서이고, 그에게 진정한 자유를 주고자 함 때문이다.

다음은 한국에서 파견한 한 선교사의 사랑 이야기이다. 조선시대 선교사들이 생명을 걸고 우리를 찾아왔듯, 그는 희생을 무릅쓰고 인디오 원주민들을 찾아갔다.

"김성준 선교사가 처음 인디오 마을에 들어갔을 때 그들이 마시는 물을 마셨는데 그물이 썩은 물이라 복통이 나서 도무지 견딜 수가 없었다고 한다. 그래서 벌거숭이 토인들 사이에 선교사들이 들어가면 따로 집을 짓고 밥도 따로 지어 먹으며 물도 정수기까지 갖다 놓고 따로 걸러 마신다고 한다. 그래서 자신도 그렇게 하고 싶었는데 가만히 생각해 보니 그들을 사랑한다면 그들의 문화와 습관까지 사랑하지 않으면 안 된다는 생각이 들어서 그들이 마시는 썩은 물을 똑같이 마시기 시작했다고 한다. 김성준 선교사는 자기가 이가 없어 틀니를 했다고 했는데 거기에는 이유가 있다. 그 인디오들의 주된 음식은 강냉이 죽인데 이들이 이 음식을 만들 때에는 모래를 넣어서 만들기 때문에 그렇게 먹다 보면 이가 자주 상한다고 한다. 그래서 윗니와 아랫니가 전부 상해 틀니를 할 수밖에 없었다고 한다. 그는 그런 아픔으로 그들을 사랑하고 있었다. 사랑은 그들이 갖고 있는 그 약함과 내가 싫어하는 것까지 용납하는 데 있다. 여기에 바로 사랑의 수용성이 있다. 사랑은 참으로 넓고 큰마음이다."[342]

사랑은 상대방을 향한다. 구체적으로 수고해 준다. 몸이 약한 아내를 위해 설거지를 해준다. 무거운 것을 들어 준다. 어깨를 주물러준다. 이처럼 사랑은 상대방을 향한 크고 작은 희생과 헌신을 통해 구체화된다. 그

* * *

342 프리셉트성경연구원(2003:165)

로 인해 상대편은 진정한 '자유'와 '쉼'을 얻는다.

젊을 때 사랑의 수고를 하지 않은 사람들은 세월이 흐를수록 걱정스러워질 수도 있다. 사랑은 사랑으로 다가오지만 사랑이 변질되면 미움으로 다가올 수도 있기 때문이다. 최근 보도에 '황혼이혼' 비율이 이혼원인 비율 중 최고란다. 인생의 마지막 단계에서라도 자유를 얻고 싶다고 아우성이다.

사랑의 수고를 감당하는 사람이 멋지다.

### ○ 부모를 사랑하라

# 三年之愛於其父母乎

공자는 부모를 사랑하라고 한다.
공자는 부모가 돌아가시고 나서도 예의로써 사랑의 마음을 표시해야 한다고 한다.

재아가 나가자 공자께서 말씀하셨다. "재아는 어질지 않구나! 자식은 태어나서 3년이 지나야만 부모의 품을 벗어난다. 3년 상은 온 세상에 통용되는 상례이다. 재아도 그 부모로부터 3년 동안 사랑을 받았을까?"

宰我出. (재아출.)

子曰 "予$^{343}$之不仁也! 子生三年, 然後免於父母之懷. 夫三年之喪, 天下之通喪也. 予也有三年之愛於其父母乎?"「陽貨」21

**자왈** "여지불인야! 자생삼년, 연후면어부모지회. 부삼년지상, 천하지통상야. 여야유삼년지애어기부모호?"

위 내용은 부모에 대한 상례(喪禮) 때문에 발생한 대화이다. "기름진 음식이 있고, 즐거운 음악이 있는데, 3년씩이나 부모를 생각하며 상례를 행하는 것이 답답하다. 3년 상은 너무 길다."며 따지는 '재아'라는 사람이 있다. 그가 제 할 말을 다하고 밖으로 나가자, 공자가 제자들에게 말한다. "멋진 사람은 재아처럼 행동하는 것이 마음에 편하지 않다."

부모를 사랑하는 것은 인륜도덕이다.

부모는 자녀를 낳아서 최소 3년 이상 젖과 먹을 것을 주고, 똥걸레를 빨며 양육한다. 그뿐인가? 성장하여서도 마찬가지이다. 결혼 전, 아니 그 후라도 지극정성으로 보살피며 자식을 사랑한다. 그런데 자식이 어찌 부모를 사랑하지 않을 수 있는가? 봉양하지 않을 수 있는가? 부모가 돌아가시고 나서도, 부모님 생전의 뜻을 기리고 추모하는 것은 인간의 도리이다.[344]

이 시대 젊은이들은 괴롭다. 특히 고등학생들은 입시에 치어 괴롭다. 그걸 아는 부모들은 그에게 더욱 지극정성이다. 그러다보니 공부하는 것이 무슨 벼슬이나 하는 양 자신의 부모에게 함부로 하는 '짜식'들도 있다. 바로 우리들의 이야기이다. 물론 자식의 어깨위에 부모의 욕심이나 희망이 얹혀 있는 경우도 있다. 부모는 자신이 못한 것을 자식을 통해서

• • •

343 앞에 나온 재아(宰我)를 이름
344 자세한 내용은 본서 1장의 1. 5 '효자'를 참조하라.

보상받고 싶은 근원적인 욕구가 있다. 너는 나처럼 되어서는 안 된다는 약간의 강박관념도 있다. 이런 것들이 묘하게 맞물려 기현상들을 만들어 낸다. 자녀는 엄마아빠를 위해 공부하는 애들같이 군다.

부모는 곰곰이 생각해봐야 한다. 무엇이 자식을 진정으로 사랑하는 것인가? 자식의 인격이 진정으로 성장하고 성숙할 수 있는 길이 무엇일까? 그 다음이 공부이다. 그래야 그 인생이 진정 행복해진다.

자식도 부모의 뜻을 헤아려야 한다. 그 사랑의 마음을 이해하여야 한다. 부모도 나와 같은 아픔과 인생역정을 먼저 겪은 한 인격체라는 것을 알아야 한다. 자식도 가끔은 부모를 이해할 필요가 있다. 성경도 말한다. "너는 너의 하나님 여호와의 명한대로 네 부모를 공경하라 그리하면 너의 하나님 여호와가 네게 준 땅에서 네가 생명이 길고 복을 누리리라. 신5:16" 부모를 공경하라는 말씀은 십계명의 하나로 "살인하지 말라. 간음하지도 말라. 신5:17-18"는 명령보다 앞선다. 부모에 대한 사랑은 촌수 없는 인간과 인간 사이에 지켜야 할 가장 중요한 인륜실천의 항목이다.

자신의 부모를 깊이 사랑하는 사람이 멋지다.

## ○ 인륜 도덕을 사랑하라

我愛其禮

무엇을 사랑할 것인가?
공자는 물질적인 사랑보다 인륜도덕을 사랑하라고 말한다.

자공이 곡삭제에 쓰일 제물인 양을 쓰지 않으려 했다. 공자께서 말씀하셨다. "자공아, 너는 그 양을 사랑(/아까워)하지만, 나는 그 예를 사랑(/아까워)한다."

子貢欲去告朔<sup>345</sup>之餼羊<sup>346</sup>. (자공욕거곡삭지희양.)

**子曰** "賜也! 爾愛其羊, 我愛其禮." 「八佾」 17

**자왈** "사야! 이애기양, 아애기례."

인생에는 사랑할 것이 매우 많다. 특히, 젊은 나이에 우리는 물질에 대한 사랑보다도 예의 도덕 등 인륜, 즉 삶의 지혜나 진리에 대한 사랑을 키울 필요가 있다.

본문에는 계산이 빠른 제자 자공이 나온다. 그는 값비싼 살아있는 양을 희생물로 하여 곡삭제를 지내는 것이 어떤 유익이 있나 계산한다. 손해라는 판단이 서자 살짝 빼돌리려 한다. 그러나 공자는 물질적인 손익

• • •

345 곡삭제. 당시에는 천자가 초겨울에 달력을 돌리면 제후들은 그것을 종묘에 간직하였다가 희생양을 바쳐 곡삭제를 지내던 풍습이 있었다.

346 아직 죽이지 않은 살아있는 희생양

보다 예의(禮義)를 중시한다. 즉, 재물에 대한 사랑 때문에 역사와 전통이 있는 예의가 무너지는 것을 걱정한다.

공자의 인륜도덕에 대한 사랑은 비교적 추상적이다. 그러나 이를 현대적으로 이해해 보면, 이는 인간답게 살기 위한 '삶의 지혜에 대한 사랑'이다. 이 사랑은 보편적인 인류애와 통한다.

지금은 지구촌 시대이다. 어떻게 국제적인 인물이 될 수 있는가? 당연히 국제적인 안목이 있어야 한다. 그 위에 본질적 요소인 인류에 대한 보편적인 사랑을 가지고 실천할 수 있어야 한다. 외국어를 잘하면 될까? 외교정책을 깊이 연구하면 될까? 물론 의미있는 일이다. 그러나 본질이 앞서야 한다. 보편적인 인류애와 지혜에 대한 사랑을 가진 인재여야 한다. 그는 새로운 문화와 역사를 창조할 일종의 '핵(核)'을 가진 사람이다.

한편, '사랑'의 상대적인 개념은 '미움'이다. "멋진 사람은 미움의 감정을 가지지도 않는 걸까요?" 제자가 질문한다. 공자가 답한다. "나도 미워하는 것이 있단다."

자공이 여쭈었다. "군자도 미워하는 것이 있습니까?" 공자께서 말씀하셨다. "미워하는 것이 있다. 다른 사람의 나쁜 점을 말하는 것을 미워하고, 낮은 지위에 있으면서 윗사람을 비방하는 것을 미워하고, 용감하기만 하고 예의가 없는 사람을 미워하고, 과감하기만 하고 융통성이 없는 사람을 미워한다." 공자께서 말씀하셨다. "사(자공)야 너도 미워하는 것이 있느냐?" (자공이 대답했다.) "다른 사람의 업적을 훔쳐 아는 체하는 자를 미워하고, 불손한 것으로 용감한 체하는 자를 미워하고, 다른 사람의 비밀을 들춰내어 정직한 체하는 자를 미워합니다."

子貢曰 : "君子亦有惡[347]乎?"(군자역유오호?)

**子曰** "有惡 : 惡称人之惡[348]者, 惡居下流而訕[349]上者, 惡勇而無禮者, 惡果敢而窒[350]者."

**자왈** "유오 : 오칭인지악자, 오거하류이산상자, 오용이무례자, 오과감이질자."

**子曰** "賜也, 亦有惡乎?"

**자왈** "사예, 역유오호?"

"惡 徼[351]以爲知者, 惡不孫以爲勇者, 惡訐[352]以爲直者."「陽貨」24

"오요이위지자, 오불손이위용자, 오알이위직자."


　공자는 '뒷담화' 까는 자를 미워한다. 그는 윗사람 비방하는 자를 미워한다. 그는 함부로 행동하는 자를 미워한다. 그는 꽉 막힌 사람도 미워한다. 제자에게도 물어 본다. 자공의 생각도 공자와 다르지 않다. 남의 업적을 가로채는 자, 용감한 체하는 자, 남의 비밀을 발설하며 정직한 체하는 자 등을 미워한다. 공자와 자공은 이심전심으로 통하고 있다. 두 사람은 인륜도덕의 질서를 어지럽히는 행위를 하는 사람을 공통적으로 미워한다.

　사랑과 미움은 방향만 다를 뿐 동일한 감정이다. 즉 옳지 않은 것에

● ● ●

347 이때의 '惡'는 동사이므로 '오'으로 발음된다.
348 이때의 '惡'는 동사가 아니라 명사이므로 '악'으로 발음된다.
349 헐뜯다, 윗사람을 비방하다.
350 막다, 막히다.
351 훔치다.
352 들추어내다, 폭로하다.

대한 미움이다. 이는 옳은 것에 대한 사랑의 마음과 통한다. 그들이 보이는 미움의 감정은 결국 인덕, 신뢰, 예의, 충성 등 인륜도덕에 대한 강한 사랑을 의미한다.

　　교육에 종사하는 사람들은 스승으로서 젊은이들을 사랑으로 인도할 책무가 크다. 이 시대의 젊은이들이 인류애를 함양하도록 도와야 한다. 우리가 힘써 도울 때, 우리의 젊은이들은 10년 후 20년 후 인류의 번영과 세계평화에 기여하는 주역들이 될 것이다.

　　인륜과 도덕을 깊이 사랑하는 사람이 멋지다.

※ 논어에서 다음 구절을 찾아 써보자.

1. 다른 사람을 사랑하라.

2. 두루 사랑하라.

3. 그를 사랑하면 그가 살기를 바란다.

4. 그를 사랑한다 하여 그를 수고롭게 하지 않을 수 있는가?

5. 나는 그 예의를 사랑한다.


※ 내가 사랑하는 사람들에 대해 어떤 행동을 보여야 할지에 대해 적어보자.

1. 부모


2. 형제


3. 친구


4. 은사

제 2 절

# 우정

〜⌒〜⌒〜⌒〜⌒〜⌒〜⌒〜

## ○ 친구를 믿노라

# 朋友信之

무엇이 멋진 우정의 자세인가?
공자는 친구에게 믿음을 주는 자세를 말한다.

안연과 자로가 공자의 곁에서 시중을 들고 있었다. 공자가 말씀하셨다. "어째서 각자 너희들의 뜻을 이야기하지 않느냐?" 자로가 말했다. "저는 수레, 옷, 가죽옷 등을 친구와 더불어 사용하고, 이것들이 낡게 되어도 원망하지 않겠습니다." 안연이 말했다. "저는 자신의 장점을 자랑하지 않고, 공로를 과시하지 않고자 합니다." 자로가 말했다. "선생님의 뜻을 듣고 싶습니다." 공자가 말씀하셨다. "나는 나이 드신 분들은 편안하게 하고, 친구들은 믿으며, 젊은이들은 감싸주고 싶다."

顔淵, 季路侍[353].(안연, 계로시.)

• • •

353 음은 '시', 뜻은 (지위가 낮은 사람이 지위가 높은 사람 곁에서) '시중들다'이다.

240

子曰 "盍³⁵⁴各言爾³⁵⁵志."

자왈 "합각언이지."

子路曰(자로왈) : "願車馬衣輕³⁵⁶裘³⁵⁷, 與朋友共, 敝³⁵⁸之而無憾³⁵⁹. (원거마의 경구, 여붕우공, 폐지이무감.)"

顏淵曰(안연왈) : "願無伐善³⁶⁰, 無施勞³⁶¹. (원무벌선, 무시로.)"

子路曰(자로왈) : "願聞子之志. (원문자지지.)"

子曰 "老者安之, 朋友信之, 少者懷之³⁶²."「公冶長」26

자왈 "노자안지, 붕우신지, 소자회지."


친구를 어떻게 대할 것인가? 이에 대해 '자로'로 시작하여, '안연' 그리고 '공자'로 전개되는 세 명의 대화(컨버세이션)이다. 이들의 대화는 친구

• • •

354 '어찌 ~ 아니 하는가?', '何不'의 합음사(合音詞)이다.

355 너, 너희들

356 후세 사람들이 잘못 삽입한 글자로, 당나라 때의 석경초각본(石經初刻本)에는 이 글자가 없다.

357 가죽옷

358 헤지다, 낡다.

359 탓하다, 원망하다.

360 '伐'은 자랑하다, 뽐내다. '善'은 잘하는 것, 장점

361 謝氷瑩(1981:96) 등의 『四書讀本』에서는 '施'를 '과시하다'로, '勞'를 '공로'로 보아 '자기의 공로를 과시하다'로 해석하나, 武惠華(1998:61)는 '고생스런 일을 남에게 시키다'로 해석한다.

362 이 구절에 대한 해석은 '老者, 朋友, 少者' 등을 주어로 보아 해석하는 설과 목적어로 보아 해석하는 설의 차이가 있다. 이는 의미상 현격한 차이를 보이게 되는데, 예를 들어 "朋友信之"의 경우 '친구들이 (나를) 믿다'와 '(내가) 친구들을 믿다'의 차이가 발생한다. 이 책은 는 술어성분 '安, 信, 懷' 등의 뒤에 가목적어 '之'가 있음을 고려하여 '老者, 朋友, 少者' 등을 목적어 전치로 본다. 즉 공자는 이들을 주제화하여 말하고 있다. 성백요(2005:153-154), 유교문화연구소(2005:162) 등은 문법적인 해석을 가하지는 않지만 이 책의 해석과 같다.

를 대하는 인격수양의 점진적인 발전 단계를 보여준다.

용기가 남보다 두 배는 된다는 자로이다. 그는 친구에 대한 의리로 구체적인 행동을 말한다. 만일 자로에게 경제적인 여유가 있다면, 그는 기질상 정말 그렇게 행동할 사람이다. 그럴 때 수많은 대중들은 그를 매우 칭송할 것이 틀림없다. 그러나 경제적인 여유가 없다면 그가 할 수 있는 일이란 거의 없다. 그는 외형적인 행위로써 용기를 보이는 기질이다. 이런 기질은 열악한 상황에 처하게 되면 응용능력이 현저하게 떨어진다. 반면 자기 성찰이 뛰어난 안연이다. 그는 자기의 재능과 공로에 대하여 친구에게 자랑하지 않는다. 그는 자각(自覺)성이 매우 뛰어난 사람이다. 그러나 가장 멋진 것은 공자가 말하는 '믿음'의 단계이다. 공자는 말한다. '나는 친구들을 믿어주겠다.'

자로처럼 친구와 더불어 물질적 축복을 공유하는 것은 아름다운 일이다. 또한 안연처럼 친구가 심리적인 콤플렉스를 겪지 않도록 도와주는 것도 아름다운 일이다. 그러나 가장 멋진 것은 무엇인가? 역시 '믿음'을 주고받는 일이다. 무엇을 믿는다는 것인가? 그것은 친구의 인격을 믿는 것이다. 또 그로 하여금 자신의 인격도 믿게 하는 것이다. 이런 쌍방향적 믿음 속에서는 모든 것이 가능하다.

우리가 인생을 살다보면 여러 가지 조건들에 의해 만남과 사귐이 이어진다. 나이가 비슷하기 때문에, 출신지가 같기 때문에, 같은 학교를 나왔기 때문에, 같은 직업에 종사하기 때문에, 부나 권력이 비슷하기 때문에 등등 그 종류도 다양하다. 모두 친구를 사귀는데 있어 조건이 될 수 있다. 그러나 이 조건들 속에 '믿음'이 없다면 '앙꼬 없는 찐빵이다.'

우정은 신뢰를 바탕으로 한 인격적인 만남이다. 서로가 서로에게 믿어주는 것, 이 얼마나 멋진 인간관계인가? 따라서 진실한 '우정'은 피부색깔, 나이, 출신지, 학교, 직업, 부나 권력 등의 제한이 없다. 그것은 물건처럼 사고파는 가치도 아니다. 오로지 믿음에 근거한 인격적인 만남으로만 얻을 수 있는 것이다.

---

## 與朋友交而不信乎

어떻게 친구 사이의 믿음을 유지해야 하나?
'반성'을 매우 잘 실천한 증자는 '성실한 믿음'을 말한다.

---

증자가 말했다. "나는 날마다 스스로를 여러 차례 반성한다. 다른 사람을 위하여 계획을 생각해낼 때 마음을 다하고 힘을 다하였는가? 친구와 사귈 때 성실하게 믿음을 지키었는가? 선생님이 가르쳐주신 지식은 복습을 했는가?"

曾子曰 "吾日三省吾身爲人謀而不忠[363]乎？ 與朋友交而不信乎？ 傳不習乎？"「學而」4

증자왈 "오일삼성오신, 위인모이불충호？ 여붕우교이불신호？ 전불습호？"

• • •

363 중국 전통의 도덕규범 가운데 하나로, 일을 처리함에 성실히 책임을 지고, 마음과 힘을 다하는 것을 이른다. 공자는 '충(忠)'을 '인(仁)'의 수단이요, 군주를 섬기는 준칙으로 보았다.

증자는 친구에 대해 믿음을 잘 지키었는가를 반성의 주요한 항목으로 보았다. 우정(友情)이란 무엇인가? 두 인격체 간의 만남 속에 형성된 정(情)이다. 부모자식 관계, 부부관계 등과 더불어 가장 가까운 인간관계의 하나이다. 이는 매일매일 반성하며 체크해야 하는 일이라는 것이다. 그 핵심은 바로 두 인격체 간의 '성실한 믿음'이다.

친구를 굳게 믿어주는 사람이 멋지다.

## ㅇ 친구는 즐거움이다

# 樂多賢友

어떤 즐거움이 인생을 유익하게 하는 즐거움인가?
공자는 '어진 친구를 많이 사귀는 즐거움'을 말한다.

공자가 말씀하셨다. "사람에게 유익한 좋아함(/즐거움)이 세 종류가 있고, 사람에게 해로운 좋아함(/즐거움)이 (역시) 세 종류가 있다. 예악으로 자기를 절제하는 것을 좋아하고, 다른 사람의 장점을 칭찬하는 것을 좋아하고, 어진 친구를 많이 사귀는 것을 좋아(/즐거워)하는 것, 이것은 유익한 것이다. 교만방자하게 향락을 좋아하고, 제멋대로 방탕하기를 좋아하고, 잔치를 열고 즐기는 것을 좋아하는 것, 이것은 해로운 것이다.

孔子曰 "益者三樂³⁶⁴, 損者三樂. 樂³⁶⁵節³⁶⁶禮樂³⁶⁷, 樂道³⁶⁸人之善, 樂多

賢友, 益矣. 樂驕³⁶⁹樂, 樂佚³⁷⁰游, 樂宴樂, 損矣."「季氏」5

공자왈 "익자삼요, 손자삼요. 요절예악, 요도인지선, 요다현우, 익의.

요교락, 요일유, 요연락, 손의."


　공자는 인생이 누릴 수 있는 세 가지의 유익한 즐거움(/좋아함)을 말한

다. 그중 하나가 '어진 친구를 많이 사귀는 즐거움'이다. 공자는 "멀리서

친구가 찾아오니 이 또한 즐겁지 아니한가!(有朋自遠方來, 不亦樂乎! 유붕

자원방래, 불역락호! 學而 1)"라고 노래한다.

　친구는 즐거움이다. 그렇기에 한 인간이 어느 정도 성장하면 애타게

친구를 찾는다. 부모에게 못하는 말도 친구에게는 서슴없이 말한다. 군

대에서 3박 4일의 짧은 휴가를 나와서도 자기 집에는 잠깐 있다가 친구

를 찾아 나선다. 그 짧고 귀한 시간을 친구들과 함께 보내고 싶어 하는

것이다. 한 사람에게 있어 친구는 그렇게 소중한 존재이다. 그러나 친구

가 많다는 것이 반드시 좋은 것만은 아닐 수도 있다. 성경은 말한다. "많

은 친구를 얻는 자는 해를 당하게 되거니와 어떤 친구는 형제보다 친밀

• • •

364 마음의 즐거움. 좋아함. 취미. 명사

365 성백요(2005:473)는 '樂'을 '좋아하다'로 해석한다. 그러나 '즐거워하다. 즐기다'로 해석
　　하는 것도 좋다고 본다. 볼드체로 표시된 각 절에서의 앞의 '樂'은 후속하는 전체 내용
　　을 목적어로 취한다.

366 절제하다.

367 예절과 음악

368 칭찬하다. 말하다.

369 교만하고 방자하다.

370 '逸'과 통한다.

하니라. 잠18:24" 즉 친구가 많은 것이 좋을 때도 있지만, 그로 인해 연루되어 해를 당할 수도 있기 때문이다. 그러므로 공자는 말한다. "어진 친구를 많이 사귀는 것이 즐거움이다."

사람은 인격적인 사귐을 통해서 즐거움을 누리고 행복해질 수 있다. 에이브라함 링컨은 말한다. "한 사람의 생애에서 우정은 너무나 소중합니다. 그러기에 나는 친구들 사이의 불평과 불만은 한쪽 귀로 듣고 한쪽 귀로 흘려버립니다. 게다가 어느 한쪽 편을 들지도 않습니다. 친구들 사이에 하찮은 문제를 놓고 편이 갈리는 일, 이 일 만큼은 피해야 합니다. 지난 일들은 하루빨리 잊어버리고, 현재 그리고 미래만을 바라보기를 간절히 원합니다. 그것이 친구와의 순수한 우정을 지속시키는 방법입니다."[371]

우정이 주는 즐거움을 누리는 사람이 멋지다.


**O 골라 사귀어라**

> # 益者三友
>
> 어떤 사람이 우정을 나눌만한 유익한 대상인가?
> 공자는 유익한 세 종류의 친구들을 말한다.

. . .

371 존 홈스 · 카린 바지, 김성웅 옮김(2006:25-26)

공자가 말씀하셨다. "사람에게 유익한 친구가 세 종류이고, 손해가 나는 친구가 세 종류가 있다. 정직한 친구를 사귀며, 성실로 믿음을 지키는 친구를 사귀며, 지혜가 많은 친구를 사귀는 것, 이는 유익한 것이다. 아첨하며 접대하는 친구를 사귀고, 겉으로만 유순한 체하는 친구를 사귀고, 감언이설을 잘하는 친구를 사귀는 것, 이것은 유해한 것이다.

**孔子曰** "益者三友, 損者三友. 友<sup>372</sup>直, 友諒<sup>373</sup>, 友多聞, 益矣. 友便辟<sup>374</sup>, 友善柔<sup>375</sup>, 友便佞<sup>376</sup>, 損矣." 「季氏」4

**공자왈** "익자삼우, 손자삼우. 우직, 우량, 우다문, 익의. 우편벽, 우선유, 유편녕, 손의."

공자는 우정의 대상을 구체적으로 설명한다. 그는 "정직한 사람이다.", "성실하게 믿음을 지키는 사람이다.", "지혜가 많은 사람이다." 이들은 우정을 나눌만한 유익한 품격을 가진 사람들이다.

우정은 두 인격체의 만남이므로 항상 쌍방향적이다. 따라서 우정을 나누려면 쌍방이 다 함께 노력해야 한다. 그러나 세상에는 이런 인격의 소유자만 있는 것이 아니다. 오히려 공자의 표현대로 "아첨하며 접대하는 친구, 겉으로만 유순한 체 하는 친구, 감언이설을 잘하는 친구"들이

• • •

372 이하 6개의 '友'는 모두 동사로 '친구로 사귀다'의 뜻이다.
373 성실하게 믿음을 지키다.
374 아첨하다.
375 겉으로만 온순한 체하고 속으로는 간사하다.
376 감언이설을 잘하다.

판을 치는 세상이다.

해로운 친구의 공통적인 특징은 무엇인가? 그들은 모두 '외적인 것'을 추구한다는 점이다. 그 첫 번째 특징이 편벽된 사고이다. 그런 사람은 사실 인격적인 사귐은 별로 원하지 않는다. 겉으로만 잘 보이며 환심을 사려한다. 그가 궁극적으로 추구하는 것은 그 자신을 위한 이익일 뿐이다. 이러한 현상은 사람이 인격적인 자각이 없을 때 드러내는 현상이다. 그는 많은 재산으로, 아름다운 용모로, 기질적인 용기로, 학식으로, 권세로 자기를 들어내고 뽐내려 한다. 때로는 이러한 외적인 것으로써 담을 높이 쌓는다. 이 담은 다른 사람의 멋진 인격과 만나는 통로를 차단한다. 물론 그와 비슷한 사람끼리의 만남은 유지될 수 있겠으나, 결국은 서로 이익을 도모할 뿐이므로, 그 끝이 아름답지 않다. 해로운 친구의 두 번째 세 번째 특성 역시 외적인 것에 대한 추구와 관련이 있다. 모두 외적인 모습을 잘 보이려고 애쓰는 사람들이다. 그들은 자신의 감정조차 속인다. 감언이설과 아첨이 그의 입을 떠나지 않는다.

## 無友不如己者

어떻게 친구를 사귀어야 하나?
공자는 단언한다.
"친구를 가려서 사귀라."

공자가 말씀하셨다. "군자가 정중하지 않으면 위엄이 없고, 배운 것도 견고하지 않게 된다. 충성스럽고 믿음직스런 사람을 가까이하고, 자

기만 못한 사람과 벗하지 말라. 잘못이 있으면 고치는 것을 두려워하지
말라."

> **子曰** "君子不重, 則不威. 學則不固[377]. 主[378]忠信. 無[379]友[380]不如己者. 過
> 則勿憚改."「學而」8
>
> **자왈** "군자부중, 즉불위. 학즉불고. 주충신. 무불여기자. 과즉물탄개."

　공자의 '친구를 가리어 사귀라'는 말은 무슨 뜻인가? 특히 "자기만 못
한 사람과 벗하지 말라(無友不如己者)."는 말은 오해의 소지가 있다. 예를
들어 꼬마들이 아파트 단지 내에서 평수가 같은 아이들끼리 친구한다는
말이 떠돈 적이 있다. 그러나 이것은 올바른 '가림'이 아니다. 『논어』에서
말하는 '가림'은 이런 '가림'이 아니다. 신뢰를 바탕으로 우정(友情)을 쌓
을 만한 인격체를 가리라는 말이다. 공자는 사귐의 대상을 구체적으로
제시한다. 그는 '믿음의 사람'이다. '어진 사람'이다. '정직한 사람'이다.
'성실한 사람'이다. '지혜로운 사람'이다.

- - -

377 사서는 '견고함'으로, 백화는 '막히다, 비천하다.'로 풀어 썼다.
378 사서에는 鄭玄曰「主, 親也. 」를 인용하여 '가까이하다, 친하게 하다'로 해석하였으며,
　　백화에서는 '중시하다, 숭상하다.'로 해석한다. 한편, 이 구절은 의(義)와 밀접한 관계
　　가 있다. 본서 3장의 1.1 참조. 이 때문에 친구관계에서는 신의(信義), 즉, '믿음'과 더
　　불어 '의'를 따지는 것 같다.
379 '~하지마라(毋)'와 통한다.
380 동사로 '벗하다', '친구삼다'

## 友其士之仁者

공자는 '어진 친구'를 사귀라고 다시 한 번 권면한다.

자공(子貢)이 인에 대하여 여쭈었다. 공자께서 말씀하셨다. "공인(工人)이 자기의 일을 잘 하려고 생각한다면, 반드시 먼저 자기의 도구(/연장을)를 잘 가다듬어야 한다. 이 나라에 살면서 이 나라의 선비 중 현명한 사람을 잘 섬기고, 이 나라의 선비 중 어진 이와 벗하여야 하느니라."

子貢問爲仁(자공문인).

子曰 "工欲善其事, 必先利<sup>381</sup>其器<sup>382</sup>. 居是邦也, 事<sup>383</sup>其大夫之賢者, 友<sup>384</sup>其士之仁者."「衛靈公」10

자왈 "공욕선기사, 필선리기기. 거시방야, 사기대부지현자, 우기사지인자."

어떤 일을 하고자 할 때, 먼저 연장을 잘 정비하듯, 인간관계도 잘 설정하라는 말이다. 특히 어진 사람과 벗함으로써 자신의 인덕을 함양하는 것은 무엇보다 중요하다.

* * *

381 예리하게 가다듬다.
382 공인이 연장을 갈고 닦지 않으면 자기의 일을 잘 할 수 없듯이, 사람이 덕을 쌓지 않으면 자신의 인(仁)을 잘 발휘할 수 없음을 말한다.
383 섬기다. 동사
384 사귀다. 벗하다. 동사

우정을 쌓을 만한 인격자를 가려낼 안목이 있는 사람이 멋지다.

## ○ 인격을 나누어라

# 以文會友, 以友輔仁

멋진 우정을 위해서 친구와 무엇을 공유해야 할까?
증자는 '인덕'을 공유하고 더 확산시킨다고 말한다.

증자가 말했다. "군자는 문장과 학식으로 친구를 만나고, 친구의 도움
에 의거하여 자기의 인덕을 쌓는다."

**曾子曰** "君子以文[385]會友, 以友輔[386]仁."「顔淵」24
**증자왈** "군자이문회우, 이우보인."

공자의 제자인 증자는 친구 사귀는 법과 친구로 인해 얻는 인덕을 동
시에 말한다. 친구 간의 만남은 무엇으로 시작되는가? 증자는 마땅히
학문을 매개체로 삼아야 함을 강조한다. 나는 무엇으로 친구를 만나는
가? 흔히 하는 말이 있다. "오랫동안 못 만났습니다. 우리 쐬주나 한 잔

• • •

385 시서예악(詩書禮樂) 등을 의미한다.
386 인덕을 쌓다. '輔'는 원래 수레바퀴살의 힘을 돕는 나무라는 뜻에서 '돕다, 바르게 하
다' 등의 뜻으로 쓰인다. 동사. 대만의 대학 중에는 '輔仁大學'이라는 유명한 사립대학
교도 있다.

합시다." 만남의 동기나 목적을 숨겼는지는 모르지만, 우리들은 만남에 있어 그 매개체를 술로 하는 경우가 적지 않다. 또 어떤 이들은 등산으로, 테니스로, 축구로, 골프로 친구를 맺기도 한다.

증자는 '문장(文)'으로 만난다고 한다. 왜 문장으로 만나야 하나? 문장(/글)은 그 안에 다양한 내용들을 포함한다. 글은 특히 글쓴이의 사상을 잘 드러내는 도구이다. 따라서 글을 통해서 상대방의 뜻을 이해하고, 서로 뜻이 맞으면 좋은 친구가 될 수 있다. 이렇게 의기투합하면 피차 깊은 인격적 교류가 일어나게 된다. 이러한 친구 사이의 우정은 생명도 주고받을 만큼 큰 사랑이다. 성경에서 다윗과 요나단의 우정이 그러하다. 요나단은 다윗이 골리앗을 쓰러뜨렸을 때, 그의 무용과 신앙에 감동되어 그를 영원한 벗으로 받아들이고, 생사를 같이할 것을 맹세했다. "다윗에 대한 요나단의 사랑이 그를 다시 맹세하게 하였으니 이는 자기 생명을 사랑함 같이 그를 사랑함이었더라. 삼상 20:17" 생명을 걸만큼 진한 우정이 있는 사람은 멋진 사람이다.

또한, 글은 시공을 초월하여 존재하는 특징이 있다. 말은 나중에 잡아떼면 그만이라는 잘못된 생각을 가진 사람이 많다. 그렇지 않아도 세월이 오래 지나거나 장소가 바뀌면, 그 의미가 반감된다. 또 말은 내용이 첨삭되어 오해를 불러일으킬 수도 있다. 그러나 글은 오래 남는다. 그 글 속에 있는 의미가 오래 가기 때문이다. 또 '글로써 친구를 만난다.'는 뜻 속에는 시공을 초월한 친구와의 만남도 있다. 오늘 우리가 『논어』를 읽고 그 속에 있는 의미를 캐내어 교훈으로 새기는 것 역시 이에 속한다. 오늘 우리는 2500여 년 전의 공자와 글로써 만난다.

친구와의 인격적인 사귐을 통해 서로 인덕을 쌓는 사람이 멋지다.


## o 멋진 모습을 인정하라

<br>

# 昔者吾友

멋진 우정을 위해서 친구를 어떻게 대하여야 할까?
증자는 친구의 뜻을 기리고 칭찬하는 태도를 보인다.
다음은 증자(曾子)가 친구 안회(顔回)를 추억하는 말이다.

<br>

증자가 말했다. "재능이 많으면서도 재능이 없는 사람에게 물으며, (학식을) 많이 갖추고 있으면서도 없는 것처럼 하며, (자신의 학문이) 많아도 비어 있는 것처럼 하며, (타인이 자기에게) 잘못을 범하여도 따지지 않는다. 옛적에 내 친구 안연이 일찍이 이렇게 했다."

**曾子曰** "以能問於不能, 以多問於寡 ; 有若無, 實若虛, 犯[387]而不校[388]. 昔者吾友嘗從事於斯[389]矣." 「太伯」 5

**증자왈** "이능문어불능, 이다문어과 ; 유약무, 실약허, 범이불교. 석자 오우상종사어사의."

---

• • •

387 (다른 사람이 안회에게 잘못을) 범하다.
388 따지다(計較)
389 대명사. 앞에서 제기한 다섯 가지의 덕행을 말한다.

증자는 친구 안회의 덕행을 인정하며 낱낱이 기린다.

증자의 말을 빌어볼 때, 안회의 덕성은 정말 대단하다. 그는 재능을 갖추고 있었지만 자신의 재능에 자부하지 않는다. 많은 학식을 갖추고 있었지만 자신의 학식에 자만하지 않는다. 다른 사람이 비록 재능이 부족하고 학식이 부족하다 해도, 그 사람을 무능하고 무지한 사람으로 보지 않는 겸허한 마음을 가진 사람이다. 그는 남의 잘못에 대해 트집을 잡아 위협하거나 쩨쩨하게 따지지도 않는다.

세상의 경험적인 지식도 결코 만만하지 않다. 그러나 자신의 재능과 학식에 자만할 때 그 인생은 퇴보하게 된다. 안회는 이점에 대하여 분명한 자각이 있는 사람이다. 또 타인이 자신에게 잘못을 범해도 꼬치꼬치 따지지 않는 그의 모습이다. 이는 공자가 말한 바, "세 명이 함께 길을 가면 그 가운데 반드시 본받을 만한 스승이 있다. 그의 좋은 점을 선택하여 따르고, 그의 결점은 바르게 고친다(三人行, 必有我師焉 : 擇其善者而從之, 其不善者而改之. 삼인행, 필유아사언 : 택기선자이종지, 기불선자이개지. 述而 22.)"는 가르침을 온전하게 소화한 모습이다. 안회는 그에게 잘못을 범하는 사람까지 포용하고, 그로부터 반면교사적인 교훈을 배울 수 있는 너그러운 마음을 가진 사람이다.

그러나 '우정('友道')의 관점에서 빛나는 것은 이러한 친구의 멋진 면을 기리고 칭찬하는 증자의 모습이다. 안회는 애석하게도 젊은 나이에 이미 죽었기에 '석자오우(昔者吾友 : 옛날의 내친구)'라고 표현된다. 증자는 안연이야말로 앞에서 제시한 여러 가지의 덕성을 절실하게 실천한 사람이라고 확신한다. '옛날 내 친구'라는 말에 멋진 친구 안회에 대한 정감이 묻어난다. 그 그리움은 도덕 가치에 대한 공유로써 더욱 절실하다. 안연이 죽고 많은 세월이 흘렀지만, 증자 자신의 말을 통해 보듯 안회를 못 잊는 진정한 원인은 그의 순수한 덕행 때문이다. 안연은 비록 죽었지만, 증자는 자신의 도덕가치 실현의 길에서 항상 친구 안연의 존재를 느꼈을 것이다. 증자에게 있어서 안연은 덕행실천의 전형(典型)으로 자리 잡아 격려해 주는 힘이 되었을 것이다. 증자는 이러한 우정의 힘을 입고 안연에게 부끄럽지 않은 친구가 되기 위해 더욱 분발할 수 있었을 것이다. 이것이 우정의 힘이고 가치이다.

친구의 멋진 모습을 인정하고 기려주는 사람이 멋지다.

## ○ 친구를 공경하라

# 久而敬之

멋진 우정을 위해서 친구를 어떻게 대하여야 할까?
공자는 친구의 인격을 공경하라고 한다.

공자께서 말씀하셨다. "안평중은 남과 잘 사귀는구나! 오래되어도 (사람들이) 그를 공경하는 구나!"

**子曰** "晏平仲<sup>390</sup>善與人交, 久而敬之." 「公冶長」17
**자왈** "안평중선여인교, 구이경지."

공자는 안평중이라는 사람과 그의 친구들 간의 사귐에 대해 말한다. 그 속에는 남과 잘 사귀며, 또 오랫동안 우의를 지속할 수 있는 비결이 있다. 안평중이라는 사람은 한마디로 친구를 늘 공경하는 멋진 사람이다. 그와 사귀는 사람들도 늘 그를 공경한다.

사람들의 사귐은 대개 기질의 의기투합으로 이루어진다. 이른바 배짱이 서로 통할 때 교류가 시작된다. 이러한 우의(友誼)의 근거는 바로 서로간의 '호감'이다. 이처럼 무엇인지는 모르지만 왠지 모르게 끌리는 감정은 교제의 출발점이 될 수 있다. 그러나 '호감'에는 아직 상호 간의 존중과 사랑의 정감이 포함되어 있지 않다. 무엇보다도 우정의 핵심이 되는 신뢰감이 아직 형성되지 않았다. 또 호감이라는 감정은 오래 가지 않을 수도 있다. 우리의 삶은 흐르는 물처럼 계속하여 변화하기 때문이다. 삶의 현장에서 오늘은 너와 서로 의기투합하였지만 내일은 또 다른 사람과 의기투합할 수도 있는 것이다. 때문에 호감이라는 감정에 기초한 의기투합만으로는 우정의 지속성을 보장할 수 없다.[391]

또, 안평중의 교류처럼 친구들끼리 서로 늘 공경해야 한다. 처음에는 예의를 지키다가 좀 친해지면 함부로 하는 사람들이 있다. 두 번 만나면 말을 까는 식이다. 공자는 이런 식으로는 인격적인 우정을 오래 지속하기 어렵다고 한다. '가까울수록 예의를 지키라.'는 말이 있다. 친한 것과

● ● ●

390 제나라의 대부. 이름은 영(嬰)이고, 자(字)는 중(仲)이며, 시호는 평(平)이다. 제나라 경공(景公) 때에 재상을 역임했다. 근검절약을 몸소 실천하였고, 언행에 근신하여 명재상으로 이름을 남겼다.

391 '호감'은 중요하다. 그러나 심리학적 관점에서 '호감'을 지나치게 강조하는 것은 우리의 시야를 '현상'에 지나치게 쏠리게 하는 것이기에 바람직하지 않은 면이 있다. 겉으로 호감을 사놓고(巧言令色 교언영색) 뒤에서 뒤통수를 치는 경우도 있기 때문이다.

함부로 하는 것은 엄연히 다르다.

친구 간의 진정한 우정의 도('友道')는 무엇인가? 증자(曾子)는 "군자는 문장과 학식으로 친구를 만나고, 친구의 도움에 의거하여 자기의 인덕을 쌓는다(君子以文會友, 以友輔仁. 군자이문회우, 이우보인. 顏淵 24)."라고 한다. 증자의 말처럼 피차 수양된 마음으로 서로 격려하고, 어진 마음으로 서로 사랑할 때 우정이 피어난다. 이처럼 서로 간의 존경을 근본으로 한 우정은 주체적인 것이기 때문에 긴 생명력을 가진다. 이는 호감의 정서처럼 생겼다가 바로 소멸될지도 모르는 가변적인 것이 아니라 변함없이 오랫동안 지속되는 것이다.[392]

친구의 인격을 늘 존중하는 사람이 멋지다.


## ○ 넓게 사귀어라

四海之內皆兄弟

친구를 사귐에 있어 그 범위는 어떻게 정해야 하나?
공자의 제자 자하는 시공(時空)을 초월한 폭넓은 사귐에 대해 말한다.


사마우가 근심에 싸여 말했다. "세상 사람들은 모두 형제가 있는데, 나만 홀로 없구나!" 자하가 말했다. "나는 이렇게 들었소. '살고 죽는 것은 운명이 결정하는 것이요, 부귀는 하늘이 조종하는 것이다.' 군자

• • •
392 현대중국어에서는 좋은 친구를 '老朋友'라고 한다.

는 공경스러워 허물이 없고, 남들과 더불어 공손하며 예의가 있기에 온 세상 (사람들이) 모두 형제입니다. 군자가 어찌 형제가 없는 것을 근심하는지요?"

司馬牛憂曰(사마우왈) : "人皆有兄弟, 我獨亡! (인개유형제, 아독망!)"

**子夏曰** "商393聞之矣 : 死生有命, 富貴在天. **君子敬而無失, 與人恭而有禮. 四海之內皆兄弟也**, 君子何患乎無兄弟也?"「顏淵」5

**자하왈** "상문지의 : 사생유명, 부귀재천. 군자경이무실, 여인공이유례. **사해지내개형제야**, 군자하환호무형제야?"


"온 세상 사람들은 모두 형제(四海之內皆兄弟)"라는 명구를 탄생시킨 구절이다. 이 말은 국제적인 교류를 할 때, 현대중국어에서도 자주 사용하는 말이다.

지금은 지구촌 시대이다. 인간은 시간적으로 공간적으로 과거처럼 그렇게 큰 제한을 받지 않는다. IT산업의 발달로 지구 반대편에 있는 사람과 실시간으로 얼굴을 맞대고 이야기 할 수도 있다.

자하는 온 세상을 상대로 형제처럼 친한 친구를 사귀는 비결을 말한다.

먼저 스스로를 멋진 인격체로 갈고닦으라는 것이다. 그의 말대로 "공경스러워 허물이 없고, 남들과 더불어 공손하며 예의가 있다."면 온 세상을 상대로 친구를 사귈 수 있다. 또 하나의 비결은 친구가 되고 싶은

• • •
393 자하의 이름

사람을 향해 적극적으로 한 발짝 나가야 한다. 즉 내가 먼저 그의 친구가 되어 주어야 한다.

필자는 1991년 여름 한중수교 전에 북경을 방문하여 6주 정도 묵을 기회가 있었는데, 그때 사귄 두 명의 친구들과 1년에 한 번 정도는 꼭 만나는 친밀한 우정관계를 유지하고 있다. 그때 필자는 강사이자 박사과정 학생이었고, 마침 박사논문을 집필 중이었기에 도움을 받을 요량으로 먼저 찾아 나섰던 기억이 있다. 당시 그들도 모두 북경사범대학 대학원 석사과정 학생들이었다. 지금은 벌써 20년도 넘는 세월이 흘러 나도 교단에 섰고, 그들 중 한 명은 북경대학의 교수가 되었으며, 한 명은 외국합작회사의 간부로 활동하고 있다. 나의 필요에 의해 찾은 사람들이고, 나이도 대여섯 살씩 어리지만 우리는 이제 좋은 친구('老朋友')가 되었다. "누군가를 내편으로 만들려면 먼저 나 자신이 그의 진실한 친구가 되어야 합니다."[394] 에브라함 링컨이 말하는 '친구 만들기'의 비결에 동감한다.

전 세계를 대상으로 친구를 사귀는 사람이 멋지다.

· · ·

394 존 홈스 · 카린 바지, 김성웅 옮김(2006:26)

## ○ 친구라면 충고하고 끝까지 도와라

忠告而善道之

친구가 잘못된 길로 나갈 때 어떻게 하는 것이 좋을까?
공자는 충고하여 선도하라고 말한다.

자공이 공자에게 어떻게 친구를 대하여야 하는지를 물었다. 공자가 말씀하셨다. "간절한 마음으로 그(친구)에게 말하여 잘 선도하고, (그 친구가) 잘 받아들이지 않거든 그만두어 (네 스스로) 욕먹지 않도록 하라."

子貢問友(자공문우).

子曰 "忠告[395]而善道[396]之, 不可則止, 毋自辱焉."「顔淵」23

자왈 "충고이선도지, 불가즉지, 무자욕언."

공자는 친구에게 '충고'하여 '선도(善導)'하라고 말한다.

친구에게 허물이 있으면 반드시 진심을 다해 이야기해서 고칠 수 있도록 도와주어야 한다. 성경도 말한다. "한 마디 말로 친구에게 충고하는 것이 매 백대로 미련한 자를 때리는 것보다 더욱 깊이 박히느니라. 잠언 17:10" 친구의 충고는 이렇게 따끔하게 깊이 박히는 것이다. 또 "친구의 아픈 책망은 충직으로 말미암는 것이나 원수의 잦은 입맞춤은 거짓에서

395 진심을 다한 간절한 마음으로 말하다.
396 '道'는 동사로 '導'와 같다. 친구를 올바른 '의(義)'로써 이끄는 것을 말한다.

난 것이니라. 잠언27:6" 그러므로 친구라면 간절한 마음으로, 때로는 아픈 마음으로 충고해서 선도해야 한다. 친구의 잘못을 보고, '저런 놈은 친구도 아냐!' 하면서 홱 돌아서는 사람도 있다. 아니 대부분의 우정이 이런 현실이다. 참 얄팍한 우정이다. 처음부터 시작되지 않았으면 좋을 얄궂은 우정이다. 결코 진실한 우정이 아니다. 그럴 바에야 친구가 왜 필요하단 말인가? '우정'이란 고상한 인간관계 말고 그저 싸우고 먹고 먹히는 야차(夜叉)[397]처럼 살면 그만인 것을! 삶이 각박하면 각박할수록 멋진 우정이 그리운 세태(世態)이다.

한편, 공자는 충고함에 있어서의 조건을 제시한다. "잘 받아들이지 않거든 그만두라"는 것이다. 즉 친구의 충고나 권면의 행위가 지나쳐서는 곤란하다는 것이다. 친구의 인격도 생각해서 권면해야 한다. 결국 받아들고 안 받아들이고는 친구에게 달려 있는 것이다. 친구의 인격까지 무시하고 억지로 뜯어고치려 하다가는 욕을 당하고 친구까지 잃을 수도 있다.

친구에게 간절한 마음으로 충고하여 선도해 주는 사람이 멋지다.

또, 우정에 있어 친구 간의 도움은 필수적이다. 이때 끝까지 도와야 한다. 공자는 친구가 죽자 그를 위해 장사를 지내준다.

공자의 친구가 죽었으나 아무도 그를 장사지내주는 사람이 없었다. 공자가 말씀하셨다. "내가 장사지내주어야겠다."

• • •
397 불교에서 말하는 'yaksa', 형상이 잔인·혹독한 귀신으로 번뇌의 상징이다.

朋友死, 無所歸.(붕우사, 무소귀.)

■日■ "於<sup>398</sup>我殯<sup>399</sup>." 「鄕黨」22

■(자)왈■ "어아빈."


    인생은 한 번 태어났으면, 한 번은 죽어야 하는 존재이다. 친구든 가족이든 우리는 모두 죽어 헤어질 때가 있다. 그런데 죽은 친구를 위해 장사지내줄 사람이 없을 때, 공자는 손수 나서서 그를 위해 장사를 지내주었다. 이는 최후까지 최선을 다하는 도움이다.

    친구를 장사지내는 마음이야 아프겠지만, 그 행위는 멋진 우정의 모습이다. 우정은 한 순간, 특히 좋은 일이 있을 때만 유효한 것이 아니다. 비록 한 친구는 죽었다고 해도 두 인격체 사이에 쌓인 의리와 정은 나머지 한 친구가 하늘나라에 가는 날까지 남는 것이다.

    친구의 어려움을 끝까지 도와주는 사람이 멋지다.


• • •

398 현대중국어에서 행위의 주체자를 표시하는 전치사 '由'와 기능이 같다.
399 매장하다. 장사지내다. 동사

※ 다음 내용을 논어에서 찾아 써보자.

1. 친구를 믿노라.

2. 어진 친구를 많이 사귀는 것을 즐거워하라.

3. 온 세상 사람들이 모두 나의 형제들이다.

4. 친구와의 사귐으로 인덕을 두텁게 하라.

5. 충고하여 선도하라.


※ 다음 우정과 관련된 논어 구절을 해석해 보자.

1. 以友輔仁 :

2. 無友不如己者 :

3. 友其士之仁者 :

4. 與朋友交而不信乎 :


※ 자신의 친구 중 익자삼우(益者三友)에 해당하는 친구를 적어보자.

1. 정직한 친구 :

2. 믿음직한 친구 :

3. 지혜가 많은 친구 :

# 제 5 장

# 일상의 즐거움과 부귀빈천

멋진 사람의 일상은 어떠한가?

안빈낙도(安貧樂道)란?

시를 읽는 즐거움이란?

누가 진정한 부자이고, 누가 어쩔 수 없는 가난뱅이인가?

이 장에서는 '멋진 사람'들이 가져야 할 일상의 즐거움과 부귀빈천의 문제에 대하여 생각해 본다.

멋진 사람의 일상은 절제로써 그 멋짐이 드러난다. 멋진 사람은 음식이나 의복보다 학문과 자기수양에 더 비중을 둔다. 그는 거친 음식과 허름한 옷을 창피하게 생각하지 않는다.

안빈낙도하는 삶은 하늘이 내린 복을 '즐기는 삶'이다. 그는 자기절제와 다른 사람을 칭찬하는 일과 멋진 친구를 사귀는 일로 즐거워한다. 그는 부적절한 방법으로 획득한 부귀를 뜬구름처럼 여긴다. 그는 현실을 직시한다. 그는 열심히 일한다.

멋진 사람은 시를 읽는다. 시를 읽는 마음은 착한 마음이다. 시에는 사람의 마음을 순화(馴化)시키는 힘이 있다. 시는 현실에 적용되는 힘이 있다.

진정한 부자는 누구인가. 그는 온 세상을 무대로 사람을 얻는다. 그러나 가난뱅이는 어떠한가. 그는 소유해도 만족할 줄 모르며, 그의 입에는 그림자처럼 원망이 따른다.

우리 삶의 현장에서 진정 멋진 사람의 상을 구체적으로 새겨보자.

제 1 절

# 음식과 의복

❀❀❀❀❀❀❀❀❀❀❀

## ㅇ 적당히 먹어라

---

### 君子食無求飽

인생의 여러 즐거움 가운데 먹는 즐거움도 빼놓을 수 없다.
어떤 식생활이 멋진가?
공자는 적당히 먹으라고 말한다.

---

공자가 말씀하셨다. "군자는 먹는 것에 있어 배부름을 구하지 않고, 거처함에 있어 안일함을 구하지 않으며, 일을 처리함에 근면하고 민첩하며, 말을 함에 있어 삼가 조심하며, 도덕이 있는 사람을 가까이하여 자신의 허물을 바로잡아야 한다. 이렇게 하는 사람을 학문을 좋아하는 사람이라 하겠다."

子曰 "君子食[400]無求飽, 居[401]無求安, 敏[402]於事而愼於言, 就[403]有道[404]而正焉, 可謂好[405]學也已[406]." 「學而」14

자왈 "군자사무구포, 거무구안, 민어사이신어언, 취유도이정언, 가위호학야이."

공자는 '학문을 좋아하는 자'의 행위가 어떠해야 하는지에 대하여 말한다. 그중의 하나가 "식무구포(食無求飽 : 과식하지 마라)"이다. 배불리 먹는 것이 도덕수양에 방해가 되기 때문이다. 멋진 사람은 배움을 좋아하기 때문에 안일함을 원치 않는다. 근면하고 부지런하다. 말을 조심하며, 인덕이 있는 사람들과 가까이 교류한다. 이러한 사귐을 통하여 자신의 허물도 바로잡는다. 이런 멋진 사람이 가장 기본적으로 조심하는 것이 바로 배터지게 먹는 것을 자제한다는 점이다. 사람이 배부르고 등 따시면 헛생각을 하기 때문인지도 모른다. 위의 말들을 거꾸로 해석해 보면 '배불리 먹는 삶'이 얼마나 천박한지 금세 깨닫게 된다. 뒤집어 한 번 해석해보자. "천박한 사람은 배터지게 먹고, 뒹굴뒹굴 생활하며, 일은 느릿느릿 처리하며, 말은 입에서 나오는 대로 하며, 허물이 있어도 고칠 생각이 없다. 공부는 별로 하고 싶지도 않다." 배터지게 먹는 삶에 대한 경종이다.

또, 사람이 왜 과식을 피해야 하는가?

사람이 과식을 하는 것은 건강에 해롭기 때문이다. 웃음의 건강학을 펼치던 황수관 박사[407]에 의하면, 과식할 때 인체에는 활성산소가 생겨 노화를 촉진시키고, 암의 발생률을 높인다고 한다. 즉 실험용 쥐에게 먹

• • •

400 '食', 음은 '사', 뜻은 '밥, 먹을 것', 명사적으로 해석해야 한다.
401 '居'는 명사적으로 해석해야 한다.
402 근면하고 민첩하다.
403 동사로 '친근히 하다, 가까이하다'의 뜻
404 명사로 '도덕이 있는 사람'을 뜻한다.
405 좋아하다. 동사.
406 어투를 표시하는 조사, '矣'와 통한다.
407 CTS(기독교 텔레비전), 2006. 09. 29 방송 내용. 그는 2013년에 작고했다.

이를 조금씩 부족하게 준 결과 쥐의 30% 정도가 수명이 늘었다는 것이다. 그는 과식을 피할 수 있는 방법 몇 가지를 제시한다. 첫째, "세 끼를 다 챙겨 먹어라." 이는 폭식을 막는 방법이다. 둘째, "음식을 골고루 섭취하라." 식물성 음식이 우리 몸에 좋다하나 육류도 우리 몸에 꼭 필요한 성분이므로 반드시 섭취해야 한다. 셋째, "천천히 씹어라." 인간의 뇌는 음식물을 섭취한 후 약 20분 후에나 '배가 부르니 그만 먹으라'는 명령을 하달한다. 따라서 천천히 씹는 것은 '그만 먹어라'는 명령이 하달되기 전에 많이 먹는 것을 피하기 위한 방법이다. 넷째, "섬유질을 많이 섭취하라." 섬유질은 수분을 유지함으로써 변비에 좋으며, 몸속의 좋지 않은 성분을 흡수하여 배출시키는 작용도 한다. 이외에도 혈압과 관련이 있는 짜고, 맵고, 뜨거운 음식을 피하라. 과음을 피하라. 과로를 피하라. 과욕을 피하라는 등등 건강과 관련된 내용이다. 그 가운데 공통적인 요소가 있다면 '넘치는 것(過)'을 조심해야 한다는 것이다.

먹는 것은 인간의 가장 기본적인 욕구라서 절제하기 어렵다. 나는 특히 식탐이 많지는 않다고 생각한다. 그러나 문제가 하나 있다. 그것은 하루에 네 끼를 먹는 것이다. 특히 밤늦게까지 일을 하다 보면 밤 12시에서 1시 사이에 무엇인가 먹지 않으면 안 되는 것처럼 굳어졌다. 직장에서 오후 5시쯤에 저녁을 먹어, 12시쯤이면 이미 7시간 이상 지났으므로 몹시 배고프다. 이러한 상황을 잘 아는 나의 친구는 일찍 잠자리에 드는 것이 해결책이라고 한다. 참 좋은 방법이다. 그러나 일이 많다는 핑계로 실행할 수 없다는 것이 문제이다. 이 야식(夜食) 문제는 단순히 먹는 문제에만 해당된 것이 아니라 나의 일, 그리고 그 추진방식과 관련이 있다. 야행성으로 밤늦게까지 무슨 일을 하다 보니 배가 고픈 것이다. 이제 야식의 문제는 나에게 있어 더 이상 방치할 수 없는 문제가 되었다. 요즈음 나날이 다달이 상승하던 몸무게는 겨우 하강 곡선을 긋기 시작했지만 여전히 비만이다. 친구의 말대로 생활의 사이클을 2−3시간 정도 앞으로 이동시켜야겠다.

적당히 먹는 식습관을 가진 사람이 멋지다.

## ○ 무엇을 어떻게 먹을까

不及亂

어떤 식생활이 멋진가?
공자는 조화로운 식습관을 말한다.

(밥을 짓는) 곡식은 정교하게 찧으면 찧을수록 좋고, 회는 얇게 뜨면 뜰수록 좋다. 음식물을 오래 두어 맛이 변했거나, 생선이나 고기가 부패했으면 안 먹는다. 음식물의 색깔이 변했으면 안 먹는다. 냄새가 변하여 역한 내가 나면 안 먹는다. 요리법이 맞지 않으면 안 먹는다. **삼시세끼 제 때가(/음식물이 제철이) 아니면 안 먹는다.** 칼로 썬 것이 바르지 않으면 안 먹는다. 음식에 맞는 장이 없으면 안 먹는다. 고기가 비록 많더라도 곡류보다 더 많이 먹지 않는다. **다만 술 마시는 것은 양의 제한을 두지 않으나 술에 취해 어지러움에 이르지 않게 한다.** 시장에서 사온 술과 포는 먹지 않는다. 생강을 먹는 것을 거두지 않으나 많이 먹지는 않는다.

食不厭$^{408}$精, 膾$^{409}$不厭細. 食饐$^{410}$而餲$^{411}$, 魚餒$^{412}$而肉敗, 不食. 色惡, 不食. 臭惡, 不食. 失飪$^{413}$, 不食. **不時$^{414}$, 不食**. 割不正, 不食. 不得其醬$^{415}$, 不食. 肉雖多, 不使勝$^{416}$食氣$^{417}$. **唯$^{418}$酒無量, 不及亂$^{419}$**. 沽$^{420}$酒市$^{421}$脯$^{422}$不食. 不撤$^{423}$薑$^{424}$食, 不多食. 「鄕黨」8

사불염정, 회불염세. 사의이애, 어뇌이육패, 불식. 색악, 불식. 취악, 불식. 실임, 불식. **불시, 불식**. 할불정, 불식. 불득기장, 불식. 육수다, 불사승식기. **유주무량, 불급란**. 고주시포불식. 불철강식, 불다식.


공자는 식생활에 있어 아주 세심하고 까다롭기까지 하다. 식료의 선택에 있어서의 요구 사항, 음식을 안 먹어야 할 경우, 금기사항, 절제 사항 등등 적지 않은 제약조건이 있다. 그는 좋은 음식, 나쁜 음식에 대해

● ● ●

408 싫어하다. '不厭'을 묶어서 '좋아하다'로 해석하였다.
409 아주 얇게 썬 물고기나 고기
410 (음식물이 시간이 오래 지나) 쉬다, 썩다.
411 (음식물이 시간이 오래 지나) 맛이 변하다. 쉬다.
412 (물고기가) 썩다.
413 요리(하다). 특히 익혀서 요리하는 것을 이른다.
414 하루에 세 번 먹는 때를 말하는 경우와 곡식이나 과일이 제철인 때를 의미하는 두 해석이 있다.
415 된장 류
416 더 많다. 더 많게 하다.
417 곡(식)류
418 다만, 단지
419 '술에 취해 어지럽게 됨'을 말한다.
420 사다. 동사
421 사다. 동사
422 익히고 저미어 말린 고기, 포
423 (상을)물리다. 치우다.
424 생강. 생강은 신명(神明)을 통하고 더러움과 악취를 제거한다고 한다.

세세하게 말하고 어떻게 먹을 것인지 등을 자세히 말한다. 공자는 상당한 미식가였던 것 같다.

건강한 육체에 건강한 정신이 깃든다는 말이 있다. 신선한 음식을 맛있게 먹고 건강을 유지하며 인덕을 함양한다는 관점에서 이해가 간다. 공자의 음식섭취와 관련된 말 중에는 음주로 세계 1위라는 한국인의 눈을 번쩍 뜨게 하는 구절도 있다. 술 이야기이다. 공자는 "술을 마시기는 마시되 정신이 혼미하지 않을 정도로 마시라."고 한다. 어떤 사람은 알콜 분해 능력이 없어 한 잔을 마셔도 정신이 어지럽지만, 또 어떤 사람은 말술을 먹어도 멀쩡하다. 그래서 공자는 술의 양보다도 술을 마시고 난 후의 정신 상태를 중시한 것 같다. 우리 속어에도 "술에는 장사가 없다."라는 말이 있다. 술 마시고 제정신 차리는 사람이 드물다는 말이다. '술 취함'은 동서고금을 막론하고 조심해야할 일이다. 성경 잠언은 "포도주는 거만하게 하는 것이요, 독주는 떠들게 하는 것이라. 이에 미혹되는 자마다 지혜가 없느니라. 잠언 20:1"라고 한다.[425] 나는 자주 술을 마시지는 않지만 일단 마시기 시작하면 취할 때까지 마시고 싶어 하는 기질이 있다. 이제 지천명의 나이이다. 나의 인생을 음주문제로 망가지게 할 수는 없다.

공자의 음식섭취와 관련된 말을 보며, 중국인들의 음식문화에 대해 생각해본다. 사실 중국 사람들은 '의식주(衣食住)'가 아니라 '식의주(食衣住)'라고 순서를 바꿀 정도로 먹는 문제를 중시한다. 이는 전통적으로 "백성은 먹는 것으로써 하늘을 삼는다(民以食爲天 민이식위천.)"는 사상과

• • •

425 술취함의 해악에 관한 성경의 가르침은 잠언 23:29-35에 자세히 기재되어 있다.

도 연관이 있다. 일반 백성이 하늘처럼 중시하는 것은 먹는 문제라는 것이다. 중국인들이 먹는 것을 중시하는 사상은 음식문화에 영향을 주었다. 중국요리는 같은 이름의 요리라도 만드는 재료와 방법에 따라 다양한 맛이 존재한다. 중국요리의 재료선택과 만드는 방법, 조미료의 선택 등에 있어 특징적인 점 몇 가지를 살펴본다.[426]

첫째, 재료의 선택이 매우 엄격하고('選料嚴格') 광범위하다. 산에서 나는 재료, 동물, 조류, 식물을 비롯해 뱀, 전갈까지 자주 이용되는 재료는 3천 가지가 넘는다. 동물에서도 고기, 내장, 아킬레스건, 껍질(돼지), 피(돼지, 닭), 귀(돼지), 뿔(사슴) 등 낭비 없이 이용한다. 또한 국토가 넓어서 보존성과 운송이 편리한 건조품도 발달했다. 이런 다양한 재료 때문에 요리에 적합한 재료를 선택하고 조합하는 것이 중요하다.

둘째, 썰기가 정교하고 세밀하다('刀工精細'). 주로 큰 중화칼로 처리하지만 써는 방법이 다양하고 장식 썰기, 조각하기 등의 특징이 있다. 잘게 써는 것은 조미료가 묻기 쉽게 하고, 익히기 쉽고, 먹기 쉽게 하기 위해서이다. 또한 나비나 꽃 등의 모양으로 조각하거나 칼집을 넣는 것은 예술적 시각효과뿐 아니라 국물이나 조미료가 접할 수 있는 면을 증가시키기 위해서이다.

셋째, 조미료를 통한 맛내기를 추구한다('調味講究'). 달(甛)고, 시(酸)고, 쓰(苦)고, 맵(辣)고, 짠(鹹) 오미(五味)를 기본으로 이것을 조합하여 복잡한 맛에 향(香)이 더해져 다양한 맛을 낸다. 따라서 조미료의 종류가 많고 단독으로 사용하기보다는 대부분 여러 가지의 조미료를 조합한다.

• • •

426 http://www. cccseoul. org/ 주한중국문화원 웹사이트 참고

조미료를 어떤 순서로 사용하느냐에 따라 다른 색과 맛이 나온다.

넷째, 불의 세기에 주의한다(注重火候). 한 번만 익히는 것은 적고, 열탕에 데치거나 미리 익히거나 기름에 데치는 등 밑 조리를 하고 나서 마무리 조리를 하는 경우가 많다.

특히 공자가 말하는 "썬 것이 바르지 않으면 안 먹는다."는 내용은 오늘날 임신한 여성들이 태교를 위해 바르고 잘생긴(/바른) 음식만 골라 먹는 현상을 떠오르게 한다. 오늘날 산동요리(魯菜)는 공자 가문의 요리법을 기초로 발전했다는 것이 정설이다.

---

## 食不語

어떤 식사 예절이 멋진가?
공자는 음식을 먹을 때 식탁에서 말을 많이 하지 말라 한다.

---

(공자는) 식사 때 말씀을 하지 않으셨고, 주무실 때도 조용히 하셨다.
食不語, 寢不言. 「鄕黨」10
식불어, 침불언.


공자가 말하는 식사예절은 오늘날에도 시사하는 바가 있다. 음식을 먹을 때 소란스럽게 이야기를 하다 보면 음식물이 튀어나오는 경우가 있다. 또 '쩝쩝 소리'를 너무 심하게 내는 사람과 같이 식사하는 것은 일종의 고역이다.

한편, 식탁에서 잔소리가 많다는 것도 문제이다. 소위 '밥상머리 교육'이라는 말도 있지만 자칫 잘못하면 큰 사단이 난다. '밥먹을 때는 개도 안 건드린다.'는 말이 있다. 특히 자녀에게 훈계할 때 밥상머리에서 하는 것은 조심할 필요가 있다. 중·고등학생의 경우 하루 종일 밤늦게까지 시달려 몸과 마음이 피곤한데 밥상머리에서조차 잔소리(자녀 입장에서)를 듣는다면 울컥하기 쉽다. 자녀의 인격과 상황이 고려된 식탁이 되어야 할 것이다.

올바른 식사예절을 가진 사람이 멋지다.


## ○ 하루 종일 먹기만 할 것인가

> # 飽食終日，無所用心
> 어떠한 식생활과 삶의 태도가 멋진가?
> 공자는 하루 종일 배불리 먹고 빈둥거리는 사람을 질책한다.

공자께서 말씀하셨다. "하루 종일 배불리 먹고, 아무 일에도 관심이 없는 사람이 있는데, 이런 사람을 어떻게 해보는 것은 참으로 어렵다. 바둑놀이도 있지 않은가? 바둑 두는 것이 아무 일도 안하는 것보다는 낫(/현명하)다."

子曰 "飽食終日, 無所用心, 難矣哉! 不有博弈[427]者乎? 爲之, 猶賢[428] 乎[429]已[430]." 「陽貨」 22

자왈 "포식종일, 무소용심, 난의재! 불유박혁자호? 위지, 유현호이."


공자는 아무 일도 안하고 빈둥거리는 삶을 경계한다. 찢어지게 가난하던 시절 배불리 먹고 빈둥거리는 것이 자랑거리처럼 들리던 때가 있다. 겨우 40-50년 전 이야기[431]라고 치부할지 모르지만 어쨌든 이제 시대가 변했다.

일하는 인생이 아름답다. 인간은 자신의 생존과 발전을 위해 일을 해야 한다. 특히 '하고 싶은 일'도 해야 하지만, '해야 할 일'을 해야 한다. 일을 한다는 것은 두 가지의 의미를 가진다. 하나는 일을 하여 밥을 먹음으로 생존이 가능하게 되고, 또 하나는 일을 함으로써 자신의 존재의미가 뚜렷해진다. 여기서 우리가 중시해야 할 것은 자신의 존재의미를 나타내는 '사명의 일'을 하는 것이다. 그 일이 얼마만한 가치 있는 일인가는 사람마다 다르며, 하늘에서 평가 받게 될 것이다.


• • •

427 고대의 바둑 놀이 중의 한 가지
428 낫다. 현명하다.
429 '~보다', 전치사
430 그치다. 여기서는 아무 일도 하지 않음을 이른다.
431 사실 우리나라는 짧은 기간 내에 많이 발전했다. 필자의 몇몇 중국인 친구들은 한국이 갑자기 발전했다고 말하곤 한다. 내가 볼 때 중국의 발전이 너무 빠르다고 생각하는데 말이다. 어쨌든 세계발전사적 입장에서 우리나라가 갑자기 성장한 것은 사실이다. 그러나 그 피해도 겪고 있고, 향후 얼마간 좀 더 심해질지도 모른다. 그러므로 우리는 전통의 아름다움 위해 새로운 문화를 세워 극복해나가야 한다. 자살율 최고, 교통사고율 최고 등등, 이건 근본적으로 우리민족이 원하는 게 아니기 때문이다.

노숙자들을 도와주는 단체에 관여하는 사람들의 이야기를 들어보면, 노숙자들 중에는 일정한 쉼터를 원하지 않는 경우가 있다고 한다. 그 원인인즉, 구속받기 싫다는 것이다. 혹시 '일하기 싫어하는 마음 때문은 아닌지?' 사회보장제도가 잘 완비된 나라에서 어린이와 노약자는 왕이다. 그러나 미국의 경우 일하지 않는 사람들에 대해서는 매우 냉정한 것 같다. 믿음의 사람 에이브라함 링컨은 말한다. "일하지 않고 먹기만 하는 인간을 조물주께서 지으셨다면, 왜 두 손을 만드셨겠습니까? 좋은 물건은 모두 노동을 통해서 만들어집니다. 그렇기 때문에 이런 소중한 물건을 생산해내는 사람들에게 이익이 돌아가는 것은 마땅한 일입니다. 역사가 시작된 이후로, 어떤 사람은 노동만하고 어떤 사람은 노동하지 않은 채 그 열매의 많은 몫을 차지하는 일이 이어져 왔습니다. 이것은 잘못된 일이며 이런 식으로 계속 흘러가서는 안 됩니다. 좋은 정부라면 실제 노동에 참여한 노동자 한 사람 한 사람이 자기 노동의 대가를 고스란히, 아니 그 흘린 땀에 합당한 대가를 받을 수 있도록 힘써야 합니다. 이것은 정말 고귀한 일입니다."[432]

밥만 죽이고 빈둥거리는 모습이 오죽 답답했으면 공자는 '바둑이라도 두라'고 했을까? 사실 바둑은 시간을 죽이는 데는 최고이다. 한 번 돌을 잡으면 해가 떨어지는 줄도 모르고, "도끼자루가 썩는지도 모른다."고 한다. 그만큼 사람으로 하여금 빠져들게 하는 마력이 있다. 바둑이라도 두는 것이 아무것도 안 하는 것보다 낫다는, 공자의 이 말은 역설적인 표현이다.

• • •

432 존 홈스 · 카린 바지, 김성웅 옮김(2006:52-54)

젊은 시절 촌음(寸陰)을 아껴 생산적인 일을 해야 할 때에 절제 없이 바둑을 두는(/어떤 중독성 게임에 빠진) 행위는 결코 바람직하지 않다. 사실 감각적 쾌락을 추구하는 일이나 시간을 죽이기 위한 소일거리는 진정한 의미에서 일이라 하기 어렵다. 이런 의미에서 우리는 또 '감각적으로 하고 싶은 일'과 '해야만 하는 일'로 구분할 필요가 있다. 반드시 해야만 할 일을 할 때 진정한 만족과 자유가 뒤따른다. 인생에게 주어진 100년도 안 되는 유한한 시간을 의미 없이 때우거나 죽이는 것은 진정한 의미에서 '일'이라 할 수 없다. 소위 시간 죽이기는 남에게 직접적인 피해를 주는 것이 아니기 때문에 괜찮은 것처럼 보이지만 사실은 자기 자신에 대한 범죄행위이다. 바둑이나 게임은 원숙한 인격으로 절제할 수 있는 경우와 직업적인 선택이 아니라면 너무 지나치게 빠질 일은 아니다.

밥만 먹고 빈둥거리는 사람들, 노숙하며 길거리를 헤매는 사람들에게 정작 필요한 것은 일을 하면 돈을 벌 수 있다는 믿음이다. '바둑이나 게임이라도 하라'고 하는 것은 소극적인 방법이다. 멋진 지도자는 이들에게 희망을 주어야 한다. 향락을 멀리하고, 근면한 분위기를 조성해야 한다.

"왕이 귀한 집안 출신이고, 대신들이 즐기기 위함이 아니라, 건강을 위해 먹는 나라여 복되도다. 게으르면 서까래가 내려앉고, 태만히 손을 놀리면 집이 샌다. 잔치는 즐거움을 위한 것이고, 포도주는 인생을 즐겁게 해주는 것이며, 돈은 모든 것을 해결해 준다. 마음으로 왕들을 저주하지 말고, 잠자리에서라도 부자들을 저주하지 마라. 왜냐하면 공중의 새가 네 말을 전하고, 날짐승들이 네 말을 전파할 것이기 때문이다. 전도서 10:16-20"

일을 함으로써 빚을 갚을 수 있다는 믿음, 재산을 모아 여태까지의 지굿지굿한 가난의 고통에서 벗어날 수 있다는 믿음을 심어주어야 한다. 건전한 부는 능력이며, 축복이라는 믿음을 심어주어야 한다. 이러한 바탕 위에서 얻어진 부는 떳떳한 부(富)이다. 그렇기에 가난한 사람들도 지도자나 부자들을 원망하지 않아야 한다. 원망의 마음은 자신들에게 아무런 도움이 되지 않는다. 오히려 어느 틈엔가 새어나가 결국은 해(害)가 된다.

과연 하루 종일 배불리 먹고 빈둥거리는 삶이 행복할까?


자신이 '해야 할 일(사명)'에 최선을 다하는 사람이 멋지다.


## ㅇ 허름한 옷이 창피하더냐

<br>

### 恥惡衣惡食者, 未足與議

선비의 옷차림은 어떠해야 하나?
공자는 허름한 옷을 창피해 하는 사람과는 말을 섞지 않겠다고 한다.


공자가 말씀하셨다. "선비가 만일 성현의 도에 뜻을 두었다면서 좋은 옷을 입지 않은 것과 좋은 음식을 먹지 않는 것을 창피하게 생각한다면, 이런 사람과는 더불어 도를 논할 수 없다."

**子曰** "士[433]志於道, 而恥惡衣惡食者, 未足與議也." 「里仁」9

**자왈** "사지어도, 이치악의악식자, 미족여의야."

공자는 좋은 의복과 좋은 음식을 추구하기보다 인륜도덕을 추구하는 데 힘을 쓰라고 말한다. 공자는 그러한 전형적인 인물로 요순(堯舜) 시대의 우(禹)임금을 예로 든다.

공자께서 말씀하셨다. "우임금에 대해 나는 트집을 잡을 것이 없다. 보잘 것 없는 음식을 먹으면서도 제사(귀신)에 정성을 다 했고, **나쁜 옷을 입으면서도 예복과 예관에 대해서는 아름다움을 다 했으며,** 허름한 궁궐에 살면서도 물길을 트는 데 힘을 다 했다. 우임금은 내가 트집을 잡을 것이 없다."

子曰 "禹, 吾無間[434]然矣. 菲[435]飮食而致孝乎鬼神, **惡衣服而致美乎黼冕[436]**, 卑宮室[437]而盡力乎溝洫[438]. 禹, 吾無間然矣."「泰伯」21

자왈 "우, 오무간연의. 비음식이치효귀신, **악의복이치미호보면,** 비궁실이진력호구혁. 우, 오무간연의."

공자는 비록 좋지 않은 의복을 입었지만 대규모의 치수(治水) 사업에 성공하여 백성들을 살기 좋게 다스린 우임금을 칭송한다. 결국, 어떤 옷을 입느냐보다도 어떤 기품을 가지고, 또, 어떤 일을 하느냐 하는 것이

· · ·

433 고대에 지위가 대부(大夫)와 서민(庶民)의 사이에 있던 중간 계층의 사람들을 이른다.
434 비난하다, 트집을 잡다.
435 엷다. 박하다. 보잘것없다. 형용사, 동사
436 보(黼)는 수를 놓은 고대의 예복, 면(冕)은 예관(禮冠)을 의미한다.
437 허름한 집, 허름한 궁궐
438 물길, 우임금의 치수(治水)를 말한다.

멋진 사람을 판단하는 기준이다.

옷은 음식과 더불어 우리 생활에 필수품이다. 현대사회에서 옷은 일정부분 사회적인 요구가 수용되어야 하는 면도 있다. '옷차림도 전략입니다!'라는 어느 광고 카피의 말 그대로 이제 패션은 하나의 메시지이다. 특히 정치인들에게 패션은 정치이념의 표현이자 선전도구이다. 이는 옷 하나로 국민들의 지지와 연대를 이끌어낼 수도 있고, 반대로 국민들의 지탄을 한 몸에 받을 수도 있기 때문이다.[439]

과거 냉전시대 중국의 국가 지도자들은 모두 중산복(中山服)[440] 또는 마오룩(maolook)이라 불리는 인민복(人民服)을 입었다. 이 옷은 주름이나 장식을 배제한 단순한 디자인으로 실용성을 강조하였으므로 남녀노소 누구나 입을 수 있으며, 특히 모든 인민이 평등하다는 의미를 담고 있어 공산당 간부들의 공식 의상이 됐다. 당시에 양복은 주자파(走資派)나 입는 것이었다. 이 중산복을 입은 마오쩌둥(毛澤東)이나 저우언라이(朱恩來)는 지금도 사진 속에서 쉽게 볼 수 있다. 그러나 중산복은 혁명 1세대인 덩샤오핑(鄧少平) 이후 거의 사라졌다. 개혁개방 이후 중국 지도자들의 의상은 세련된 양복차림으로 변했다.

정치인들은 스스로의 만족을 위해 옷을 고르는 것이 아닌, 다른 사람에게 보여주기 위해 의상을 선택하는 경우가 있다. 이는 상대방에게 강렬하게 메시지를 전달하기 위한 수단이다. 1998년 일본을 방문했던 장쩌민(江澤民) 당시 국가 주석은 일왕(日王)이 주재(主宰)한 만찬에 중산복

---

439 문화일보 2006. 01. 21 '세계 지도자들·옷으로 말한다.' 참고
440 중국의 국부(國父)로 불리는 중산(中山) 쑨원(孫文)이 고안하였다 하여 그의 호를 따서 이름이 지어졌다.

을 입고 나타나 화제를 뿌렸다. 당시 그의 의상 선택은 일본의 과거사 인식문제에 대한 강경한 항의 표시였다. 2005년 후진타오 주석이 북한을 방문했을 때, 김정일 북한 국방위원장은 인민복 패션으로 마중했다. 이는 '내 식대로'의 의지 표명으로 이해되었다. 반면 후진타오는 깔끔한 비즈니스맨풍의 정장양복(西裝)을 입었다. 이 복장은 김정일에게 보이는 국제사회로 편입하라는 메시지로 이해되었다. 이처럼 지도자들에게 패션은 단순히 '옷을 입는다'의 의미가 아니다. 그들의 패션은 정치활동의 연장선, 즉 정치 전략의 하나가 되었다.

그러나 잊지 말아야 할 것이 있다. 권력의 속성은 낡으면 버려야하는 옷 한 벌 같이 부질없다는 사실이다. "어느 날 비스마르크가 원수복장을 하고 길에 나갔는데 많은 사람들이 그를 알아보고 만세를 외치며 환호했다. 그런데 다음날 그가 허름한 복장을 하고 밖에 나갔더니 아무도 알아주지 않고 봐주는 사람도 없었다. 그래서 그는 다시 원수복장을 하고 나갔더니 많은 사람들이 가던 길을 멈추고 경례하며 예의를 표시했다. 그래서 그는 집에 돌아와 옷을 벗어 걸어 놓고는 "야, 네가 비스마르크냐, 내가 비스마르크냐?"라고 물었다."[441] 이것이 권력의 속성이다. 인간은 권력과 화려한 옷으로만 만족할 수 없는 또 다른 무엇인가를 추구하는 존재이다.

맛있는 음식, 좋은 옷을 입기 위해 힘쓰다 보면 그것을 얻기 위해 해야 할 일이 만만치 않다. 어떤 사람은 맛있는 음식, 정력에 좋다는 음식을 먹기 위해 국내의 원근각처를 돌아다닌다. 그 사람은 '금강산도 식후

• • •

441 프리셉트성경연구원(2003:48)

경'이라 한다. 또 어떤 사람은 좋은 옷을 구한답시고 해외까지 날아다닌
다. 그들은 '옷이 날개'라고 말한다. 그들이 먹고 입는 자체 비용의 조달
도 매우 큰 문제이지만 더 큰 문제가 있다. 그것은 일할 시간, 공부해야
할 시간, 자기의 인격 수양을 위해 투자해야 할 시간을 빼앗긴다는 점이
다. 먹고 입는 것에 마음을 빼앗길 때, 겉모양은 번지르르 하겠지만 속
사람은 영양실조에 걸린다.

감각적인 즐거움을 주는 의복이나 음식보다 자신이 '해야 할 일(사명)'
에 최선을 다하는 사람이 멋지다.

## o 비싼 옷을 입은 자는 보태주지 마라

# 君子周急不継富

어떤 옷차림이 멋진가?
비싼 옷을 입은 사람에게 관심을 가져야 하는가?
공자는 비싼 옷을 입은 사람에게는 재물을 보태주지 말라고 한다.

자화가 제나라의 사신으로 가게 되자, 염자가 (자화의) 모친을 위해 곡
식을 청했다. 공자께서 말씀하셨다. "그에게 1부를 주어라." 더 달라고 청
하였다. (공자께서) 말씀하셨다. "1유를 주어라." 염자가 그에게 곡식 5병
을 주었다. 공자께서 말씀하셨다. "적(자화)이 제나라에 갈 때 살진 말을
타고 가벼운 가죽옷을 입었더군. 내가 듣기로 '군자는 (가난하여) 다급한

사람은 도와주지만 부자에게 더 보태주지 않는다.'고 한다."

子華[442]使於齊, 冉子[443]爲其母請粟. (자화사우제, 염자위기모청속.)

子曰 "與之釜."

자왈 "여지부."

請益. (청익.)

曰 "與之庾."

(子)曰 "여지유."

冉子與之粟五秉. (염자여지속오병.)

子曰 "赤之适齊也, 乘肥馬, 衣輕裘. 吾聞之也 : '君子周急不継富'."

「雍也」4

자왈 "적지괄제야, 승비마, 의경구. 오문지야 : '군자주급불계부'."

공자는 좋은 '가죽 자켓'을 입고 제나라 관직에 취임하러 가는 적자화를 본 적이 있다. 공자는 제자들이 그의 모친을 위해 곡식을 주는 것을 제한한다. 공자는 부유한 자에게 더 부유하도록 재물을 몰아주는 것은 멋진 사람이 할 일이 아니라고 말한다.

우리는 보통 잘 차려입은 사람에게 눈길을 더 준다. 어떤 사람은 처음 만났을 때, 상대편의 옷차림이나 치장품 등을 재빨리 훔쳐보며 상대편을 평가하기도 한다. 이를 느끼는 상대편의 감정은 전혀 고려하지 않는 눈

• • •

442 외교에 능했던 공서적을 이름
443 염자, 염구로 재정을 잘 보아 계강자의 가신이 되었다.

치다. 사실 그런 사람은 진정한 우정이나 사귐을 원하는 사람이라고 보기 어렵다.

반대로, 허름한 옷차림 속에 감춰진 따뜻한 사랑이야기를 보자.[444]

어느 날 허름한 옷차림의 부부가 세계적인 명문대학 하버드대학을 방문하였다. 정문에 들어서는 순간 수위가 불러 세우고 불친절하게 물었다.

"지금 어디로 가려고 하는 거요?"

"총장님을 좀 뵈러 왔는데요."

부부를 살펴본 수위는 경멸하듯 답했다.

"총장님께서는 댁같은 사람들을 만날 시간이 없소!"

부부는 불쾌했지만 한마디 더 물었다.

"대학교 설립하려면 돈이 얼마나 듭니까?"

"내가 그걸 어떻게 압니까? 댁들 같은 사람들이 그건 또 왜 묻습니까?"

부부는 발길을 돌렸다. 결혼 18년 만에 얻은 외아들을 병으로 잃은 부부가 전 재산을 교육사업에 헌납하기로 하고 하버드대학을 찾은 것이었다. 마음에 상처를 받은 부부는 기부하는 것을 포기하고 직접 학교를 짓기로 결심했다. 그 대학이 바로 세계적인 대학 중 하나인 스탠퍼드이다. 캘리포니아 주지사와 상원의원을 지낸 리랜드 스탠퍼드가 사랑하는 아들이 소년시대의 대부분을 보낸 추억의 땅이었던 목장에, 캘리포니아의 모든 젊은이들은 우리의 자녀로 삼자고 아내와 약속하여 대학을 설립하

• • •

444 http://blog. naver. com/putgochu21?Redirect=Log&logNo=50163617196 인용

였고, 아들의 이름을 따서 리랜드 스탠퍼드 주니어 대학이라고 부르기로 정했던 것이다.

휴렛패카드, 구글, 야후, 나이키 등 이름만 들어도 잘 아는 이 회사들의 공통점은 창업주가 모두 스탠퍼드대학 동문이라는 점이다. 세계적인 첨단 산업 기지인 실리콘 밸리와도 가까운 곳에 있어 서로 상생하며 '금세기 가장 성공한 대학'이라고 할만큼 급속한 발전을 이룩한 스탠퍼드대학이다. 이 대학 출신이 창업한 기업의 연간 매출 규모는 세계 경제규모 5위인 프랑스의 국민총생산과 맞먹으며, 우리나라의 국민총생산 규모의 두 배가 넘는다고 하니 엄청난 액수이다. 그 후부터 하버드대학 정문에는 "사람을 외모로 취하지 말라!"는 총장 명의의 비석이 세워졌다 한다.

성경은 말한다. "내 형제들아 영광의 주 곧 우리 주 예수 그리스도를 믿는 믿음을 너희가 받았으니 사람을 외모로 취하지 말라. 야고보서2:1" 만나는 사람이 아름다운 옷을 입었느냐, 아니면 허름한 옷을 입었느냐. 금가락지를 끼었느냐, 아니면 맨손가락이냐로 판단하지 말라는 것이다. 공자도 그런 사람과는 인생을 이야기하고 우정을 이야기할 가치가 없다고 한다.

정책적으로 부유한 사람에게 부를 더해주는 정책이 있으면 안 된다. 전혀 멋지지 않은 정책이기 때문이다. 2500년 전 공자의 관점이나 오늘날 우리의 관점이 인륜적인 차원에서 다를 리 없는 것이다.

꼭 필요한 사람에게 도움을 주는 사람이 멋지다.

※ 다음 구절을 읽고 그 뜻을 해석해 보자.

1. 食無求飽 :

2. 食不厭精 :

3. 割不正, 不食 :

4. 恥惡衣惡食者 :


※ 다음 내용을 논어에서 찾아 써보자.

1. 거처함에 있어 안일함을 구하지 않는다.

2. 고기가 비록 많더라도 곡류보다 더 많이 먹지 않는다.

3. 다만 술 마시는 것은 양의 제한을 두지 않으나 술에 취해 어지러움에 이르지 않게 한다.

4. (공자는) 식사 때 말씀을 하지 않으셨다.


※ 나의 식생활에 있어 장단점은 무엇인지 글로 적어보자.

# 안빈낙도

## ○ 세 가지 즐거움

> # 益者三樂
>
> 무엇이 유익한 즐거움인가?
> 공자는 사람에게 유익한 '즐거움' 세 가지를 말한다.

공자가 말씀하셨다. "사람에게 유익한 좋아함(/즐거움)이 세 종류가 있고, 사람에게 해로운 좋아함이 (역시) 세 종류가 있다. 예악으로 자기를 절제하는 것을 좋아하고, 다른 사람의 장점을 칭찬하는 것을 좋아하고, 어진 친구를 많이 사귀는 것을 좋아(/즐거워)하는 것, 이것은 유익한 것이다. 교만방자하게 향락을 좋아하고, 제멋대로 방탕하기를 좋아하고, 잔치를 열고 즐기는 것을 좋아하는 것, 이것은 유해한 것이다.

孔子曰 "益者三樂[445], 損者三樂. 樂[446]節[447]禮樂[448], 樂道[449]人之善, 樂多賢友, 益矣. 樂驕[450]樂, 樂佚[451]游, 樂宴樂, 損矣."「季氏」5

공자왈 "익자삼요, 손자삼요. 요절예악, 요도인지선, 요다현우, 익의. 요교락, 요일유, 요연락, 손의."

공자는 세 가지 유익한 즐거움과 세 가지 유해한 즐거움을 대비시켜 '인생의 즐거움'에 대해 말한다. 짧은 글에 '즐기다/즐겁다'는 뜻의 '요/락(樂)'자가 무려 11회나 출현한다.

이쯤 되면 "인생은 즐기는 거야!"라는 말이 틀리지 않을 듯싶다. 문제는 우리가 인생을 즐길 줄 모른다는 것이다. 먼저 '복'을 제대로 누릴 줄 몰라 쫄쫄 굶은 어떤 사나이에 대한 이야기를 들어보자.

"오래전 대서양 항공편이 흔하지 않았을 때, 한 남자가 유럽에서 미국을 여행하고 싶었다. 이 남자는 열심히 일한 돈을 모두 모아서 마침내 순양함 승선권을 샀다. 당시에 배로 대서양을 횡단하려면 2-3주가 걸렸다. 그래서 그는 여행 가방을 사서 치즈와 비스킷으로 가득 채웠고 돈은 바닥이 났다. 배에 오르자 승객들은 크고 화려한 식당에 모여 맛난 음식을 먹는데 그 혼자만 한쪽 구석으로 가서 자신이 싸온 치즈와 비스킷을 먹었다. 그렇게 며칠 동안 그는 식당에서 풍겨 오는 맛있는 음식 냄새를 맡으며 부러워해야 했다. 식당 안에 있는 사람들이 배를 쓰다듬으면서 이번 여행이 끝나면 다이어트를 해야겠다는 말을 할 때마다 정말 견디기 어려웠다. 그도 식당에 가서 맛있는 음식을 먹고 싶었지만 돈이 없

●●●
445 즐거움. 취미. 명사
446 성백요(2005:473)는 '樂'을 '좋아하다'로 해석한다. 그러나 '즐거워하다. 즐기다'로 해석하는 것도 좋다. 볼드체로 표시된 각 절에서의 앞의 '樂'은 후속하는 전체 내용을 목적어로 취한다.
447 절제하다.
448 예절과 음악
449 칭찬하다. 말하다.
450 교만하고 방자하다.
451 '逸'과 통한다.

었다. 밤에 자리에 누워도, 식당 안에서 배불리 먹는 상상을 하다 보면 어느 샌가 잠은 저만치 달아나 있었다. 항해가 끝날 무렵에 한 사람이 그에게 다가와 말했다. '선생님, 식사 시간마다 거기서 치즈와 비스킷을 드시던데 이유가 뭡니까? 왜 연회장에 들어와서 우리랑 같이 드시지 않습니까?' 이 남자는 얼굴이 새빨개졌다. '솔직히 말씀드리면 저는 승선권도 겨우 샀습니다. 좋은 음식을 먹을 여유가 안 됩니다.' 그러자 상대편의 눈이 놀라움으로 동그래졌다. 그는 고개를 갸우뚱하며 말했다. '선생님, 승선권에 음식 값이 포함된 것을 정말 모르십니까?'"[452]

혹시 나도 이 순진한 승객과 같지는 않은가? 많은 사람들이 이미 인생의 항해에서 '다보장' 승선권을 샀지만 이 승선권에 인생의 복과 즐거움에 대한 값이 이미 포함되어 있다는 것을 모른다. 우리 인생도 마찬가지이다. 우리 인생은 즐겁고 행복하길 바라고 베스트로 설계되었다. 우리 인생은 태초에 조물주가 빚으시고 심히 기뻐하신 걸작품이기 때문이다(창세기1:31). 그러니 어떤 사나이처럼 뜬금없이 치즈와 과자만 먹고 있을 필요가 없다. 우리 모두에게 주어진 인생의 기쁨과 즐거움을 스스로 찾아 누려야 한다. 어떠한 절망의 순간이라도 우리는 이 끈을 붙잡아야 한다. 또 각자의 인생 속에서 즐거움, 기쁨, 행복 등을 스스로 찾아 누려야 한다. 이때 필요한 것이 긍정적인 사고방식이다. "즐거워서 웃는 것이 아니라, 웃기 때문에 즐거워지는 것이며, 슬퍼서 우는 것이 아니라 울기 때문에 슬퍼지는 것이다."[453]라는 말이 있다.

• • •

452 조엘 오스틴, 엔터스 코리아 옮김(2005:102)
453 19세기 미국 윌리엄 제임스와 독일의 카알 랑케가 발표하여 '제임스-랑케 효과'라고 한다.

즐거움을 추구하는데 있어 하나 생각할 문제가 있다. 그것은 '즐거움'의 방향이다. 자기의 몸과 마음에 유익한 즐거움인가 아니면 몸과 마음을 상하게 하는 즐거움인가의 문제이다. 공자가 말한 바 '절제함으로부터 오는 즐거움, 남을 칭찬함으로부터 오는 즐거움, 어진 친구를 사귀는 것을 통해서 오는 즐거움' 등은 유익한 즐거움이다. 이러한 즐거움은 자가발전 기능이 있어 계속 즐거움이 샘솟게 한다.

유익한 즐거움을 스스로 찾아 누릴 줄 아는 사람이 멋지다.

## ○ 일상의 즐거움

# 樂在其中

무엇이 멋진 일상인가?
공자는 인륜도덕을 추구하는 즐거운 일상을 말한다.

공자께서 말씀하셨다. "거친 밥을 먹고 물을 마시고, 팔을 굽혀 베고 누우니 즐거움은 그(이러한 생활) 가운데 있도다. 부적절한 방법으로 얻은 부와 지위는 나에게 있어 뜬구름 같도다."

**子曰** "飯[454]疏食[455], 飮水, 曲肱[456]而枕之, 樂亦在其中矣. 不義而富且貴, 於我如浮雲."「述而」16

**자왈** "반소사, 음수, 곡굉이침지, 낙역재기중의. 불의이부차귀, 어아여부운."

공자는 자신의 안빈낙도(安貧樂道)하는 일상을 매우 사실적으로 묘사한다. 그는 불의한 방법으로 부귀를 탐하지 않는다.

인생이 죄에 빠지고 사망에 이르는 단초가 무엇인가? 욕심 때문이다. 인덕을 추구하는 즐거움이 탐심을 이기도록 해야 한다. "거친 밥을 먹고 물을 마시고, 팔베개를 하고 누우니 즐거움은 이러한 생활 가운데 있도다." 마음에 욕심이 가득한 자는 이러한 즐거움을 절대로 누릴 수 없다. 그는 사망에 이르는 욕심을 제어할 힘이 없다. 그러나 안빈낙도 하는 공자의 고백은 어떤가? "부적절한 방법으로 얻은 부와 지위는 나에게 있어 뜬구름 같도다." 뜬 구름(浮雲)이란 그야말로 잡을 수 없는 대상이며, 언제 흩어질지 모르는 대상이다. 부적절한 방법으로 쌓은 부와 그 위에 올라선 지위가 바로 '뜬 구름'이며, 사상누각(沙上樓閣)이다.

## 不改其樂

빈한한 삶일지라도 일상의 즐거움을 누릴 줄 아는 사람이 멋지다.
이런 대표적인 인물이 바로 공자의 수제자 안회이다.
공자가 칭찬하는 안회의 '즐거운 인생'을 보자.

공자께서 말씀하셨다. "어질구나, 안회야! 작은 한 주발의 밥을 먹고,

• • •

454 먹다. 여기서는 동사적으로 쓰인다.
455 거친 밥, 보잘 것 없는 식사를 이른다. 음식, 먹거리 등의 명사로 쓰일 때의 음은 '사'이다.
456 파뚝, 팔

한 표주박의 물을 마시며, 허름한 골목에 사는구나. 다른 사람들은 그러한 생활이 주는 근심걱정을 견디지 못하지만, 안회는 (도를 향한) 그 즐거움을 바꾸지 않는구나. 어질구나, 안회야!"

**子曰** "賢哉, 回也! 一簞[457]食[458], 一瓢[459]飮, 在陋巷, 人不堪[460]其憂, 回也不改其樂. 賢哉, 回也!"「雍也」11

**자왈** "현재, 회야! 일단사, 일표음, 재루항, 인불감기우, 회야불개기락. 현재, 회야!"

공자는 제자들의 삶도 안빈낙도하는 삶이 되길 바랐다. 그는 제자 안회(顔回)가 안빈낙도하는 것을 칭찬한다.

가난한 생활이지만 도를 닦는 즐거움에 가난함을 달게 받아들이는 안회의 멋진 모습이다. 공자는 "(도를) 아는 사람은 (도를) 좋아하는 사람만 못하다. (도를) 좋아하는 사람은 (도를 실천하여) 즐기는 사람만 못하다(知之者, 不如好之者 ; 好之者, 不如樂之者. 지지자, 불여호지자 ; 호지자, 불여낙지자. 雍也 20)"고 말한다. '도'에 대한 지각(앎)은 좋아함에 미치지 못한다. 지각은 도에 대한 앎일 뿐이므로 아직 자신 속에 내재되지 않았기 때문이다. 또 도를 좋아함은 도를 즐김에 미치지 못한다. '좋아함'은 아직 도와 자신이 합일되지 않은 상태이므로 도의 실현이 중단될 수도 있기 때

* * *

457 작은 광주리. 고대에 밥을 담던 동그란 모양의 대나무 그릇
458 밥. 명사
459 표주박
460 이겨내다, 견디다.

문이다. 그러나 도를 '즐긴다'는 것은 자신과 도가 합일(合一)되어 즐거움으로 삼는 것이기 때문에 생활의 곤궁함이나 어떤 위험이 닥쳐도 중단되지 않는다. 본문에 나온 공자의 태도가 그렇고, 안회의 태도가 그렇다.

안빈낙도하는 생활은 얼핏 삶에 대한 소극적인 자세로 비쳐지기도 한다. 그러나 이는 철저한 낙관주의를 기반으로 한다. 우리는 안빈낙도하며, 엄청난 '도'를 닦지는 못하더라도 최소한 비관주의나 패배주의에 젖어서는 안 된다. 비관주의처럼 희망의 싹을 자르는 것은 없기 때문이다. 개인의 육체 위에 온통 비관적인 요소를 달고 살았던 여인 헬렌 켈러[461]는 말한다. "비관주의자들은 천체의 비밀을 발견해낸 적도 없고, 해도(海圖)에 없는 땅을 향해 항해한 적도 없으며, 영혼을 위한 새로운 천국을 열어준 적이 단 한 번도 없습니다."


안빈낙도의 즐거움을 누릴 줄 아는 사람이 멋지다.


• • •

461 Keller, Helen Adams(1880-1968). 미국의 여류 교육가, 저술가로 생후 19개월에 성홍열(猩紅熱)을 앓아 맹·농·아(盲·聾·啞)의 3중고를 겪는 인생이었으나 대학까지 졸업하였으며, 수 개 국어를 구사하며 『나의 생애』, 『신념을 가지라』등의 명저를 남김으로써 맹·농아도 지적(知的) 활동을 할 수 있다는 것을 증명하였다. 그녀의 낙관주의적 인생관은 세계적으로 많은 사람들에게 귀감이 되었다.

## ○ 현실 속에서

> # 未知生, 焉知死
> 사후세계에 대한 공자의 관점은 무엇인가?
> 공자는 현실을 중시하는 삶을 말한다.

계로가 귀신을 섬기는 것에 대하여 여쭈었다. 공자가 말씀하셨다. "(너는 아직) 사람을 섬기는 도리도 모르는데 어찌 귀신을 섬기겠느냐?" 계로가 말했다. "감히 죽음에 대하여 여쭙겠습니다." 공자가 말씀하셨다. "생전의 일도 모르는데 어찌 사후의 일에 대하여 알겠느냐?"


季路問事[462]鬼神.(계로문사귀신.)

**子曰** "未能事人, 焉能事鬼?"

**자왈** "미능사인, 언능사귀?"

曰 : "敢問死(감문사)."

**曰** "未知生, 焉知死?"「先進」12[463]

**(子)曰** "미지생, 언지사?"


∙∙∙

462 섬기다, 모시다. 동사. 뒤 구절의 두 '事'도 마찬 가지 용법이다.

463 이 장은 유교(儒敎)를 종교로 보느냐 아니면 하나의 학문으로 보느냐를 가름하는 데 중요한 의미를 갖는 구절이다. 불교는 '윤회(輪回)'의 개념 속에서 생전과 사후의 일에 대하여 설파한다. 기독교는 '천국'과 '지옥'의 개념 속에 사후의 일에 대하여 설파한다. 결국, 유교는 사후 세계에 대한 언급 자체를 부정하기 때문에 종교로서의 자리매김이 어려운 것이 아닌가 생각된다. 인간은 어쩔 수 없이 유한한 존재이고, 그 유한성을 보상받는 방법으로 종교를 갖게 되었다고 친다면, 인간은 사후 세계에 대하여 관심을 갖지 않을 수 없다.

귀신 이야기나 죽음의 문제를 들고 나온 계로에 대한 공자의 답이다. 공자는 '귀신을 섬기는 일'과 '사후세계'에 대하여 묻는 계로의 질문을 묵사발(?) 만든다. 공자의 의도는 무익한 담론을 피하라는 의미로 해석된다. 즉 '현실 세계를 중시하라'는 말이다. 이런 점이 바로 유가(儒家)의 가르침을 현실주의적 교훈으로 보게 하는 점이다. 꿈을 이루고, 성공하고, 행복을 쟁취하는 기본조건은 현재를 충실하게 사는 것이다.

공자는 신을 섬기는 일에 대하여 이야기하는 것을 "사람을 섬기는 도리"로 막아 버렸고, 사후세계에 대한 담론은 "생전의 일"로 금해 버렸다. 물론 공자도 죽음에 대하여 언급하였다. 그러나 죽음 그 자체에 대한 의미보다는 죽은 사람을 어떻게 매장할 것인가와 살아있을 때와 똑같은 예법으로 어떻게 제사할 것인가 하는 '예의'의 문제이다. 이런 점에서 공자는 상례(喪禮)를 매우 중시했다.[464]

무익한 담론보다 현실을 중시하는 사람이 멋지다.

• • •

464 자세한 내용은 본서 1장의 1.5를 참조하라.

## ○ 상갓집에서

> # 喪事不敢不勉
>
> 인생은 생로병사의 길을 걷는다. 주변에 상갓집이 있을 때 어떻게 해야 하나?
> 공자는 꼭 가서 예의를 다 하라고 말한다.

공자께서 말씀하셨다. "벼슬길에 나가서는 공경대부를 섬기고, 집에 돌아와 부모형제를 섬기며, 상사가 있으면 꼭 가서 (예의로써) 힘을 다 하지 않으면 안 된다. 술에 취해서 곤드레가 되어 시달려서는 안 된다. 이런 일들이 나에게 무슨 어려움이 있겠는가?"

**子曰** "出[465]則事公卿, 入[466]則事父兄, 喪事不敢不勉, 不爲酒困[467], 何有於我哉?"「子罕」16

**자왈** "출즉사공경, 입즉사부형, 상사불감불면, 불위주곤, 하유어아재?"

공자는 주변에서 발생하는 상사(喪事)에 어떻게 처신할 것인가를 구체적으로 말한다.

공자는 '상사가 있으면 꼭 가서 예의로써 힘을 다 하라'고 한다. 그는 존재론적 관점에서 인생을 회의하거나, 내세론적 관점으로 현세를 뛰어넘으려 하지 않았다. 그는 현실을 인정하고 순응하며 조화와 질서를 유

• • •

465 벼슬길에 나가 조정(朝廷)을 섬기는 것을 말한다.
466 집이나 고향에 돌아옴을 이른다.
467 馬融은 '困'을 '亂'으로 본다. 따라서 술에 몹시 취함을 이른다.

지하고자 했다.

'상사'에 관한 공자의 의견을 보며, 두 가지 생각이 떠오른다.

첫째, '상사'에는 가능한 한 반드시 참석하여 슬픔을 나누고 어려움을 도와야 한다는 것이다. 이러한 생각은 우리 한국문화에도 깊숙이 뿌리 내리고 있다. 조문(弔問)의 예를 통해 살아 있는 사람들 간의 유대는 더욱 깊어진다. 그 결과로 소위 '조문외교'라는 말도 생겼다.

둘째, '상가 집에서 술을 조심하라.'는 것이다. 죽음 자체가 주는 불안 감과 기존에 맺어졌던 관계의 단절이 주는 괴로움으로 인하여 술을 퍼마시다가는 사고가 나기 쉽다. 악마는 계속하여 사망의 끈을 이어가고 싶어 한다. '상갓집의 개(喪家之狗)'[468]라는 말이 있는데, 필자는 이를 '술에 취해 개처럼 행동한다.'로 엉뚱한 번역을 하고 싶다. 즉, 상갓집에 가서는 무엇보다 술을 절제해야 한다는 것을 말하고 싶다. 원인이야 어디에 있던지 간에 많이 마셔 취하면 싸움도 나고 해괴한 일도 많이 발생한다. 심지어 상갓집에 다녀오다가 술에 취해 불의의 사고를 당해 죽는 경우도 있고, 평생 불구로 살아가는 사람도 있다. 너무나 불행한 일이며, 멋진 사람으로서 할 일이 아니다.


친지의 상갓집에 꼭 가서 예의로써 조문하는 사람이 멋지다.

● ● ●

468 '喪家之狗'에 대한 해석은 두 가지이다. 하나는 '대접을 제대로 받지 못하는 처량한 신세의 개'이며, 다른 하나는 '집을 잃은 개'라는 뜻이다. 사실, 두 의미는 모두 통한다. '집 잃은 개'야말로 정처 없이 떠도는 불안한 신세 아닌가? 이 말은 원래 공자가어(孔子家語)의 곤서(困誓)에 나오는 말로, 공자를 지칭하는 말이다. 공자가 정(鄭)나라로 가다가 제자들과 서로 헤어져 길을 잃고 헤맬 때, 그곳 동네 사람들이 공자를 묘사한 말 중의 하나이다.

※ 다음 구절을 읽고 그 뜻을 해석해 보자.

1. 樂道人之善 :

2. 樂亦在其中 :

3. 富且貴, 於我如浮雲 :

4. 一簞食, 一瓢飮 :

5. 不改其樂 :


※ 다음 내용을 논어에서 찾아 써보자.

1. 어진 친구를 많이 사귀는 것을 좋아(/즐거워)하다.

2. 거친 밥을 먹고 물을 마시다.

3. 생전의 일도 모르는데 어찌 사후의 일에 대하여 알겠느냐?

4. 상사가 있으면 예의로써 힘을 다 하지 않으면 안 된다.

5. 음식을 배불리 먹으며 마음을 쓰는 일이 없다.


※ 내가 누리는 일상의 즐거움을 글로 적어보자.

제 3 절

# 시를 읽는 마음

ᕙᕗᕙᕗᕙᕗᕙᕗᕙᕗᕙᕗ

## ㅇ 착한 마음

> # 思無邪
>
> 멋진 사람들은 왜 시를 읽는가?
> 공자는 시경(詩經)의 내용에 사악함이 없기 때문이라고 말한다.

공자가 말씀하셨다. "『시경(詩經)』 300편은 한 마디로 개괄하자면 (그 사상에) 사악함이 없다."

| 子曰 | "『詩』三百[469], 一言以蔽之, 曰 : '思無邪[470].'" 「爲政」2 |
| --- | --- |
| 자왈 | "『시』 삼백, 일언이폐지, 왈 : '사무사.'" |

「시경」의 내용을 개괄하여 말한 명구이다.

인간은 시와 음악을 즐길 줄 안다. 슬플 때는 슬픔을, 기쁠 때는 기쁨을 언어와 음악 혹은 몸짓으로 표현해낸다.

• • •

469 『詩經』은 모두 305편인데 정수로써 전체를 개괄하였다.
470 『詩經』의 「魯頌·駉」편에 나온다. 원래 시 가운데의 '思'는 어투조사로 실재적인 의미는 없다. 謝氷瑩·劉正浩(1981:60) 참조.

공자는 『시경』의 내용은 '사악함이 없다.'고 평가한다. 시의 내용은 무엇보다 사악하지 않아야 한다. 인간의 감각, 나아가 인간의 정서를 고양시키는 것이어야지 삐딱하게 치우친 내용으로 사람의 정서를 죽이는 것은 좋은 시가 아니다.

---

### 樂而不淫, 哀而不傷

『시경』의 시가 왜 좋은가?
공자는 〈관저(關雎)〉 편을 들어 치우치지 않는 감정의 절제를 말한다.

---

공자가 말씀하셨다. "〈관저(關雎)〉[471]편은 그 내용이 즐거우나 지나치지 않고, 슬프나 (마음의 조화를)상하게 하지는 않는다."

**子曰** "〈關雎〉, 樂而不淫[472], 哀而不傷[473]." 「八佾」 20

**자왈** "〈관저〉, 낙이불음, 애이불상."

시의 내용이 중용과 절제의 미를 가져야 함을 말하는 명구이다.

'지나침'이나 '상하게 함'은 모두 분수를 넘은 것이다. 공자는 시가 표현하는 정서가 적절해야 한다고 본다. 분수를 지나치는 것은 개인의 몸과 마음을 상하게 할 뿐만 아니라 사회에도 해롭기 때문이다. 슬픔과 즐

• • •

471 「관저(關雎)」 편은 〈주남(周南) · 국풍(國風)〉으로 『시경(詩經)』의 첫 번째 편이다.
472 지나치다. '즐거움이 지나치면 그 올바름을 잃게 되어 방종하게 됨'을 이른다.
473 '슬픔이 지나쳐 그 적당함을 잃어 상하게 됨'을 이른다.

거움에도 그 정도(正道)가 있다. 즐거움이 과도하면 제멋대로 행동하기가 쉽다. 또 슬픔이 지나치면 몸과 마음을 상하게 한다. 그러므로 중용의 덕으로 절제해야 한다.

사람들은 슬픔을 달래고 즐거움을 극대화하기 위해서 술과 마약 등을 한다. 마약은 인간 신경의 일정한 부분은 마비시키고, 일정한 부분은 극단적으로 활성화시킴으로써 많이 취하거나 중독되면 정상적인 여러 기능이 마비되고, 제멋대로 행동하려는 기능은 더욱 꿈틀대게 된다.

사람이 중용과 절제의 착한 마음을 상실하는 가장 근본적인 원인은 무엇일까? 아마 인생의 유한성을 극복하지 못하기 때문일 것이다. '태어나면서부터 죽어간다'는 존재에 대한 상실감은 인간이 사악한 마음을 갖도록 하는 주원인이다. 그러니 '노세 노세 젊어서 노세. 늙어지면 못 노나니 화무는 십일홍이요 달도 차면 기우느니라. 얼씨구절씨구 차차차 지화자 좋구나 차차차'를 부르는 것이 아닐까? 그러나 극단적인 감각적 쾌락추구나 허무주의는 모두 인성함양에 도움이 되지 않는다. 또 인생은 비록 유한하지만 누구나 죽으면 반드시 가야할 천국(/내세)이 또 있다는 믿음은 이런 극단적인 쾌락주의로부터 피할 힘을 준다.

슬픔과 즐거움을 중용의 덕으로 절제하는 사람이 멋지다.

## ○ 시의 기능

# 興於『詩』

멋진 사람들은 왜 시를 읽는가?
공자는 시가 인격수양의 기능이 있음을 말한다.

공자께서 말씀하셨다. "(사람의 인격 수양은)『시(詩)』를 배움으로부터 시작되나니, 예의를 처세의 준칙으로 삼고, 음악을 배움으로써 즐거움의 경지에(인의 경지)에 다다를 수 있다."

子曰 "興⁴⁷⁴於『詩』, 立於禮, 成於樂."「泰伯」8
자왈 "흥어『시』, 입어예, 성어악."

시는 본래 사람의 성정(性情)에 의해 지어지는 것이다. 따라서 시는 사람들을 감동시켜 선을 좋아하고 악을 미워하는 마음을 불러일으키게 할 수 있다.

공자는 시의 기능에 대하여 다각도로 설명한다.

공자께서 말씀하셨다. "그대들은 왜『시(詩)』를 배우지 않는가?『시

• • •

474 '흥(興)'은 '(불러) 일으키다'의 뜻. 시는 본래 사람의 성정(性情)에 의해 만들어지는 것이므로 사람들을 쉽게 감동시켜 선을 좋아하고 악을 미워하는 마음을 불러일으킬 수 있다.

(詩)』는 사람의 마음을 감동시켜 격발시킬 수 있으며, 사물[475]의 득실을
살필 수 있게 하며, 사람들과 어울려 화목할 수 있게 하며, 마음속의 원
망을 토로할 수 있게 한다. 가까이로는 어떻게 효도할 것인지를 알게 하
며, 멀리로는 어떻게 임금을 섬길 것인지를 알게 한다. 또한 새, 짐승,
풀, 나무 등의 이름을 많이 알 수 있게 한다."

子曰 "小子何莫[476]學夫詩？ 詩, 可以興[477], 可以觀, 可以群, 可以怨[478],
邇[479]之事父, 遠之事君. 多識[480]於鳥獸草木之名." 「陽貨」9

자왈 "소자하막학부시？ 시, 가이흥, 가이관, 가이군, 가이원, 이지사
부, 원지사군. 다식어조수초목지명."

인간이 왜 시를 배워야 하는가를 말하는 명구이다.

공자는 시가 가지는 인륜도덕 함양의 기능을 자세히 설명한다.

시는 사람의 마음에 파고들어 감동을 준다(可以興).

시를 읽으면 세상을 살펴 알 수 있다(可以觀).

시를 통해 단합할 수 있다(可以群).

시를 통해 원망함으로써 스트레스를 풀 수 있다(可以怨).

• • •

475 혹은 시정(時政)

476 '何不'와 같다, '어찌하여 ~안 하는가?'

477 감동되어 일으키다. 세차게 불러일으키다.

478 (노하지 않고) 원망함을 이른다.

479 가깝다(近).

480 알아서 머릿속에 기억하다.

시를 통해 인륜의 문제를 해결할 수 있다(事父/事君).

시는 자연만물에 대한 이해를 깊게 한다(多識於鳥獸草木之名).

우리가 시를 좋아하고 가까이 해야 할 이유이다.

착한 마음으로 시를 읽으며 마음을 순화시키는 사람이 멋지다.


## o 시의 응용

> # 誦『詩』三百, 雖多, 亦奚以爲
>
> 멋진 사람들은 왜 시를 읽는가?
> 시로써 서로 응대하며 인격적인 교류를 할 수 있기 때문이다.
> 공자는 시가 현실 정치나 업무에 어떻게 응용되어야 하는지를 말한다.

　공자께서 말씀하셨다. "어떤 사람이 300편의 『시(詩)』를 암송하매, 그에게 정치 일을 맡겼으나 잘 처리하지 못하였다. 사신으로서 여러 곳으로 나갔으나 독자적으로 응대하여 교섭하지 못하였다. 비록 (시경을) 많이 외웠다고는 하나, 무슨 쓸모가 있겠는가?"

**子曰** "誦『詩』三百, 授之以政, 不達[481] ; 使[482]於四方, 不能專對[483] ; 雖
　　　多, 亦奚以爲?"「子路」5

**자왈** "송『시』삼백, 수지이정, 부달 ; 시어사방, 불능전대 ; 수다, 역해이위?"

공자는 '시', 즉 『시경(詩經)』을 읽되 제대로 읽어야 한다고 말한다. 이는 달달 외우는 것을 의미하지 않는다. 독자적이고 자율적인 능력을 발휘시키는 원동력으로써의 '시 읽기'이다. 시를 제대로 읽은 사람은 어떤 사람인가? 그는 기본적으로 정무(/자신에게 주어진 업무)를 잘 처리할 수 있는 사람이다. 또 외국에 파견되어 자신의 역량을 충분히 발휘하여 외교업무를 감당할 수 있는 사람이다. 이처럼 시는 현실에 응용될 수 있으며, 특히 외교업무를 담당하는 데도 도움을 줄 수 있다. 무엇 때문인가?

시는 사람의 마음을 움직이는 힘이 있기 때문이다.
시의 은유적 표현이 주는 언외(言外)의 매력이 있기 때문이다.
시는 문화와 역사를 농축한 바탕에서 나오는 것이기에 설득력이 있기 때문이다.

이런 까닭에 모택동, 등소평, 강택민, 후진타오, 시진핑 등 근현대 중국의 지도자들도 정치·외교에 있어 시구를 써서 응대한다.[484] 예를 들어 1989년 6월 4일 천안문사태 이후 미중관계는 악화일로로 치달았다. 두 나라는 특히 1995년 대만의 이등휘(李登輝) 총통의 미국방문을 계기로 악화의 절정에 달하였다. 미국은 중국의 인권문제에 관한 결의안을 유엔에 상정하려 하였고, 중국은 내정간섭이라며 강력히 반발하였다. 이러한

● ● ●

481 통하다. 여기서는 정치의 일을 잘 처리함을 이른다.
482 음은 '시', 뜻은 '사신으로 나가다.'
483 독자적으로 응대하다.
484 이하의 내용은 이광철(2007:519-520)에서 인용하였음

미중 간의 불협화음 속에서 미국은 국제무대에서 급격히 신장하는 중국을 견제하면서 중국과의 외교를 통해서 실리를 취하며 주도권을 쥐려하였다. 중국 역시 WTO 가입, 올림픽유치 등 자국의 발전을 도모하고 국제사회에서 국력을 신장하려면 미국과의 화의가 무엇보다 필요하였다. 이러한 피차간의 배경 속에서 1997년 3월 하순 미국 부통령 엘 고어의 중국방문이 이루어졌다. 당시 국가주석 겸 총서기인 강택민(江澤民)을 만난 고어 부통령은 "천리를 바라보려고, 다시 한 층을 더 오르네. (欲窮千里目, 更上一層樓. 욕궁천리목, 갱상일층루.)"라는 당나라 시인 왕지환(王之渙)의 「등황작루(登黃雀樓)」 시구를 읊어 자신의 뜻을 표했고, 강택민은 "떠 다니는 구름이 내 눈 가릴까 두렵지 않은 것은, 내 몸이 제일 높은 층에 있기 때문이지. (不畏浮雲遮望眼, 只緣身在最高層. 불외부운차망안, 지록신재최고층.)"라는 왕안석(王安石)의 「등비래봉(登飛來峰)」 시구로 답하여 자신의 뜻을 밝혔다.

엘 고어는 이 시구로써 미국과 중국이 향후 먼 미래를 향해 막힘없이 공동으로 발전해 나가려면, 중국이 인권문제 등 양국 외교의 걸림돌이 되는 현안의 해결을 위해 한 층 더 노력해줄 것을 요구한 것이다. 강택민 역시 미국과 중국이 미래를 위해 가장 높은 위치와 수준에서 협력을 하면, 양국 미래의 밝은 전망을 가리는 인권문제 등 외교현안은 발밑의 떠다니는 구름 같아 문제가 되지 않을 것이라고 말한 것이다. 결국, 그 후 두 나라는 오랫동안 끌었던 냉각기를 끝내고 피차의 실리와 명분을 살리며 해빙무드로 돌아서 오늘에 이르게 되었다. 이런 점에서 볼 때, 시는 비록 상징적인 의미의 짧은 두 구절이었지만 외교에 미친 영향력은 매우 크고 구체적이었다. 이처럼 시가 단지 문학적 감상의 대상으로서 가치만 가진 것이 아니라, 국가 간의 첨예한 이해 상충의 외교현장에서 그 효용성을 인정받는 현실이다.

우리나라의 젊은이들이 시를 읊으며, 국제적인 외교와 기업업무를 능동적이고 창의적으로 담당하는 멋진 사람들이 되길 기대한다.

착한 마음으로 시를 읽으며 이것을 현실 가운데 적용하는 사람이 멋지다.

『향수』

정지용

넓은 벌 동쪽 끝으로
옛이야기 지줄대는 실개천이 휘돌아 나가고,
얼룩백이 황소가
해설피 금빛 게으른 울음을 우는 곳,
그 곳이 참하 꿈엔들 잊힐리야.

질화로에 재가 식어지면
뷔인 밭에 밤바람 소리 말을 달리고
엷은 졸음에 겨운 늙으신 아버지가
짚벼개를 돌아 고이시는 곳
그 곳이 참하 꿈엔들 잊힐리야.

흙에서 자란 내 마음
파아란 하늘 빛이 그립어
함부로 쏜 화살을 찾으려
풀섶 이슬에 함추름 휘적시던 곳,
그 곳이 참하 꿈엔들 잊힐리야.

傳說 바다에 춤추는 밤물결 같은
검은 귀밑머리 날리는 어린 누의와
아무렇지도 않고 예쁠것도 없는
사철 발 벗은 안해가
따가운 햇살을 등에 지고 이삭 줏던 곳,
그 곳이 참하 꿈엔들 잊힐리야.

하늘에는 성근 별
알수도 없는 모래성으로 발을 옮기고,
서리 까마귀 우지짖고 지나가는 초라한 집웅,
흐릿한 불빛에 돌아 앉어 도란 도란거리는 곳,
그 곳이 참하 꿈엔들 잊힐리야.

## 『시경(詩經)』

| [관 저] | [關雎] |
|---|---|
| 귀귀 물수리 우는 소리, 모래톱에서 들리네. | 關關雎鳩, 在河之洲. |
| 아리따운 아가씨는 군자의 좋은 짝. | 窈窕淑女, 君子好逑. |
| 올망졸망 마름풀, 이리저리 찾네. | 參差荇菜, 左右流之. |
| 이리따운 아가씨를 자나깨나 그리네. | 窈窕淑女, 寤寐求之. |
| 구해도 찾을 수 없어, 자나깨나 그 생각뿐. | 求之不得, 寤寐思服. |
| 부질없는 이 마음, 잠 못 이루고 뒤척이네. | 悠哉悠哉, 輾轉反側. |
| 올망졸망 마름풀, 이리저리 뜯네. | 參差荇菜, 左右采之. |
| 아리따운 아가씨, 거문고 타고 즐기리. | 窈窕淑女, 琴瑟友之. |
| 올망졸망 마름풀, 이리저리 고르네. | 參差荇菜, 左右芼之. |
| 아리따운 아가씨, 북을 치며 즐기리. | 窈窕淑女, 鐘鼓樂之. |

## 『성경(聖經)』

[시편(23:1-6)]

여호와는 나의 목자(牧者)시니 내가 부족함이 없으리로다.
그가 나를 푸른 초장(草場)에 누이시며 쉴만한 물가로 인도하시는 도다.
내 영혼을 소생(蘇生)시키시고 자기 이름을 위하여 의의 길로 인도하시는
도다.
내가 사망의 음침한 골짜기로 다닐지라도 해(害)를 두려워하지 않을
것은 주께서 나와 함께 하심이라. 주의 지팡이와 막대기가 나를
안위하시나이다.
주께서 내 원수의 목전에서 내게 상(床)을 베푸시고 기름으로 내 머리에
바르셨으니 내 잔이 넘치나이다.
나의 평생에 선하심과 인자하심이 나를 따르리니 내가 여호와의 집에
영원히 거하리라.

## 제 4 절

# 부자와 빈자

⌒⌒⌒⌒⌒⌒⌒⌒⌒⌒⌒

## ● 정당하게 일구어라

> # 不以其道得之, 不處也
>
> 누가 멋진 부자인가?
> 공자는 정당하게 부를 일군 사람을 말한다.

　공자께서 말씀하셨다. "부유함과 현귀함, 이것은 모든 사람들이 얻기를 원하는 것이다. 그러나 정당한 방법으로 그것을 얻지 아니할 것 같으면 그것을 원하지 마라. 빈곤함과 비천함, 이것은 모든 사람들이 싫어하는 것이다. 그러나 정당한 방법으로 그것을 없애는 것이 아니라면 그것에서 벗어나려 하지 마라. 만약 군자가 인(仁)을 떠나면 무엇으로 이름을 세울(/이룰) 것인가? 군자는 항시 인을 떠나서는 안 된다. 설령 아무리 바쁜 중이라도 반드시 이렇게(/인의 요구에 비추어 행동) 해야 한다. 설령 몸이 견디기 어려운 정도로 곤궁함에 처해 있다 하더라도 반드시 이렇게 해야 한다."

子曰 "富與貴, 是人之所欲[485]也；不以其道得之[486], 不處也. 貧與賤, 是人之所惡也；不以其道得[487]之[488], 不去[489]也. 君子去仁, 惡[490]乎成名？

君子無終食之間<sup>491</sup>違仁, 造次<sup>492</sup>必於是, 顛沛<sup>493</sup>必於是."「里仁」5

**자왈** "부여귀, 시인지소욕야 ; 불이기도득지, 불처야. 빈여천, 시인지소
오야 ; 불이기도득지, 불거야. 군자거인, 오호성명? 군자무종식
지간위인, 조차필어시, 전패필어시."


공자는 부귀빈천에 대해, 그리고 그것을 얻거나 벗어나는 것에 대해
말한다.

공자는 정당한 방법이 아니라면 부귀를 구하지 말고, 빈천함도 벗어
나려 하지 말라고 말한다. 즉 부귀 혹은 빈천으로 인해 인(仁)을 떠나서
는 안 된다고 한다.

『논어』를 통해서 볼 때, 사람이 '어진 마음'을 저버리는 동기는 두 가지
이다. 그 하나는 부귀를 얻기 위해 저버리는 것이며, 다른 하나는 빈천
에서 벗어나기 위해 저버리는 것이다. 이 두 가지가 서로 다른 것 같지만
모두 한 가지 원리에 의해 작동된다. 모두 세상의 현상적인 것을 좇아서
'인'을 저버리는 것이다.

부귀가 어진 마음보다 소중할 수 없다. 부유함도 존귀함도 일순간에


• • •
485 욕심내다, 좋아하다.
486 부귀를 가리킴. 대명사
487 (빈천한 상태에서 벗어남을) 얻다. 따라서 여기서는 반의적인 용법으로 쓰인다.
488 빈천을 가리킴. 대명사
489 제거하다.
490 무엇, 어떻게, 어찌(何). 의문대명사
491 짧은 시간, 즉 식사를 시작해서 마치는 동안의 시간을 말한다.
492 매우 바쁘다.
493 견딜 수 없을 정도로 피곤하다. 곤궁하다.

무너질 수 있고, 반대로 빈천함 역시 일순간에 씻기어질 수 있는 것이 인생 드라마이다. 세상을 섭리하는 손길은 평등하며, 인생도 영원하지 않고, 세상도 영원하지 않다. 그렇기에 무일푼 가난뱅이에게도 희망은 있으며, 억만장자도 내일을 걱정하는 것이다.

3천여 명의 궁녀와 다윗이 지은 호화로운 황금궁전에서 온갖 지혜를 뽐내며 살았던 솔로몬의 고백이다. "헛되고 헛되며 헛되고 헛되니 모든 것이 헛되도다. 전도서1:2" 인류 역사상 그렇게 호화롭게 살아본 사람은 없을 것이다. 그런 사람이 인생의 '절대 허무'를 말하니 약간 부럽고 얄미운 생각은 든다. 그러나 실제를 체험하고, 자각(自覺)하는 마음에서 토로하는 말이니 진실성은 있다.

누가 멋진 사람인가?
정당하게 부를 일구는 사람이 멋지다.

## ○ 부귀는 하늘에 달려있다?

富貴在天

멋진 사람이 부귀에 대해 가지는 태도는 무엇인가?
공자의 제자인 자하는 '부귀재천'을 말한다.

사마우가 근심에 싸여 말했다. "세상 사람들은 모두 형제가 있는데, 나만 홀로 없구나!" 자하가 말했다. "나는 이렇게 들었소. : '살고 죽는 것은 운명이 결정하는 것이요, 부귀는 하늘이 조절하는 것이다.' 군자는 공경스러워 허물이 없고, 남들과 더불어 공손하며 예의가 있기에 온 세상 (사람들이) 모두 형제입니다. 군자가 어찌 형제가 없는 것을 근심하는지요?"

司馬牛憂曰(사마우왈) : "人皆有兄弟, 我獨亡! (인개유형제, 아독망!)"

子夏曰 "商⁴⁹⁴聞之矣 : 死生有命, 富貴在天. 君子敬而無失, 與人恭而有禮. 四海之內皆兄弟也, 君子何患乎無兄弟也?"「顔淵」5

자하왈 "상문지의 : 사생유명, 부귀재천. 군자경이무실, 여인공이유례. 사해지내개형제야, 군자하환호무형제야?"


사마우가 고민하는 '(형제가 죽어) 없다'는 것에 대한 걱정은 자기의 주관적인 의지나 노력으로 극복하기 어려운 문제이다. 부귀와 존귀, 아름다움과 추함, 살고 죽는 문제 등 인간에게는 해결하기 어려운 객관적인 한계들이 있다. 이러한 객관적인 한계를 어떻게 뛰어 넘을 것인가?

자하가 내리는 답이다. "살고 죽는 것은 운명이 결정하는 것이요(死生有命), 부귀는 하늘이 조절하는 것이다(富貴在天)." 이는 곧 천명(天命) 사상이다. 자하는 우선 '생사'와 '부귀'는 하늘에 달린 것을 인정하라고 한다. 이것을 인정할 때 덜 아등바등할 수 있다는 것이다.

한국인처럼 운명을 믿는 경향이 강한 사람들도 많지 않은 것 같다. 그래서 '관상(觀相)', '인상(人相)' 등을 매우 중시한다. 최근 개봉된 영화 '관

• • •
494 자하의 이름

상'(한재림 감독)이 현재(2013. 11. 02) 누적관객 수가 900만 명을 돌파해 역대 한국영화 중 10번째로 '900만 돌파' 신화를 쓰게 됐다고 한다.[495] 또 한국의 어떤 대기업에서는 직원을 채용할 때 관상보는 사람을 대동하여 면접을 치른 적도 있다고 한다. 또 서울의 어느 지역에 가면 점집이 떼를 지어 있기도 하다. 그렇다. 인간이 어쩔 수 없이 인정하고 따라야 하는 운명이 있다. 바로 '죽음'이다. '사망' 앞에 인간은 무기력한 존재일 수밖에 없다. 그러나 되짚어 생각하면 이는 모든 인간에게 똑같이 적용되는 평등한 순환법칙이다. 그러니 우리는 '죽음' 앞에 갇힌 존재로서가 아니라, 각자에게 주어진 생명의 시간 구간 내에서 멋지게 살아야 한다.

그러니 '부귀'조차 하늘의 뜻이라는 자하의 운명주의 만큼은 사양하자. '가난은 나라님도 구제할 수 없다.'라는 말도 있지만 지금은 시대가 바뀌었다. 나라님이 지혜롭게 대처하면 10년이 다르게 나라가 살고 백성들의 얼굴이 펴진다. 중국에 1990년대 초부터 드나들기 시작한 필자로서는 이 말이 실감난다. 20년 전의 중국과 지금의 중국은 하늘과 땅 차이이다. '공산주의'라는 이데올로기에 갇혀 있던 중국이 방향을 한 번 틀자 이처럼 큰 발전과 변화를 가져온 것이다. 집단이나 개인도 마찬가지이다. 리더 혹은 개인이 방향을 잘 선택하고 나가면 10년이면 확 바뀐다. 그러니 운명보다는 '선택'을 잘하자.

인생은 끊임없는 선택의 연속이다. 출근할 때 무슨 옷을 입어야 하나? 어떤 교통편을 이용해야 하나? 점심은 어디서 누구와 무엇을 먹어야 하나? 하루하루 시시각각이 선택의 연속이다. 이렇게 끊임없이 선택

• • •

495 http://news. chosun. com/site/data/html_dir/2013/11/02/2013110200878. html

하다 죽는 것이 인생이다. 우리 앞에는 선택해야 할 수많은 일들이 있고, 우리는 선택권이 있다.[496] 또 이 수 많은 선택도 따지고 보면 두 가지 방향일 뿐이다. '복의 선택'이냐 아니면 '저주의 선택'이냐이고, '생명의 선택'이냐 아니면 '사망의 선택이냐'이다. 인류의 조상인 아담은 까딱 잘못하여 '선악과를 따먹는 길'을 선택하여 인류에게 죽음을 가져왔다.

운명 앞에 무너지지 않기 위해 우리는 '복스런 선택, 생명의 선택'을 해야 한다. 우리 모두 죽는다는 사실은 만고의 진리이다. 이 진리 앞에서 우리는 복스런 선택을 해야 한다. 진리를 '운명'이라고 생각할 수는 없다. 진리는 진리이고 운명은 운명이다. 즉, '운명'주의는 '죽음'을 두고 이야기할 것이 아니라 자신의 삶에 대한 잘못된 선택 때문에 발생하는 것으로 보아야 한다. 또 우리의 타고난 현실이 '운명'이라고 쉽게 말해서는 안 된다. 지독한 운명주의에 빠질 뻔 했으나, 그것을 운명으로 받아들이지 않은 사람들도 많다. 성경에는 태생이 기생의 자식이요, 태생이 불구인 사람들이 있다.[497] 그러나 그들은 운명주의를 거부하고 존경받는 리더요, 존귀한 자로 산 사람들이다.

살아가는 중에 당한 불행으로 운명주의에 젖기 쉬운 사람들에게 경종을 울리는 예가 있다. '지선아 사랑해(2010)'의 주인공이다. 그녀는 2000년 7월 30일, 오빠의 차로 귀가하던 중 음주운전자가 낸 7중 추돌사고로

---

• • •

496 성경은 말한다. "내가 오늘날 천지를 불러서 너희에게 증거를 삼노라. 내가 생명과 사망과 복과 저주를 네 앞에 두었은즉 너와 네 자손이 살기 위해 생명을 택하고. 신명기 30:18"

497 사사기 11장을 보면 기생의 아들 '입다'가 나오며, 역대상 4장을 보면 슬픔과 고통이라는 이름을 가진 유복자이자 불구자 '야베스'가 나온다.

전신 55퍼센트에 3도의 중화상을 입었다. 살 가망이 없다며 의료진도 치료를 포기한 상황이었지만, 7개월 간의 입원, 30번이 넘는 고통스런 수술과 재활치료를 이겨냈고, 코와 이마와 볼에서 새살이 돋아나는 '기적'을 경험한다. 그녀는 지금도 그해 겨울의 기적을 잊지 않고 믿음이 희미해질 때마다, 의문과 갈등의 순간마다 새로 돋아난 살을 바라보며 마음을 다잡는다고 한다. 그녀는 살아남는 것이 죽는 것보다 힘들었던 과정 속에서도 그렇게 조물주를 찬미하며, 스스로의 인생을 아름답게 꾸며 나간다. 그녀는 2004년 봄, 지인의 도움으로 미국 어학연수를 떠났고 보스턴대학에서 재활상담 석사학위를, 컬럼비아대학에서 사회복지 석사학위를 취득하고, 2010년 UCLA 사회복지 박사과정에 합격했다. 그녀는 형언할 수 없는 절망 속에서 오히려 인생의 기쁨을 발견하고 운명주의의 굴레에서 벗어난 아름다운 사람, 지혜로운 사람이다. 그녀는 우리에게 몸과 마음으로 말한다. '어떤 지옥같은 절망 속에서도 운명주의를 거부하라!'

누가 멋진 사람인가?
운명주의에 빠지지 않는 사람이 멋지다.

한편, 자하는 또, 덕성을 쌓는 수양을 통해서 마음속에 이는 근본적인 한계와 그로 인한 근심을 해소하라고 권면한다. 그럴 때 우리는 온 세상에서 형제를 얻는 진정한 부자요, 자유인이 될 수 있다는 것이다.
누가 진정한 부자인가?
온 세상에서 형제와 같이 친밀한 사람들을 얻는 사람이다. 그는 그로 인해 정신적인 부요함 뿐만 아니라 물질적인 부도 얻을 수 있다. 사서(四書)의 하나인『대학』에 "덕이 있으면 사람이 모여든다. 사람이 모여들면 영역이 생긴다. 영역이 생기면 재물이 들어온다(有德有人, 有人有土, 有土有財. 유덕유인, 유인유사, 유사유재.『大學』)."란 말이 있다. 사람이 재물을 쫓아가면, 재물은 더 빨리 도망친다. 사람들에게 덕행을 베풀며 사람의 마음을 얻으면, 교제의 영역과 사업의 영역이 생기고, 그러다 보면 돈은 자연스럽게 굴러들어 옴을 말한다. 따라서 온 세계에 형제와 같이 친밀한 사람이 많은 사람이 정신적으로나 물질적으로나 부자이다.

　진정한 부자가 가지는 특성은 '자유'이다. '자유'가 없다면 진정한 부자가 아니다. 일에 얽매여 일주일에 하루도 쉴 자유가 없다면, 설령 재물이 많다 하더라도 진정한 부자가 아니다. 그는 온 세상 사람들과 친밀하게 지내는 것은 고사하고, 자기 일터에서조차 진실한 대화를 나눌 시간이 없는 일중독자일 뿐이다. 또 '부'는 자기가 향유한 만큼만 자기의 것이다. 돈이 아무리 많다 하더라도, 자기가 자유롭게 쓰지 못하는 돈은 진정한 의미에서 자기의 돈이 아니다.

　'소유'에 대해 깊이 자각하는 사람이 멋지다.

## ○ 수치스런 부귀도 있다

邦無道, 富且貴焉, 恥也

누가 수치스런 부자인가?
공자는 정당한 방법으로 달성한 것이 아니라면 빈천이든 부귀이든
모두 치욕이라고 말한다.

공자께서 말씀하셨다. "〈중략〉… 나라에 도가 있는데도 가난하고 천한 것은 치욕이며, 나라에 도가 없는데도 부귀한 것 역시 치욕이다."

**子曰** "〈中略〉…邦有道, 貧且賤焉, 恥也 ; 邦無道, 富且貴焉, 恥也."「泰伯」13

**자왈** "〈중략〉…방유도, 빈차천언, 치야 ; 방무도, 부차귀언, 치야."

나라에 도가 살아 있는데도 가난한 근본적인 이유는 무엇인가? 게으르기 때문이다. '산 입에 거미줄을 치랴!'는 속담이 있다. 부지런히 일하면 어찌 가난하고 천하게 살 수밖에 없으랴! 반대로 나라에 도가 죽어 있는데도 부자이고 귀하신 몸이 된다는 것 역시 수치스러운 일이다. 옳지 못한 방법으로 부를 축적하고, 옳지 못한 방법으로 벼슬에 올라 존귀한 몸이 된다면 무엇이 그리 자랑스러우랴!

공자는 "불의한 재물이나 지위는 나에게 있어 뜬 구름 같다(不義而富且貴, 於我如浮雲. 불의이부차귀, 어아여부운. 述而 16)."고 한다. 공자는 불의한 부를 회피할 뿐만 아니라 적극적으로 안빈낙도(安貧樂道)의 자세를

추구한다.

　거친 밥을 먹고 물을 마시고, 팔을 굽혀 베고 누우니, 즐거움은 그(이러한 생활) 가운데 있도다.

**子曰** "飯<sup>498</sup>疏食<sup>499</sup>, 飲水, 曲肱而枕之, 樂亦在其中矣."「述而」16
**자왈** "반소사, 음수, 곡굉이침지, 낙역재기중의."

　공자는 도를 추구하는 즐거움으로 가난함에도 편안한 마음을 유지할 수 있음을 말한다. "거친 밥을 먹고 물을 마시고, 팔을 굽혀 베고 누우니, 즐거움은 그(이러한 생활) 가운데 있도다." 전혀 욕심을 부리지 않는 공자의 일상이다.
　욕심은 인생을 망치는 독이다. 성경은 "돈을 사랑함이 일만 악의 뿌리가 되나니 이것을 사모하는 자들이 미혹을 받아 믿음에서 떠나 많은 근심으로써 자기를 찔렀도다. 디모데전서 6:10"라고 하며, 또 "욕심이 잉태하면 죄를 낳고 죄가 장성하면 사망을 낳느니라. 야고보서 1:15"라고 한다. 우리를 사망에 이르게 하는 시초가 '욕심'이다. 우리는 인륜도덕을 추구하고 실천하는 즐거움으로 탐욕스런 마음을 다스려야 한다. 맹자도 마음을 다스리는 방법으로 욕심을 줄이라고 한다. "마음을 다스리는 데는 욕심을 적게함보다 더 좋은 방법이 없다(養心莫善於寡欲 양심

• • •
498 동사, 먹다.
499 음은 '사'로 밥을 의미한다.

막선어과욕).『孟子』"

덕성을 함양하는 적극적인 즐거움으로, 불의한 부귀에 대해 집착하지 않는 사람이 멋지다.


## ㅇ 가난한 자는 원망한다

貧而無怨難

가난한 삶이 문제가 되는 이유는 무엇인가?
공자는 가난한 삶에 따라붙는 '원망'의 문제를 말한다.


공자께서 말씀하셨다. "가난하면서 원망하지 않기는 매우 어려운 일이나, 부유하면서 교만하지 않기는 쉬운 일이다."

子曰   "**貧而無怨難, 富而無驕易.**"「憲問」10

자왈   "빈이무원난, 부이무교역."[500]


공자는 가난한 사람과 부자들이 보이는 현상을 말하며, 가난한 자의 '원망'과 부자의 '교만'을 동시에 경계한다. 특히 "가난하면서 원망하지 않기는 매우 어려운 일"이라며, 가난한 사람들이 원망의 굴레에서 벗어

- - -

500 '難'과 '易'는 각각 긴 주어 '貧而無怨'와 '富而無驕'를 풀어주는 술어이다.

나라고 한다.

사실 '가난'이나 '부귀' 자체는 죄가 아니다. 세상 누군들 가난하고 싶어 가난하겠는가? 누군들 부귀하고 싶지 않겠는가? 다만 못 배워서, 부모에게 물려받은 것이 없어서, 선천적인 장애 때문에 …. 이런 것들은 본인의 잘못이 아니다. 어떤 의미에서 가난한 사람들은 부귀한 사람들의 '피해자'인지도 모른다. 100퍼센트가 부자인 사회가 아니라면, 그들이 가난하지 않으면 대신 누군가가 또 가난해야 한다. 그러나 가난한 사람들도 그 입에서 원망이 나오기 시작하면 그 순간부터 멋지지 않다는 것이 공자의 생각이다.

가난한 사람은 왜 원망하기 쉬운가? 그는 현실적으로 의지할 것이 없기 때문이다. 현실의 명예, 이익, 권세 어느 것도 의지할 수 없다. 이러한 운명의 제한에 직면해 있을 때 그의 입에서 '원망'이 새어나온다. 그리고 원망은 꼬리를 물고 나와 우리의 인생을 더욱 비참하게 만든다. 원망은 가난뱅이의 노랫가락이 된다. 결국, '원망의 유무'는 가난한 자와 부자를 구분하는 시금석이다. 따라서 소유의 다과를 떠나 원망이 많은 자는 일종의 '가난뱅이'이다. 비록 가난하더라도 편안함을 느낄 수 있다면(安貧), 나아가 인륜도덕을 지향하는 삶의 기쁨을 누릴 수 있다면(樂道), 그는 멋진 사람이다.

가난한 사람은 왜 원망하기 쉬운가? 누군가가 자기를 망쳤다고 생각하는 피해망상증 때문이다. 누군가 원망의 대상을 찾지 못하면 불특정 다수인 세상을 원망하기도 하고, 심지어 '하늘'을 원망하기도 한다. 중용은 "나를 먼저 바르게 하고, 남에게 책임을 구하지 마라, 그리하면 원망을 사지 않는다. 위로는 하늘을 원망하지 말고, 아래로는 다른 사람을 허

물이 있다 하지 마라(正己而不求於人則無怨, 上不怨天下不尤人. 정기이불구어
인즉무원, 상불원천하불우인.).『中庸』고 한다. 남에게서 원망의 요소를 찾
지 말고 자신을 반듯이 함에서 해결책으로 찾으라는 것이다. 하늘을 미
워하고 사람을 탓한다 하여 운명이 바뀌는 것은 아니기에 무익하다.

---

## 放於利而行, 多怨

무엇이 사람으로 하여금 원망하게 하나?
공자는 원망의 뿌리가 '욕심'에 있다고 말한다.

---

공자께서 말씀하셨다. "개인적인 이익을 따라 일을 하면 원망이 많게
된다."

**子曰** "放[501]於利[502]而行, 多[503]怨."「里仁」12
**자왈** "방어리이행, 다원."

개인적인 욕심을 채우기 위해 제 마음대로 좌충우돌하는 사람이 있
다. 그런 사람들 밑에 있는 사람들도 손해를 보면서 가만히 있을 리가
없다. 필시 원망하게 된다. 원망은 원망을 낳고, 원망하는 사람들 사
이에서는 아무런 성취도 기대할 수 없다. 오히려 욕심에서 잉태한 원

• • •

501 본뜨다, 모방하다, 의거하다('依'). '仿'과 통한다.
502 이익
503 많게 되다. 동사

망하는 마음은 죄를 낳을 뿐이다. 그리고 그 대가는 단절이며, 죽음이다.

나는 주변에서 일어나는 일에 대하여 원망의 마음이 많은 사람인가, 아니면 감사의 마음이 많은 사람인가? 원망하는 마음이 많다면 나는 가난뱅이다.

무엇보다 불행한 것은 원망하는 사람에게는 계속하여 원망거리가 생긴다는 점이다. 이 악순환의 고리를 끊어내야 한다. 링컨 대통령은 극복하기 힘든 원망거리인 '외모 컴플렉스'를 즐거운 웃음과 희망의 소재로 바꾼 사람이다.

"저에게 제 삶에 대해 말하라면, 한 마디로 '가난한 이의 짧고 투박한 인생'이라고 표현하고 싶습니다.""글쎄요 … 제 외모에 대해 설명하자면, 190센티미터가 넘는 큰 키에 비쩍 마른 모습입니다. 아주 검은 곱슬머리에 흑회색의 눈동자를 갖고 있지요. 그것 뿐입니다. 솔직히 별 볼일 없지요." 이러한 링컨 대통령이 1856년 한 편집자들의 연회에 강연자로 초청받았다. "제가 '어느 여성도 잘 생겼다고 말하지 않는 한 남자'에 관한 이야기를 해드리겠습니다. 그는 어느 날 숲속에서 말을 타고 가다가 한 여인을 만났습니다. 그는 그 여인이 먼저 지나갈 수 있도록 한쪽으로 비켜섰는데, 그 여인은 그냥 지나치지 않고 잠시 걸음을 멈추고는 그를 뚫어지게 쳐다보며 이렇게 말하는 것이었습니다. '오 이런, 여태껏 당신처럼 못생긴 사람은 본 적이 없습니다.' 그러자 그 남자가 이렇게 대답했지요. '그렇군요, 부인, 하지만 어쩌겠습니까?' 그러자 그 여인이 맞받아쳤습니다. '그렇겠지요. 하지만 당신은 집에 있어야 해요!' 이 이야기처럼 지금 이 시간 역시 제가 이 연회장에 있어서는 안 될 것 같습니다. 집에 머물러 있는 것이 모든 이들을 위한 일이었을 텐데 말입니다."[504] 청중들은 링컨의 유머에 일제히 웃음으로 화답했다. 요즘처럼 눈에 보이는 것을 중시하는 시대에 외모는 피할 수 없는 원망거리가 될 수 있다. 그러나 링컨은 즐거운 웃음의 소재로 만들었고, 그 스스로 평범하지도 못하다고 느꼈던 외모의 인물이 '노예해방'이라는 인권역사에 금자탑을 세운 위대한 일을 해냈다. 링컨이 자기 외모에 대해 원망하는 마음으로 일생을 살았다면, 그는 아마 켄터키의 통나무집에서 새는 비를 맞으며, 또 다른 원망거리인 '가난'을 탓하였으리라. "평범해 보이는 것, 이것만큼 대단한 일은 없을 것입니다. 하나님께서 많은 사람들이 평범해 보이도록 만드신 특별한 이유가 있다고 생각합니다."[505] 링컨의 믿음이다.

재물로 인한 원망이든, 외모로 인한 원망이든, 그 어떤 원망도 결코 인생에 도움이 되지 않는다.

자기에게 주어진 '부귀빈천(富貴貧賤)'에 대해 원망하지도 않고, 교만하지도 않는 평상심을 가진 사람이 멋지다.

● ● ●

**504** 존 홈스 · 카린 바지, 김성웅 옮김(2006:19-20)
**505** 존 홈스 · 카린 바지, 김성웅 옮김(2006:19)

※ 다음 구절을 읽고 그 뜻을 해석해 보자.

1. 不以其道得之, 不處也 :

2. 邦有道, 貧且賤焉, 恥也 :

3. 富貴在天 :

4. 貧而無怨難 :


※ 다음 내용을 논어에서 찾아 써보자.

1. 부유함과 현귀함. 이것은 모든 사람들이 얻기를 원하는 것이다.

2. 나라에 도가 없는데도 부귀한 것 역시 치욕이다.

3. 살고 죽는 것은 운명이 결정하는 것이다.

4. 개인적인 이익을 따라 일을 하면 원망이 많게 된다.


※ 나는 부자인가 빈자인가 글로 써보자.

제 6 장

---

# 절제 있는 언행과 태도

어떻게 자기를 수양하고 절제하여 멋진 사람이 될 것인가?

어떤 언행을 보이는 사람이 멋진 사람인가?

말을 정말 잘하려면 무엇이 필요한가?

어떤 삶의 태도를 보이는 사람이 멋진 사람인가?

이 장에서는 절제 있는 언행과 태도를 보이는 '멋진 사람'을 그려보자.

자기수양과 절제의 최종 목적지는 남을 편안하게 함에 있다('安人'). 그러기 위해 멋진 사람은 예의로써 자기를 절제하고, 인생의 시기마다 다가오는 유혹에 대하여 경계(警戒)한다. 육체의 정욕과 호승심(好勝心) 그리고 물욕(物慾)은 멋진 인생이 경계해야 할 주요 대상이다. 멋진 사람은 부족하지도 않고 넘치지도 않(過猶不及)는 절제된 삶을 산다. 그는 사회와 국가에서 많은 사람들을 편안하게 하는 멋진 사람이다.

말보다 실천적인 행동이 앞서는 사람이 멋지다. 그는 자기의 말이 많은 것을 부끄러이 여기고 행동이 적음을 허물로 여긴다. 그는 자기의 말에 책임을 지는 신뢰와 용기가 있다. 그는 감언이설(甘言利說)로 사람을 꾀거나 길가에서 들은 이야기를 중언부언하지 않는다. 그의 말은 정성을 다하며 신뢰가 있으므로 설득력이 있다. 그는 말을 정말 잘하는 덕스럽고 지혜로운 사람이다.

어떤 태도를 보이는 사람이 멋진 사람인가? 반성할 줄 아는 사람이다. 진정한 반성은 질적인 삶을 위한 필요조건이다. 그는 잘못이 있으면 고치는 것을 두려워하지 않는다. 그는 반성을 통해 자아를 발견하며 솔직한 태도, 정열적인 태도로 산다.

절제된 삶, 실천적인 언행, 반성하는 태도로 사는 '멋진 사람'의 상(像)을 새겨보자.

제 1 절

# 수양과 절제

~~~~~~~~~~~~~~~~~~~

## o 먼저 자신을 수양하라

> # 修己
>
> 어떻게 멋진 사람이 될 것인가?
> 공자는 자신을 갈고닦는 절제('修己')를 말한다.

자로가 어떻게 해야 군자가 될 수 있는지에 대하여 여쭈었다. 공자께서 말씀하셨다. "**자기를 갈고 닦아 공경스럽고 예의 있게 해야 한다.**" 자로가 말했다. "그렇게 하면 다 되겠습니까?" 공자께서 말씀하셨다. "**자기를 수양하여 남을 편안하게 해야 한다.**" 자로가 말했다. "그렇게 하면 다 되겠습니까?" 공자께서 말씀하셨다. "**자기를 수양하여 백성을 편안하게 해야 한다.** 자기를 수양하여 백성을 편안하게 하는 일은 요(堯), 순(舜) 임금도 해내기 어려운 일이었단다."

子路問君子[506].(자로문군자.)

• • •

506 여기서의 군자는 직위가 있는 자들을 총칭하여 이른다.

**子曰** "修己以敬[507]."

**자왈** "수기이경."

曰 : "如斯而已乎(여사이이호)?"

**曰** "修己以安[508]人."

**(자)왈** "수기이안인."

曰 : "如斯而已乎(여사이이호)?"

**曰** "修己以安百姓. 修己以安百姓, 堯, 舜其猶病[509]諸[510]."「憲問」42

**(자)왈** "수기이안백성. 수기이안백성, 요, 순기유병저."


　공자는 혈기가 왕성하기로 유명한 제자 자로에게 한 인간이 어떻게 성숙해지며, 사회와 국가에 공헌할 수 있는가를 말한다.

　공자가 말하는 멋진 사람으로의 성숙의 단계는 '수기(修己) → 안인(安人) → 안백성(安百姓)'이다. 이는 대학『大學』에 나오는 '수신제가치국평천하(修身齊家治國平天下)'와 통하는 말이다. 특히, 벼슬길에 나가는 자는 '먼저 자신을 갈고 닦아 남(/백성)을 편안하게 하는데' 그 뜻을 두라고 한다. 벼슬길에 나가기 위해서 뿐만 아니라, 언제 어디서건 남을 편안하게 하고 많은 사람을 행복하게 하기 위해 필요한 것은 '수기(修己)'이다. 이는 철저한 자기절제를 필요로 한다. 무엇을 어떻게 절제하고 수양해야 할까?

- - -

507 예(禮)로써 자기 자신을 수양함을 이른다.
508 동사, 편안하게 하다.
509 부족하다.
510 어기조사. 특별한 뜻이 없다.

갈고닦아야 할 첫 번째 요소는 '인격'이다. 자기 자신은 보통사람만큼도 되지 못하면서 어떻게 남을, 나아가 만백성을 인도하여 편안히 하겠는가? 괴팍한 인품의 소유자가 상급자가 되고, 단체의 우두머리가 되면 그 단체의 구성원들은 몸과 마음이 편안하지 않다.

갈고닦아야 할 두 번째는 '능력'이다. 자기 자신의 능력이 보잘 것 없는데 어떻게 다른 사람을 편안하게 해 줄 수 있겠는가? 무능한 지도자 밑에 있는 사람들은 저도 모르게 더 무능해지고 괴로움을 당하고, 심지어 죽임을 당할 수도 있다.

자신을 수양하며 절제함으로써 타인을 편안하게 하는 사람이 멋지다.


## ○ 예의로써 단속하라

> # 勇而無禮則亂
>
> 어떻게 수양하고 절제할 것인가?
> 공자는 예의로써 절제하라고 한다.
> 공자는 예의로써 절제하지 않을 때의 문제점을 구체적으로 지적한다.

공자가 말씀하셨다. "공경하나 예의로써 절제하지 않으면 몸과 마음이 고달프고, 근신하나 예의로써 절제하지 않으면 두려워 움츠러들 뿐이며, 용감하나 예의로써 절제하지 않으면 어지럽게 되고, 강직하나 예의로써 절제하지 않으면 조급하여 사람을 상하게 할 수 있다. 만일 군자가 친족에 대하여 돈독히 하면 백성들은 인의 요구에 따라 행동하게 된다. 만일 군자가 오래 사귄 친구를 버리지 않으면, 백성 역시 사람들에게 각박하게 하지 않는다."

**子曰** "恭而無禮則勞, 愼而無禮則葸[511], 勇而無禮則亂, 直而無禮則絞[512]. 君子[513]篤[514]於親, 則民興於仁 ; 故舊不遺, 則民不偸[515]." 「泰伯」 2

**자왈** "공이무례즉로, 신이무례즉시, 용이무례즉란, 직이무례즉교. 군자 독어친, 즉민흥어인 ; 고구불유, 즉민불투."

공자는 공경함도, 신중함도, 용감함도, 강직함도 무례(無禮)하면 모두 쓸모 없다고 한다. 오로지 예의로써 절제할 때, 몸과 마음이 편안해지고, 안정감이 있게 된다. 또 예의로써 절제할 때, 질서가 잡히며, 사람에게 편안한 느낌을 줄 수 있다. 공자로부터 이러한 교육을 받은 제자 유자도 멋진 삶에 부합하는 절제를 말한다.

• • •

511 두려워하다, 무서워하다.
512 조급하다('急躁').
513 여기서의 군자는 지위가 높은 사람을 이른다.
514 돈독하게 하다.
515 각박하다.

# 恭近於禮, 遠恥辱也

어떻게 치욕을 피할 수 있는가?
공자의 제자 유자는 치욕을 당하지 않는 비결로 '예의에 부합하는 태도'를 말한다.

유자가 말했다. "다른 사람과 약속은 의에 부합해야 하며, 자기가 한 말은 마땅히 지켜야 한다. **태도는 공경스러워 예의에 부합해야 치욕당하는 것을 피할 수 있다.** (가까이할 사람에게 당신이 마땅히) 친근히 해야 할 바를 잃지 않으면 가히 존경할 만하다.[516]

<blockquote>

有子曰   "信[517]近[518]於義[519], 言可復[520]也. **恭[521]近於禮, 遠[522]恥辱也.** 因[523] 不失其親, 亦可宗[524]也." 「學而」13

유자왈   "신근어의, 언가복야. **공근어예, 원치욕야.** 인부실기친, 역가 종야."

</blockquote>

∙ ∙ ∙

516 "처음 의지할 사람을 정할 때, 그 사람의 어질고 어질지 못함을 가려서 친할 만한 사람을 잃지 않으면, 나중에 그를 높여 종주로 삼을 수 있다." 유교문화연구소(2005:21)
517 약속
518 접근하다, 부합하다.
519 (일이) 마땅함을 이른다.
520 (자기가 한 말을) 실천하다, 준수하다.
521 공손하게 함, 동명사적인 해석이 필요함
522 동사, 멀리하다, 피하다.
523 의지하다, 또는 친근히 하다.
524 존경하고 숭배하다.

유자는 신의로써 사람을 대하고, 또 말을 하였으면 마땅히 실천하라고 한다. 이처럼 예의에 부합한 태도가 몸에 밴 사람은 부끄러움을 당할 일이 없다. 그러나 공손한 행위라도 마땅히 예의에 부합해야 한다. 즉, 예의에 어긋날 정도로 지나치게 공손함도 문제이다. 공자는 이를 족공(足恭)이라 하며, 이를 부끄러이 여긴다.[525]

예의와 관련하여 가난해도 비굴하지 않고, 부유해도 교만하지 않을 수 있다면 그는 이미 대단한 사람이다. 그러나 이는 소극적인 태도이다. 공자는 더 적극적인 예의를 말한다.

---

## 貧而樂, 富而好禮

공자는 가난해도 즐거워하며,
부유하더라도 예의를 좋아하여 지키라고 말한다.

---

자공이 말했다. "가난해도 비굴하거나 알랑거리지 않고, 부유해도 교만하지 않다면, 이러한 사람은 어떠합니까?" 공자가 말씀하셨다. "그러면 된다. 그러나 가난해도 도(道)를 즐거워하며, 부유하나 예의를 좋아함만 못하다." 자공이 말했다. "『詩經』에서 말하길, '상아나 뿔을 다듬는 것처럼, 옥석을 갈고 닦는 것처럼 부단히 절차탁마(切磋琢磨)한다.'고 하였는데, 이것이 바로 이 뜻이겠지요?" 공자가 말씀하셨다. "자공아, 내가 비로소 너와 『詩經』을 이야기할 수 있겠구나! 너에게 조금 말했을 뿐인

• • •
525 본서 6장의 2.4를 참조하라.

데, 너는 내가 말하지 않은 것까지 깨우치는구나!"

子貢曰(자공왈) : "貧而無諂[526], 富而無驕[527], 何如? (빈이무첨, 부이무교, 하여?)"

子曰　"可也. 未若貧而樂, 富而好禮者也."

자왈　"가야. 미약빈이낙, 부이호예자야."

子貢曰(자공왈) : "『詩』云 : '如切如磋[528], 如琢如磨[529]', 其斯之謂與? (『시』운 : '여절여차, 여탁여마, 기사지위여?)"

子曰　"賜[530]也, 始可與言『詩』已矣. 告諸[531]往[532]而知來者[533]." 「學而」15

자왈　"사야, 시가여언『시』이의. 고제왕이지내자."

　공자는 자공에게 "가난해도 도(道)를 즐거워하며, 부유해도 예의를 좋아하라"는 단계로 한 걸음 더 나가라고 요구한다. 자공이 말하는 "가난해도 비굴하거나 알랑거리지 않고, 부유해도 교만하지 않는 상태"는 현실 환경 가운데서 자아를 잃지 않을 정도의 소극적인 자세일 뿐이기 때문이다. 따라서 아직 적극적으로 환경을 조절하는 정도로 덕성이 정립되지 않았음을 말한다. 공자는 이 단계를 뛰어넘으라 한다. 즉, 가난하건 부유하건 간에 그 속마음을 적극적으로 운용하여 '즐거움'과 '예'로 승화

● ● ●

526 비굴하게 아첨하다, 알랑거리다.
527 교만하다, 무례하다.
528 상아나 뼈를 깎아 각종 모양을 만듦을 뜻한다.
529 『詩經』·「衛風」, 기오편(淇澳篇)의 구절이다.
530 자공(子貢)의 자(字)이다.
531 대명사로 '之'와 통한다. 여기서는 자공을 가리킨다.
532 공자가 이미 '말한 것'을 뜻한다.
533 공자가 아직 '말하지 않은 것'을 뜻한다.

시키라는 말이다.

'도'를 닦는 즐거움으로 '가난해도 즐거워하며, 부유해도 겸손할 줄 아는 사람'은 멋진 사람이다.

---

## 克己復禮

'어진 마음'을 실천하는 구체적인 방법은 무엇인가?
공자는 "극기복례하라"고 말한다.

---

안연(顔淵)이 '인'에 대하여 여쭈었다. 공자께서 말씀하셨다. "자기 자신의 사욕을 자제하고 예의를 실천하는 것이 바로 인이다. 진실로 어느 날 자기를 자제하고 예의를 회복한다면, 세상 사람들이 모두 어진 사람을 좇을 것이다. 인을 실천하는 것은 자기 자신이지 다른 사람을 의지하겠느냐?" 안연이 말하였다. "인을 실천하는 구체적인 항목은 무엇입니까?" 공자께서 말씀하셨다. "예의에 부합하지 않는 것이면 보지도 말고, 예의에 부합하지 않는 소리면 듣지도 말고, 예의에 부합하지 않는 말은 하지도 말고, 예의에 부합하지 않는 일이면 하지도 말라. …〈하략〉"

顔淵問仁(안연문인).

子曰 "克己[534]復[535]禮爲仁. 一日克己復禮, 天下歸仁焉. 爲仁由己, 而由人

● ● ●

534 자기 자신을 극복(자제)하다.
535 회복하다, 실천하다.

乎哉？"

**자왈** "극기복례위인. 일일극기복례, 천하귀인언. 위인유기, 이유인호재?"

**顔淵曰(안연왈)** : "請問其目[536](청문기목)?"

**子曰** "非禮勿視, 非禮勿聽, 非禮勿言, 非禮勿動. …〈下略〉"「顔淵」1

**자왈** "비례물시, 비례물은, 비례물언, 비례물동. …〈하략〉)"

공자는 감각적이든 행위적이든 간에 모두 예의로써 극복하라고 말한다. 즉, 인의 실천을 위해 여러 방면에서 '극기복례(克己復禮)'할 것을 주문한다. 이처럼 '예(禮)'는 자기 자신의 다양한 사욕을 절제하는 과정을 통해 드러난다. 따라서 '예'는 비교적 구체적인 행동양식이다. 즉 보는 것, 듣는 것, 말하는 것, 행동하는 것 등등을 모두 예의에 부합하게 하라는 것이다.

'극기복례'할 줄 아는 사람이 멋지다.

## ○ 세 가지를 경계하라

# 君子有三戒

어떻게 수양하고 절제할 것인가?
공자는 멋진 사람이 경계(警戒)해야 할 세 가지를 말한다.

• • •

536 조목, 항목

공자께서 말씀하셨다. "군자가 경계해야 할 일이 세 종류가 있다. 젊을 때는 혈기가 아직 (다 자라) 고정되지 않았으므로, 마땅히 여색에 빠지지 않도록 경계해야 한다. 장년이 되어서는 혈기가 왕성하므로, 마땅히 승리를 다투는 것을 경계해야 한다. 나이가 든 이후에는 혈기가 쇠약하므로, 마땅히 탐욕을 경계해야 한다."

孔子曰 "君子有三戒 : 少之時, 血氣[537]未定, 戒之在色[538] ; 及其壯也, 血氣方剛, 戒之在鬪 ; 及其老也, 血氣旣衰, 戒之在得[539]." 「季氏」7

孔子曰 "군자유삼계 : 소지시, 혈기미정, 계지재색 ; 급기장야, 혈기방강, 계지재투 ; 급기노야, 혈기기쇠, 계지재득."

공자가 제시하는 구체적인 경계대상은 무엇인가?

젊을 때는 색(色)이다. 젊을 때 여색 혹은 남색(?)에 빠져 아직 여물지 않은 혈기를 흩어버리면, 그 인생은 희망이 없게 된다.

장년에는 호승심(好勝心)이다. 장년이 되어 왕성한 혈기를 창조적이고 생명을 살리는 데 쓰지 않고 투쟁에 소진시키면, 그 인생의 업적도 기대할 바가 없다.

노년에는 재물욕(財物慾)이다. 연로하여 쇠약해진 혈기를 욕심스런데 쏟아 부으면, 그 인생은 추하게 된다. 이 세 가지는 우리 인생사에서 지

- - -

537 피와 기운, 혈기. 사람이 가짐으로써 생명을 유지하는 것이므로 두 가지를 함께 썼다. 武惠華(1998:214)에서는 '精力'이라 한다.
538 여색(女色)
539 탐욕

극히 경계해야 할 내용이다.

'경계한다'는 말은 가까이하지 않고 금한다는 것이다. 도저히 이길 승산이 없는 싸움에서는 줄행랑이 상책540이다. 우리네 인생은 약점이 많아도 너무 많기 때문이다. 젊은 남녀가 색을 상대로 자기와의 전쟁을 한다고 해서 이긴다는 보장이 없다. 혈기왕성한 장년의 사람들이 불의하게 덤벼드는 상대방에게서 도망치기도 쉽지 않다. 또 산전수전 다 겪고 정력이 쇠약해진 노인들에게 있어서 재물욕은 피하기 어려운 유혹이다.

장년기와 노년기에 조심해야할 또 하나는 허황된 명예욕이다. 인생을 활기차게 하는 건강한 명예욕도 있지만, 사욕과 맹목적으로 탐하는 명예욕은 문제이다. 어떤 사람은 국회의원 출마가 평생 직업인 경우가 있다. 그런 사람들은 빈둥빈둥거리며 돌아다니는 것이 일이다. 더 열심히 생업에 종사하는 모습을 보고 싶다. 또 대학 총장직에 목을 걸고 평생을 추구하는 사람도 있다. 그 시간에 더 열심히 연구하는 교수 본연의 모습을 보고 싶다.

나는 지금 청년인가? 장년인가? 노년인가? 지금 어디서 무엇을 하며 정력을 사용하고 있는가?

공자는 시경의 시를 이용하여 절제의 중요성을 말한다. "『關雎』편은 그 내용이 즐거우나 과분하여 방종하지 않고, 슬프나 마음의 조화를 상하게 하지는 않는다(〈關雎〉, 樂而不淫, 哀而不傷. 〈관저〉, 낙이불음, 애이불상. 八佾 20)." 즉 절제의 미가 있을 때, 우리 인생은 즐거울 수 있고, 상

• • •

540 손자병법의 36계 '주위상(走爲上)'으로, 여의치 않으면 재빨리 피하여 도망치라는 것이다.

처받지 않을 수 있다는 것이다.

예의와 경계로써 절제하는 사람이 멋지다.

## ● 부족하거나 넘침 모두 불합격이다

> # 過猶不及
>
> 어떤 태도가 멋진 사람의 태도인가?
> 공자는 표준에 꼭 맞는 삶의 태도를 말한다.

자공이 여쭈었다. "전손사와 복상은 누가 더 현숙한가요?" 공자께서 말씀하셨다. "전손사는 지나치고, 복상은 미치지 못한다." 자공이 말했다. "그럼 전손사가 낫지 않은가요?" 공자께서 말씀하셨다. "지나침은 미치지 못함과 같다(똑같이 불합리한 것이다)."

子貢問(자공문) : "師$^{541}$與商$^{542}$也孰$^{543}$賢? (사여상야숙현?)"

**子曰** "師也過, 商也不及."

**자왈** "사야과, 상야불급."

• • •

541 '顓孫師', 공자의 제자, '子張'을 이름
542 '卜商', 공자의 제자 '子夏'를 이름
543 누구. 의문대명사

日(왈) : "然則師愈[544]與？ (연즉사유여？)"

子曰 "過猶[545]不及."「先進」16

자왈 "과유불급."


공자는 '과유불급', 즉 표준에 지나친 것이나 미달된 것 모두 적당하지 않다고 말한다.

조금 넘치는 것이 좋은가? 조금 부족한 것이 좋은가? 나도 자공처럼 넘치는 것이 부족한 것보다 좋다고 생각한 적이 있다. 그러나 곰곰이 생각해 보니 조금 부족한 것이 나은 경우도 있다. 식사량이 조금 부족한 듯한 것이 건강에 좋고, 중고등학교 학생들의 학습량이 조금 부족한 듯하여 지적 욕구를 유발하는 것이 너무 넘쳐서 진을 빼는 것보다 나을 성 싶다.

그러나 사실 두 경우 모두 적당하지 않다. 공자는 넘치는 것과 모자라는 것 모두 문제가 있음을 지적한다. 예컨대 볼트와 너트는 그 양자의 사이즈가 꼭 맞아야 기능이 발생한다. 둘 중의 어느 하나가 조금이라도 크거나 작으면 전혀 쓸모가 없다. 딱 맞아야만 한다. 딱 맞추기 위해서는 가장 적절한 시점에서 절제하고 멈추어 설줄 알아야 한다. 그것이 바로 절제의 아름다움이다. "의욕이 있되 과욕으로 흐르지 않는 자세는 인생에서 절실히 필요합니다."[546] 링컨의 말이다.


부족하지도 넘치지도 않게 절제하는 사람이 멋지다.

● ● ●

544 낫다. 뛰어나다.
545 같다. 동등하다.
546 존 홈스·카린 바지, 김성웅 옮김(2006:95)

**※ 다음 내용에 해당하는 논어의 구절을 찾아 써보자.**

1. 자기를 수양하여 남을 편안하게 하라.

2. 공경하나 예의로써 절제하지 않으면 몸과 마음이 고달프다.

3. 젊을 때는 여색에 빠지지 않도록 경계하라.

4. 지나침은 미치지 못함과 같다.


**※ 다음 구절을 해석해 보자.**

1. 修己以安百姓 :

2. 勇而無禮則亂 :

3. 血氣方剛, 戒之在鬪 :

4. 樂而不淫 :


**※ 나의 삶에 있어 절제해야 할 점에 대해 적어보자.**

## 제 2 절

# 언행

6~6~6~6~6~6~6~6~6~6

**o 말하고 싶은 대로 행동하라**

---

# 先行其言

멋진 사람은 어떤 언행을 보이는가?
공자는 "먼저, 말하고 싶은 대로 행동하라"고 한다.

---

자공이 공자에게 어떻게 하여야 군자가 될 수 있는지 물었다. 공자가 말씀하셨다. "먼저, 말하고 싶은 대로 행동하라, 그런 후에 말하라."


子貢問君子. (자공문군자.)

**子曰** "先行<sup>547</sup>其<sup>548</sup>言, 而後從之." 「爲政」 13

**자왈** "선행기언, 이후종지."


'말하고 싶은 대로 먼저 행동하는 것(先行其言)'이 의미하는 것은 내면에 대한 성찰에서 그치지 않고 실천하는 책임감이다. 멋진 사람은 자기

. . .

547 동사로 '행동하다'
548 지시 대명사, 행위자 본인을 가리킴

의 말에 대하여 책임을 지는 사람이다. 말만 번지르르하게 하고 행동하지 않으면 아무 의미가 없다. 세월이 조금만 지나도 온 세상 사람들은 그를 '말쟁이'라고 평가할 것이다. 말만 잘하는 것은 의미가 없다. 말 속에 진심이 담겨 있고, 그것을 실천하는 사람이 멋지다.[549]

세상의 어떤 일도 쉽게 이루어지는 것은 없다. 그런데 일이 이루어지기 전에 불필요한 말을 많이 하면 일이 이루어지는 기운, 즉 '김'이 샌다. 그것 참 묘한 일이다. 일이 다 이루어진 후에 말을 해도 전혀 늦지 않다.

---

## 耻其言而過其行

말보다 실천이 앞서는 사람이 멋지다.
공자는 행동보다 말이 많은 것을 부끄러이 여긴다.

---

공자가 말씀하셨다. "멋진 사람은 자기의 말이 자기의 행동을 넘어서는 것을 부끄러워 한다.

**子曰**  "君子耻[550]其言而[551]過其行." 「憲問」 27
**자왈**  "군자치기언이과기행."

공자는 말이 많은 것을 심지어 부끄러운 것으로 여긴다.

● ● ●

549 멋진 사람의 언행에 대해서는 본서 6장의 2를 참고하라.
550 부끄럽게 여기다. '耻'와 같다. '耻'의 목적어는 후속하는 절 전체이다.
551 여기의 '而'는 주격조사 용법으로 '之'와 같다.

주변에서 실천보다 말이 많아 문제가 되는 경우를 적지 않게 본다. 그런 사람의 말은 걸러서 들어야 한다.

나는 말이 앞서는 사람인가? 실천이 앞서는 사람인가? 특히 부모된 자는 실천함으로써 자녀를 교육해야 한다. 말을 하는 법도 실천적으로 보여주어야 한다. 매일 불평불만으로 가득 차 정치인을 욕하고, 선후배를 욕하고, 세상을 원망하는 사람에게서는 기대할 바가 없다. 또한 우리는 사변적인 생각을 조절하여 실천에 무게를 둘 줄 알아야 한다.

공자는 두 번 정도 생각한 후에 '행동하라'고 한다.

계문자는 여러 번을 생각한 후에야 (비로소) 행동에 옮겼다. 공자가 이 말을 듣고서 말씀하셨다. "두 번이면 된다."

季文子.[552]三[553]思而後行. (계문자삼사이후행.)
子聞之, 曰∶"再, 斯可矣."「公冶長」20
자문지, 왈 "재, 사가의."

사고(思考)는 문제를 분명히 함으로써 어떤 일을 합리적으로 해결하는 데 도움이 된다. 그러나 깊이 생각한 나머지 일의 사실관계를 떠나 현묘(玄妙)한 경지까지 들어갈 필요는 없다. 특히 천성이 생각하기를 좋아하는 사람은 기질상의 관성 때문에 사고에 사고를 거듭하여 결국에는 사

• • •

552 성은 계손(季孫), 이름은 행부(行父), 시호는 문(文)이다. 노나라의 대부로 정경(正卿)을 지냈다.
553 여러 번. 여기서 '三'은 구체적인 숫자를 의미하지는 않는다.

실과 관계없는 환상에 빠지는 수도 있다. 따라서 생각할 때는 생각하고, 그만두어야 할 때는 그만두어야 한다. 공자는 '두 번이면 된다.'고 한다.

말보다 실천을 앞세우는 사람이 멋지다.

## ㅇ 신뢰 있는 말을 하라

言必信, 行必果

어떤 언행을 보이는 사람이 멋진 사람인가?
공자는 말은 신뢰 있게 하고, 행동은 과단성 있게 하는 사람을 말한다.

자공이 물었다. "어떻게 하여야 선비라 할 만 하겠습니까?" 공자가 말씀하셨다. "자기가 한 일에 대하여 수치(羞恥)의 마음(/겸양의 미덕)이 있고, 여러 나라에 사신으로 나가 임금의 명령을 욕되게 하지 않으면[554] 가히 선비라 할 만하다." 자공이 말했다. "감히, 그 다음 단계는 무엇인지 여쭙겠습니다." 공자가 말씀하셨다. "그 가문 사람들이 효성스럽다고 칭찬하며, 마을 사람들이 윗사람에게 공경할 줄 안다고 하는 사람이니라." 자공이 말했다. "감히, 그 다음 단계는 무엇인지 여쭙겠습니다." 공자가 말씀하셨다. "말을 함에 있어서는 반드시 신뢰가 있고, 행동함에 있어서는 반드시 과단성이 있는 사람이다. 천박하고 고집스런 소인배들은 (이것을) 억지

• • •

554 '임금이 부여한 사명을 잘 완수할 수 있으면'으로 해석해도 좋다.

로 다음 단계(/낮은 등급의 단계)인 것일 뿐으로 여긴다." 자공이 말했다. "지금의 정치인들은 어떻습니까?" 공자가 말씀하셨다. "흥, 그 도량이 좁고 재주가 보잘 것 없는 사람들을 어떻게 생각해 볼 수 있단 말인가!"

子貢問曰(자공문왈) : "何如斯可謂之士矣? (하여사가위지사의?)"

子曰 "行己有恥, 使於四方, 不辱君命, 可謂士矣."

자왈 "행기유치, 시어사방, 불욕군명, 가위사의."

曰 : "敢問其次(감문기차)."

曰 "宗族[555]稱孝焉, 鄕黨稱弟焉."

왈 "종족칭효언, 향당칭제언."

曰 : "敢問其次(감문기차)."

曰 "言必信, 行必果[556], 硜硜然[557]小人哉! 抑亦可以爲次矣."

왈 "언필신, 행필과, 갱갱연소인재! 억역가이위차의."

曰 : "今之從政者何如? (금지종정자하여?)"

子曰 "噫! 斗筲[558]之人, 何足算也!"「子路」20

자왈 "희! 두초지인, 하족산야!"

공자는 멋진 사람의 '일', '효성', '언행' 등이 어떠해야 하는지를 구체적

● ● ●

555 '(그) 가문 사람들'을 이른다.
556 과단성
557 '硜' 음은 '갱', '硜硜然'은 천박하고 고집스러움을 형용한다.
558 대나무로 만든 작은 용기(그릇). 사람의 도량이 좁고, 지식이나 재주가 보잘 것 없는 것을 비유한다.

으로 설명한다.

"언필신, 행필과(言必信, 行必果)"는 언행에 책임을 지는 멋진 사람이 보이는 태도이다. 그의 말은 신뢰가 있어 천금같다. 그의 행동은 실천적이고 깔끔하다. 그는 무슨 일이든 처리해낼 수 있다. 그러나 말에 신뢰를 얻지 못하는 사람은 무용지물이다. 그는 책임 있는 일, 창조적인 일을 일구어낼 수 없다. 사람들로부터 신용을 얻지 못하는 그의 인생은 축복과는 거리가 멀다.

"말을 함에 있어서는 반드시 신뢰가 있고, 행동에는 반드시 과단성이 있어야 한다."는 이 말을 생각하며, 배고픔을 이기지 못하여 팥죽 한 그릇에 장자의 명분을 동생 야곱에게 팔아먹은 에서와 그의 아버지 이삭 사이에 오간 말에 대해 생각해 본다. 에서는 아버지 이삭을 찾아가 말한다. "아버지여 일어나서 아들의 사냥한 고기를 잡수시고 마음껏 내게 축복하소서. 창세기27:31" 그러나 이삭의 대답은 단호하다. "내가 그(/야곱을)를 위해 축복하였은즉 그가 정녕 복을 받을 것이니라. 창세기27:33" 부모로서 자녀에 대한 축복의 말도 이처럼 되돌릴 수 없다. 자기의 영향력 아래에 있는 사람에게 한 말에 대한 책임은 바로 자기 자신에게 있다.

나는 나의 말에 대하여 책임을 지는가? 남들로 하여금 신뢰를 받는 말을 하는가? 자녀를 저속한 말로 꾸짖을 때마다, 누군가를 깔아뭉개는 말을 할 때마다, 그 말은 다시 주워 담을 수 없음을 알아야 한다. 이제는 아이들이 건강한 자아상을 확립하는데 도움이 되는 말, 제자들을 세워주고 격려하는 말을 해야겠다.

말과 행위가 일치하는 사람이 멋지다.

## o 교묘한 말은 덕성을 깎는다

巧言令色

어떤 언행을 보이는 사람이 멋진 사람인가?
공자는 교언영색을 하지 않는 사람을 말한다.

공자가 말씀하셨다. "감언이설을 잘 하는 자와 위장으로 선량한 표정
을 잘 짓는 자 가운데 인덕이 있는 자는 드물다."

**子曰** "巧言令色, 鮮矣仁!" 「學而」 3
**자왈** "교언영색, 선의인!"[559]

공자는 감언이설을 잘하는 자 가운데 인덕(仁德)이 있는 사람이 매우
드물다고 말한다. 말재주가 없는 사람들에게 기쁜 소식이 아닐 수 없다.
어진 자는 반드시 말과 행동을 바르게 한다. 말을 달콤하게 하고 위장
으로 선량한 표정을 잘 짓는 자는 남을 속일 가능성이 높다. 공자는 그
런 사람 가운데 인덕 있는 사람이 드물다고 한다.

● ● ●

559 「陽貨」 17'에도 동시에 출현한다.

# 巧言亂德

교묘한 말 장난이 왜 문제인가?
공자는 교묘한 말로 '덕'을 어지럽히는 것을 경계한다.

공자가 말씀하셨다. "감언이설은 도덕을 어지럽힌다. 작은 일을 인내할 수 없다면 큰 계획(/일)을 그르칠 수도 있다."

> 子曰 "巧言亂[560]德. 小不忍則亂大謀[561]." 「衛靈公」 27
> 자왈 "교언난덕. 소불인즉란대모."

감언이설에 귀를 기울이다 보면 자기의 마음을 지키기가 어렵다. 또 작은 일에 참지 못하는 사람이 있다. 그런 사람은 결국 인생에 세운 큰 뜻도 그르친다(則亂大謀). 소탐대실이다. 교묘한 말과 행동이 당장은 멋져보이는 수도 있다. 그러나 그것은 자신의 덕성을 깎아내리는 행위이다. 말을 번지르르하게 하지 못하여 고민하는 사람도 있다. 그러나 크게 걱정하지 않아도 될 성 싶다.

후덕한 말로 자신의 인덕을 두터이 하는 사람이 멋지다.

● ● ●

560 어지럽히다. 무너뜨리다. 동사
561 큰 일(大事)

## ○ 공자도 부끄러워한다

足恭

어떤 언행을 보이는 사람이 멋진 사람인가?
공자는 '족공'하지 않는 사람을 말한다.

공자가 말씀하셨다. "감언이설을 잘하고, 거짓으로 착한 체하며, 지나치게 자기 몸을 낮추어 공경하는 것에 대하여 좌구명도 부끄럽게 여겼으며, 나도 부끄럽게 여긴다. 원한을 숨기고 표면적으로만 어떤 사람과 잘 지내는 것에 대하여 좌구명도 부끄럽게 여겼으며, 나도 부끄럽게 여긴다."

**子曰** "巧言, 令色, 足恭[562], 左丘明[563]恥之, 丘[564]亦恥之[565]. 匿[566]怨而友[567]其人, 左丘明恥之, 丘亦恥之." 「公冶長」25

**자왈** "교언, 영색, 족공, 좌구명치지, 구역치지. 원이우기인, 좌구명치지, 구역치지."

• • •

562 '足'은 '넘치다, 지나치다'의 뜻. 즉 '足恭'은 지나치게 자신의 몸을 낮추는 것을 말한다.

563 성은 '좌구(左丘)', 이름이 '명(明)'이다. 춘추시기의 노(魯) 나라 사람으로 태사(太史)를 지냈다고 한다. 공자의 이 말에 근거할 때, 당시에 인륜도덕으로 상당한 영향력을 가진 사람이었을 것으로 추측된다.

564 공자의 자칭 이름(名)

565 밑줄 친 전체 문장은 '화제+주어+술어+(목적어)' 구조이다. 즉 '巧言, 令色, 足恭'은 좌구명과 공자가 배척한 대상이므로 술어 '恥'의 뒤에 오는 것이 일반적인 어순이다. 그러나 진술대상화하여 술어의 앞에 위치한다. 고문에서도 흔히 발견되는 화제구조의 문형이다.

566 감추다, 은닉(隱匿)하다.

567 벗하다, 사귀다. 동사

공자는 감언이설을 잘하는 자를 부끄럽게 여긴다.

멋진 사람은 당당하기에[568] 감언이설하지 않는다.
멋진 사람은 당당하기에 거짓으로 착한 체하지 않는다.
멋진 사람은 당당하기에 비굴한 자세로 남에게 알랑거리지 않는다.

'교언영색'하지 않고, '족공'하지 않는 사람이 멋지다.


## ○ 말을 정말 잘 하고 싶은가


(1) 먼저 덕을 품어라

> # 有德者必有言
>
> 어떻게 해야 말을 멋지게 잘할 수 있을까?
> 공자는 말을 잘 하려면 먼저 덕을 품으라고 한다.

　공자께서 말씀하셨다. "덕스런 사람은 필경 말을 잘 하나 말을 잘 하는 사람이라고 해서 반드시 덕스런 것은 아니다. 어진 사람은 필경 용기가 있으나 용기 있는 사람이라고 해서 반드시 어진 것은 아니다."

● ● ●
568 본서 1장의 1 '군자' 부분을 참조하라.

"有德者必有言, 有言者不必有德. 仁者必有勇, 勇者不必有仁." 「憲問」4<sup>569</sup>

"유덕자필유언, 유언자불필유덕. 인자필유용, 용자불필유인."

공자는 덕스런 사람이 말을 잘할 수 있음을 말한다. 덕스런 사람은 필경 말을 잘 하는 사람이다. 그 사람의 말은 신뢰를 얻으며, 많은 사람들이 따른다. 덕은 인간을 감화시키는 본질이다. 본질이 살아서 충만하면 무슨 말을 해도 힘이 있다. 덕스런 사람 옆에 사람이 모여드는 이유이다.[570]

당신은 말을 정말 잘하는 사람, 세계적인 언론인이(아나운서/사회자) 되고 싶은가? 그렇다면 먼저 덕을 쌓을 일이다. 덕스런 사람은 달리 말하는 기술을 배울 필요가 없다. 그 입에서 나오는 말은 주변 사람들에게 감동을 주기 때문이다. 우리나라의 방송계에서 인기를 얻으며 장수하는 프로그램 사회자의 말투를 곰곰이 들어보라. 무엇이 배어 나오는 지를 금세 알 수 있다. 반면 묘한 말을 잘하나 말에 덕이 없는 언론인이나 배우들의 수명은 불문가지이다.

우리 민족의 말솜씨는 세계 어느 수준일까? 유감스럽게도 우리 민족의 속성 중에는 말로 하다가도 툭하면 화를 내는 악한 성품이 있다. 세계 어디를 가도 운전하는 사람들이 차를 길에 세워 놓고 멱살을 잡고 싸우는 모습은 보기 어려운 현상이다. 국회나 각종 청문회의 발언 내용을 들어보면 자기 의사를 이야기하는 것인지 감정을 털어 놓는 것인지 분간이 가지

• • •

569 이 구절은 본서 1장의 '덕자'와 '인자'에서도 각각 인용되었다.
570 본서의 1장 2절 '덕자(德者)'를 참조하라.

않는다. 한국 사람들은 자신의 의사가 상대방에게 충분히 전달되었는가 보다는 자신의 기분이 풀렸는가를 매우 중요시하고, 기분이 풀렸으면 그것을 이긴 것이라고 착각하는 경우가 많다. "일본의 한 언론인이 한국 사람들을 얕잡아보고 썼던 글이 있다. '한국 사람과 회담하는 것은 참 쉽다. 그들은 조금만 약을 올려놓으면 화를 벌컥 낸다. 그리고 처음에 화를 낸 것으로 나중에는 미안하고 어색하여 쉽게 끌려갈 수밖에 없게 된다.'"[571] 우리는 감정을 추스르고 말하는 법을 배워야 한다. 성경도 말한다. "경우에 합당한 말은 아로새긴 은쟁반에 금사과니라. 잠언25:11"

누가 정말 말을 잘 하는 사람인가?

덕이 배어 있는 말로써 감동을 주는 사람이다.


(2) 먼저 지혜를 쌓아라

---

# 知者不失言

어떻게 해야 말을 멋지게 잘할 수 있을까?
공자는 말을 잘 하려면 먼저 '지혜'를 쌓으라고 한다.

---

공자께서 말씀하셨다. "어떤 사람과 이야기해야 할 것을 그 사람과 이야기 하지 않으면 그 사람의 마음을 잃을 것이다. "어떤 사람과 이야기 하지 않아야 할 것을 그 사람과 이야기하면 말실수를 하게 된다. **지혜로**

• • •
571 프리셉트성경연구원(2003:81)

운 사람은 사람의 마음도 잃지 않으며, 말실수도 안 한다."

子曰 "可與[572]言而不與言, 失人[573] ; 不可與言而與之言, 失言. **知者不失
人, 亦不失言**." 「衛靈公」 8

자왈 "가여언이불여언, 실인 ; 불가여언이여지언, 실언. **지자불실인, 역
불실언**."


공자는 지혜로운 사람은 말실수를 하지 않을 뿐만 아니라 오히려 말
로써 사람을 얻는 것에 대해 말한다.

인간은 언어적 존재이다. 언어는 수많은 규칙들로 이루어진다. 인간
은 이러한 규칙들을 지켜서 말해야 한다. 그러나 어떤 규칙보다 더 중요
한 규칙이 있다. '해야 할 말과 하지 않아야 할 말을 분별하는 지혜'이다.
이것이야 말로 인간이 지켜야 할 가장 큰 언어 규칙이다.

당신은 말로 성공하고 싶은가? 그렇다면 우선 말하는 태도나 방법을
지혜롭게 바꿀 필요가 있다. 말 전체의 뉘앙스가 '부정적인 말'을 하면
안 된다. 즉, 같은 말이라도 초점을 긍정에 두어야 한다. 예를 들어 자녀
에게 다음과 같은 말을 한다고 생각해 보자.


A : 너는 영어는 잘 하지만, **수학은 잘 못한다.**

B : 너는 수학은 잘못하지만, **영어는 잘 한다.**


• • •

572 '~와'의 뜻을 표시하는 전치사, 본문은 전치사의 목적어가 생략되었다.
573 사람의 마음, 우의

A와 B는 결국 같은 말이다. 그러나 말의 힘(language force)은 다르다. 어느 쪽이 듣기 좋은가? B이다. 왜인가? B는 잘하는 쪽에 초점을 두어 말한 것이고, A는 못하는 것에 초점을 두어 말한 것이기 때문이다.[574] 따라서 객관적인 현상에 대하여 말을 할 때도 못하는 것 먼저, 잘하는 것을 나중에 배치시킴으로써 잘하는 것을 초점화시켜야 한다. 후자처럼 말하는 부모는 자녀에 대하여 보이지 않는 희망을 심어준다.

부정적인 말로 스타일을 구긴 어느 스포츠 스타의 예를 보자.

"1990년대 말 호세 리마(Jose Lima)는 휴스턴 애스트로우스(Houston Astros)의 투수 스타플레이어로 여러 해 동안 전성기를 구가했다. 그는 온몸에서 에너지와 매력을 발산하고 언제나 긍정적인 태도를 잃지 않는 젊은 야구선수였다. 하지만 애스트로우스가 홈구장을 새로 지었을 때 리마는 머리끝까지 화가 났다. 좌측 펜스가 이전보다 훨씬 짧았기 때문이다. 좌측 펜스가 짧으면 타자에겐 유리하지만 (투수가) 특히 주로 좌측 안타를 날리는 오른손 타자를 상대할 때는 매우 곤혹스럽게 된다. 그는 볼멘소리를 내뱉었다. '젠장, 이런 데서 제대로 던지기는 글렀어.' 새로운 구장에 대한 팬들의 뜨거운 관심 속에서 다음 시즌이 개막되었지만 호세는 20승 투수에서 연속 16패 투수로 전락하면서 최악의 한 해를 보내야 했다.

우리의 말은 자신에게 하는 일종의 예언과 같은 기능을 한다. 우리가 패배를 생각하고 말로써 그것에 생명을 부여하면, 행동은 그대로 뒤따라간다. 우리가 말을 신중히 해야 하는 이유이다. 말에는 엄청난 힘이 숨어

• • •

574 초점은 일반적으로 자연초점과 대비초점으로 나뉘며, 자연초점은 문장의 마지막 부분에 온다. 이런 원리를 이용하여 화자는 발화 가운데 본인이 강조하는 내용을 배치한다.

있고, 좋은 말이든 나쁜 말이든 간에 우리는 자신의 의지와 상관없이 말에 생명을 부여하게 된다."[575]

말로 인하여 사람을 잃고, 망할 수도 있다. 속설에 인간, 특히 남자는 세 끝 부리를 조심해야 한다고 한다. 그 첫째는 혀끝이요, 둘째는 성기의 끝이요, 셋째는 발부리이다. 폭력이나 성적인 타락보다 우선하여 혀부리를 조심하라고 한 원인은 무엇인가? 인간을 가장 먼저 철저하게 망가뜨릴 수 있는 것이 세 치의 혀이기 때문이다.[576] 세상에는 말실수로 인하여 망가지는 사람들이 너무 많다. 조그마한 방향키가 큰 배 전체의 방향을 통제하듯, 우리의 혀도 우리 삶의 방향을 좌지우지하기 때문이다. 특히, 우리가 입을 단속해야 할 때가 있다면 그것은 고난과 시련의 순간이다. 이 시기에 어떤 말을 하느냐, 어떤 식으로 말을 하느냐에 따라서 고통은 곧 끝나기도 하고 평생 지속되기도 하기 때문이다.

지혜로운 사람은 할 말은 '꼭' 한다. 그러나 하지 말아야 할 말은 '절대' 하지 않는다. 그는 사람의 마음도 잃지 않으며, 말실수도 안 한다.

누가 정말 말을 잘하는 사람인가?

할 말과 아니 할 말을 지혜롭게 구별할 줄 아는 사람이다.

• • •

575 조엘 오스틴, 엔터스 코리아 옮김(2005:146-148)
576 "혀는 곧 불이요 불의의 세계라 혀는 우리 지체 중에서 온 몸을 더럽히고 생의 바퀴를 불사르나니 그 사르는 것이 지옥 불에서 나느니라. 혀는 능히 길들일 사람이 없나니 쉬지 아니하는 악이요 죽이는 독이 가득한 것이라." 〈야고보서 3:6,8〉

# 言忠信, 行篤敬

어떻게 해야 말을 멋지게 잘할 수 있을까?
공자는 충성과 신뢰로 상대방을 대하라고 한다.

자장이 행동에 대하여 여쭈었다. 공자께서 말씀하셨다. **"말을 함에 있어 충성과 신뢰를 강구하고, 행동함에 있어 돈독함과 공경스러움을 중시하라. 비록 먼 남과 북방의 이민족 나라에 들어갔다 하더라도 자기의 주장이 통하리라.** 말을 함에 있어 충성과 신뢰를 강구하지 않고, 행동함에 있어 돈독함과 공경스러움을 중시하지 않으면 비록 자기나라의 본향이나 본토라고 해서 통할 수 있겠는가? 일어서서는 그것(충성과 신뢰, 돈독함과 공경스러움)이 눈앞에 (줄지어) 나타나듯이 하고, 수레를 탔을 때는 그것들이 수레가 쐐기에 의지하듯 하라. 그렇게 한 후라야 통할 것이다." 자장은 (공자의 이 말들을 자기의) 허리띠에 적었다.

子張問行.(자장문행.)

子曰 "言忠信, 行篤<sup>577</sup>敬, 雖蠻<sup>578</sup>貊<sup>579</sup>之邦行矣. 言不忠信, 行不篤敬, 雖州里<sup>580</sup>行乎哉? 立則見其<sup>581</sup>參<sup>582</sup>於前也 ; 在輿<sup>583</sup>則見其倚<sup>584</sup>於衡<sup>585</sup>也, 夫然後行."

• • •

577 도타움, 두텁고 꽉 참을 이른다.
578 만(蠻), 고대에 중국에서 남방의 다른 민족을 부르던 명칭
579 맥(貊), 고대에 중국에서 동북방의 다른 민족을 부르던 명칭

**자왈** "언충신, 행독경, 수만맥지방행의. 언불충신, 행부독경, 수주리행

호재? 입즉견기참어전야 ; 재여즉견기의어형야, 부연후행."

子張書<sup>586</sup>諸紳<sup>587</sup>. (자장서저신.) 「衛靈公」6

공자는 어떻게 설득력을 배양할 수 있는지를 구체적으로 제시한다. "말을 함에 있어 충성과 신뢰를 강구하고, 행동함에 있어 돈독하고 공경스럽게 하라(言忠信, 行篤敬)." 특히 이러한 태도를 자기의 몸과 마음에 새겨 체득(體得)하고 생활화하라고 한다. 일어서건 수레를 타건(/앉으나 서나) 명심하라고 한다.<sup>588</sup> 그 결과는 어떠한가? 그의 주장은 국내는 물론이고, 국외에서도 설득력을 얻게 된다. 그러나 그렇게 하지 않을 경우는 자신의 고향에서조차 먹혀들지 않을 것이라 한다. 아주 정확한 진단이다.

인간은 동물과 다르다. 인간은 하나님이 자기의 형상을 본떠 직접 빚어냈으므로 고도의 감각과 지성을 갖춘 존재이다. "우리가 우리의 모습과 형상대로 사람을 만들자. 그래서 바다의 물고기와 공중의 새와 온갖 가축과 들짐승들과 땅위에 기어 다니는 모든 생물을 다스리게 하자. 창

● ● ●

**580** 상고(上古) 시대 거주민 조직의 명칭, 2500집을 '주(州)'라 하고, 25집을 '리(里)'라 하였다.

**581** 대명사로 '忠信'과 '篤敬'을 가리킨다.

**582** 열(列)지어 나타나다. 동사

**583** 수레(車)

**584** 의지하다. 동사

**585** 도리. 수레 체의 끝에 가로지르는 나무를 이른다.

**586** 기록하다, 적다. 동사

**587** 허리띠

**588** 자장이 공자의 이 말을 허리띠에 적은 것은 늘 가까이 하며 지키겠다는 의미로 이해된다.

세기1:26" 이렇게 똑똑한 사람들을 어떻게 설득할 것인가? 값싼 말로 사람을 요리하려 하지 마라. 진심과 행동이 수반된 언행만이 신뢰를 얻어 남을 설득할 수 있다.

　말을 정말 잘 하는 사람은 충성과 신뢰로 대인관계를 가지는 사람이다. 당신은 말을 정말 잘 하고 싶은가? 논어의 이 말을 보며, 우리나라에서 방송 시사 프로그램 진행에 가장 정통한 것으로 이름이 난 한 방송인이 떠오른다. 필자는 그가 두 가지 점에서 성공한 이유가 있다고 보는데, 모두 공자의 이 말과 관련이 있다. 하나는 그가 프로그램을 진행할 때 엄청나게 집중해서 상대편의 말을 경청한다고 한다. 그리하면 그 자리에서 어떻게 응대해야 할지 지혜가 떠오른다고 한다. 여기서 '엄청나게 집중해서 상대편의 말을 경청한다'는 것은 바로 공자가 말한 진심과 정성을 다해서 대하는 행위의 일종이다. 또 하나는 본인 방송 내용의 신뢰를 위해 수억 원 짜리 광고가 들어와도 사양하는 행위이다. 이런 철학으로 방송에 임하는 그의 프로그램은 많은 사람들이 신뢰하는 것으로 정평이 있다. 알량한 말재주나 방자한 혈기로 한 번 떠서 유명세를 타보려는 생각은 매우 어리석은 짓이다. 요즈음 시청자들의 수준이 그렇게 만만하지 않다.

　성경은 말한다. "너희 말을 항상 은혜 가운데서 소금으로 맛을 냄과 같이 하라. 그리하면 각 사람에게 마땅히 대답할 것을 알리라. 골로새서 4:6"

　누가 정말 말을 잘하는 사람인가?
　상대방을 충성과 신뢰로 대하며 말하는 사람이다.

## (4) 말의 출처를 밝혀라

---

# 道聽而涂說, 德之棄也

어떻게 해야 말을 멋지게 잘할 수 있을까?
공자는 말을 잘 하려면 경솔한 말, 즉 출처가 불분명한 말을 하지 말라고 한다.

---

공자께서 말씀하셨다. "길가에서 주워들은 (불확실한) 말을 다시 길가에서 말하여 전달하는 행위는 덕을 저버리는 짓이다.

**子曰** "道[589]聽而涂[590]說, 德之棄也."「陽貨」14

**자왈** "도청이도설, 덕지기야."


공자는 출처가 불확실한 말을 그 자리에서 듣고 그 자리에서 제멋대로 지껄이는("道聽涂說") 행위는 인덕을 저버리는 행위라고 한다.

길가에서 주워들은 말을 즉시 또 남에게 전하는 언어행위는 신뢰감을 상실한다. 어떤 정보를 들었을 때, 그 정보의 신빙성과 의미파악 등이 선행되어야 한다. 특히 타인에게 전달될 경우, 그 말이 줄 영향에 대하여 생각해야 한다. 현대는 각종 전자 매체가 발달하여 근거 없는 정보들이 매체를 떠다닌다. 대학생의 리포트나 심지어 학위논문까지 여기저기 오려붙이기를 하는 사람도 있다. 근거 없는 정보는 정보가치가 없을 뿐만

• • •

589 도로, 길
590 도로, 길. '途'와 같다.

아니라 진실된 정보를 왜곡시키는 악 기능을 하는 경우가 대부분이다. 우리는 '악플'에 시달리다 결국 자살까지 하는 사람들을 여럿이나 보아 왔다. 그들의 인격과 생명을 누가 어떻게 보상할 수 있단 말인가?

나는 남한테 들은 말에 대하여 어떤 태도를 취하는가? 그 즉시 옆 사람에게 전달하지 못해서 안달하지는 않는가? 전달할 때는 들은 대로 하나? 아니면 각색하여 자기에게 유리한 대로 전달하는가? 덕스럽지 못한 짓이다. 얼마 전 정계의 지도층 인사라는 사람이 '경천동지(驚天動地)'할 사실을 밝히겠다고 언론에 연일 선전해 놓고, 얼마 후에 발표된 내용은 길가에서 주워들은 듯 알맹이 없는 이야기뿐이었다. 본인도 한심했는지 여론에 떠밀렸는지 사과하는 해프닝도 잊지 않았다. 멋진 사람의 언행이 아니다.

누가 정말 말을 잘 하는 사람인가?
출처가 확실한 말이라도 조심스럽게 하는 사람이다.

## ※ 다음 언행과 관련된 내용을 논어 구절과 연결해 보자.

1. 감언이설을 잘 하고 거짓으로 선량한 표정을 
   잘 짓는 행위

2. 덕스런 사람은 분명 말을 잘 한다.

3. 말은 반드시 신뢰가 있고,
   행동은 반드시 과단성이 있어야 한다.

4. 지혜로운 사람은 말실수도 안 한다.

5. 먼저, 말하고 싶은 대로 행동하라.

a. 先行其言

b. 巧言令色

c. 有德者必有言

d. 知者, 亦不失言

e. 言忠信, 行篤敬


## ※ 『논어』에서 제시하는 말을 정말 잘 하는 비결은?

1. _____

2. _____

3. _____

4. _____


## ※ 나의 언행 중 장점과 단점에 대해 적어보자.

## 제 3 절
# 태도

෨෨෨෨෨෨෨෨

## ㅇ 반성하라

見其過而內自訟

무엇이 멋진 사람의 태도인가?
공자는 반성하는 태도를 말한다.

공자가 말씀하셨다. "야단이로구나! 나는 자기 자신의 허물을 알아볼 수 있으며, 속마음으로 스스로 책망하는 사람을 보지 못했다."

**子曰** "已[591]矣乎, 吾未見[592]能見其過[593]而內自訟[594]者也." 「公治長」 27

**자왈** "이의호, 오미견능견기과이내자송자야."

공자는 우선 반성할 줄 모르는 자들을 향해 탄식한다. 자신의 과실에 대해 잘못을 시인하고 스스로 책망하는 반성의 행위를 볼 수 없다는 것이다.

• • •

591 끝장(나다). 명사, 동사
592 동사 '見'의 목적어는 이하 전체 내용이다.
593 자기 자신의 허물
594 스스로 책망하다. 나무라다.

공자 이후 2500여 년이 지난 오늘의 현실도 비슷한 것 같다. 반성은 커녕 오히려 내가 뭘 잘못했냐고 따지고 드는 것이 생활화된 현대사회이다. 자동차 사고가 나면 잘잘못을 떠나 '무조건 목소리 큰 놈이 이긴다.'는 속설이 있는 현실이다. 반성하지 않는 **뻔뻔한** 사회의 일면이다. 아마 공자시대도 다르지 않았나보다.

---

## 吾日三省

어떻게, 무엇을 반성해야 하나?
증자는 '진심어린 대인관계', '믿음 있는 우정관계', '배움의 실천' 등에 대해
하루에도 여러 번 반성한다.

---

증자가 말했다. "**나는 날마다 스스로를 여러 차례 반성한다.** 다른 사람을 위하여 계획을 생각해낼 때 마음을 다하고 힘을 다하지 못한 것이 없는가? 친구와 사귈 때 성실하게 믿음을 지키지 못한 것이 없는가? 선생님이 가르쳐주신 지식은 복습(/실천)하지 못한 것은 없는가?"

**曾子曰** "**吾日三省吾身, 爲人謀而不忠**[595]**乎? 與朋友交而不信**[596]**乎**[597]**?**"

• • •

595 일을 처리함에 성실히 책임을 지고, 마음과 힘을 다하는 것을 이른다. 공자는 '충(忠)'을 '인(仁)'의 수단이요, 군주를 섬기는 준칙으로 보았다.
596 다른 사람과의 약속을 충실하게 준수하고 실행함을 이른다. 공자는 '신(信)'을 '인(仁)'의 내용으로 보았다.
597 신영복(2006:144)은 '傳不習乎'에 대하여 여러 해석의 가능성을 제시하고, 그중 '習'을 실천의 의미로 보아 '전하기만 하고 행하지 않고 있는가?'로 본다. '習'의 의미를 '실천적인

傳不習乎?"「學而」4

"오일삼성오신, 위인모이불충호? 여붕우교이불신호? 전불
습호?"

증자는 하루에 여러 번 반성한다고 했다. 그의 반성은 어떤 잘못을 저
지르고 그에 대하여 반성하는 소극적인 의미에서의 반성이 아니다. 자기
의 일과를 돌아보면서 적극적으로 깊이 생각하고 되새김질하여 고쳐 나
가는 일체의 행위이다. 그렇기에 그의 반성은 매우 구체적이다. '대인관
계에서 정성을 다하였나, 친구와의 사귐에 있어 믿음을 지키었는가, 스
승의 가르침을 잘 익히었는가.' 등이 반성의 내용이다. 이러한 반성은 발
전을 위한 전환점을 제공한다.

반성은 인간만이 가지는 고상한 행위이다. 잘못을 뉘우치고 삶의 방
향을 새롭게 잡아 나가는 멋진 태도이다. 반성은 창피한 행위도 아니요,
누구에겐가 지는 행위도 아니다. 반성은 자아발견의 출발점이자, 질적
삶을 살기 위한 전제이다. 즉, 반성은 자신의 잘못된 방향을 되돌리는
출발점이다. 결국, 자기의 잘못이 무엇인지 자각하는 사람, 그리고 그
잘못을 스스로 시인하고 뉘우쳐 고치는 사람, 그는 발전 가능성이 매우
높은 사람이다.

반성할 줄 아는 사람이 멋지다.

• • •

동사의 의미'로 보는 것은 가능하나 '傳'의 의미는 명사적으로 해석해야 좋다. 이 책은 는
이 구조가 앞에서 두 번이나 반복된 '명사구+不+동사구+乎' 구조이므로 동일하게 '…에
대하여(NP) ~하지 않았나(VP)?'로 보아 '傳'을 명사(스승의 가르침)로 해석한다.

## ○ 허물이 있으면 고쳐라

過而不改, 是謂過

무엇이 멋진 사람의 태도인가?
공자는 허물을 고치는 태도를 말한다.

공자가 말씀하셨다. "허물이 있는데도 안고치려 하는 것, 이것이 바로 허물이니라."

**子曰**　"過而不改, 是謂過矣." 「衛靈公」30

**자왈**　"과이불개, 시위과의."

공자의 제자 자하도 잘못을 숨기려하는 사람을 경계한다.

자하가 말했다. "소인배는 잘못이 있으면 반드시 덮어 감추려고만 한다."

**子夏曰**　"小人之過也, 必文598." 「子張」8

**자하왈**　"소인지과야, 필문."

공자와 자하의 말을 통해 반성하지 않음으로 발생하는 두 종류의 잘못에 대해 생각해 볼 수 있다. 첫째는 잘못을 범하고 고치려하지 않는

● ● ●

**598** (잘못을)가리다, 숨기다.

'잘못'이며, 둘째는 잘못을 아예 덮어버리려는 '잘못'이다.

공자는 잘못을 범한 자체에 대하여서는 크게 언급하지 않는다. 인간은 한계성을 가진 존재이므로 언제든지 피치 못할 잘못을 저지를 가능성이 있다. 인간은 '잘못'이라는 장벽을 뛰어넘어 오히려 더 성숙한 인격을 소유한 존재로 거듭날 수도 있다. 어쩌면 '잘못'을 범하는 과정 속에서 지혜를 축적하고 진보하는 것이 인생이다. 따라서 자신의 한계에 대한 철저한 자각은 진보를 가져올 수 있으므로, 자각하는 허물과 실패하는 또 다른 학습의 장이기도 하다.

창업을 기피하는 한국사회의 현실을 분석한 신문기사에 의하면, "실패란 한국선 유서 쓸 낙인, 미국선 돈이 되는 경험"이라는 것이다. 미국에서는 '실패담 공유 콘퍼런스'도 열린다. 미국에서는 실패를 공개하고 이를 통해 성공을 이야기한다. 매년 10월 미국 샌프란시스코에서 열리는 '실패콘퍼런스(Failcon)'가 대표적이다. 말 그대로 어떻게 실패했고, 실패에서 무엇을 배웠고, 어떻게 재기했는지를 토론하는 콘퍼런스다. 싱가폴, 일본, 호주 등에서도 페일콘이 열린다(중앙일보 2013. 10. 15). 그들에게 실패는 부끄러운 것이 아니다. 미국에서는 실패의 경험을 일종의 자산으로 보는데 반해, 한국문화에서 실패는 '낙오'로 보는 경향이 있다. 이점부터 우리는 반성할 필요가 있다. 반성하고 대비한 이후에는 동일한 문제를 만났을 때 잘못을 저지르지 않을 수 있게 된다. 따라서 '잘못'을 고치고자 하는 반성을 하느냐 마느냐가 중요하다. '실패는 성공의 어미'라는 말이 있듯, 반성은 성공을 위한 필수조건이다. 혹여 우리문화 속에 '내가 재수가 없어 실패했다. 난 너 때문에 실패했다.'라며 목에 핏대를 올리는 모습은 없는지 돌아볼 일이다.

더욱 심각한 문제는 '잘못'을 고치기('改過')는 커녕 은폐(隱蔽)하고자 하는 것이다. 그 출발점은 자신의 '잘못'이 남에게 알려지는 것을 원치 않는 마음에서 시작한다. 만일 다른 사람이 그 '잘못'을 지적하면 고민하기도 하고, 화를 내기도 하고, 절망하기도 한다. 또 게으름을 부리며 회피하고자 한다. 그러나 이러한 마음이 굳어지면 적극적으로 자기의 '잘못'을 감추려한다. 어떤 사람은 적극적으로 남을 속이거나 공격함으로써 자신의 '잘못'을 숨긴다. 이 단계에 이르면 그는 이미 죄를 짓는 것이다. 그러므로 저질러진 '잘못'에 대해 스스로 자각하고 고치려드는 사람이 멋지다. 그는 성장할 가능성이 매우 높은 사람이다.

나는 잘못을 고치려하는 사람인가, 아니면 감추려드는 사람인가? 만일 잘못을 덮으려 든다면 계속해서 잘못을 저지르게 될 것이다. 한마디의 거짓말을 숨기려면 열 마디의 거짓말이 필요하다.

---

## 過則勿憚改

자신의 과실에 대해 어떤 태도를 가져야 하나?
공자는 허물이 있으면 "거리낌 없이 고치라"고 말한다.

---

공자가 말씀하셨다. "〈중략〉… 잘못이 있으면 고치는 것을 두려워하지 말라."

子曰 "〈中略〉…過則勿憚改."「學而」8

자왈 "〈중략〉…과즉물탄개."

잘못을 고치는 행위(改過)는 인생길에서 어찌 보면 가장 중요한 행위이고, 또 평생 해야 하는 것이다. 한 번 반성했다 하여 수양이 최고 경지에 오르는 것도 아니며, 다시는 어떤 잘못도 범하지 않는다고 보장할 수도 없다. 그러므로 잘못을 고치는 행위는 일회성 행위가 아니다. 결국, 잘못을 고치는 행위는 단순한 '창피'나 '고행'이 아니라 성공을 향한 축복의 전제이다. 그러므로 두려워하지 말고 계속적으로 반성하고 고쳐야 한다.

잘못을 범할 때마다 용감하게 반성하고 고치는 사람이 멋지다.

## ○ 항로를 바꿔라

> # 不善不能改, 是吾憂也
>
> 무엇이 멋진 사람의 태도인가?
> 공자는 반성하지 못하는 자신에 대해 자각하는 태도를 말한다.

공자께서 말씀하셨다. "덕이 닦아지지 아니하고, 학문이 진보하지 아니하고, 올바른 것을 듣고도 실천하지 못하며, 선하지 않은 것을 고치지 않는 것이 내가 근심하는 것이다."

子曰 "德之不修, 學之不講[599], 聞義不能徙[600], 不善不能改, 是[601]吾憂也."
　　「述而」3

**子曰** "덕지불수, 학지불강, 문의불능사, 불선불능개, 시오우야."

공자는 인생의 전 분야 즉, 덕(德)·지(智)·의(義)·행(行) 등의 차원에서 반성을 잘하고, 새롭게 정진한 본보기이다. 그는 위에서 제시한 각 덕목의 '실천' 문제에 있어 스스로를 걱정하고 반성하며, "덕을 닦고, 학문의 진보를 이루고, 의를 듣고 실천하며, 착하지 않은 행동을 고치는 쪽"으로 방향을 바꾸고자 한다. 자각성이 매우 뛰어난 공자는 인덕함양의 길에서 부딪히는 본질적인 문제에 대해 부단히 자각하여 고쳐나가는 삶을 살았다.

추한 태도로 까불대고, 대인관계에 있어 마음과 힘을 다하지 않고, 친구 간에 믿음 없이 행동하는 것 등등. 우리가 일상생활 가운데 범하기 쉬운 것들에 대하여 반성하고 고쳐야 한다. 끝까지 고집을 부리며 자기의 잘못된 항로를 고치지 않는 사람이 맞이하는 것은 파멸뿐이다. 다음은 어떤 고집스런 선장에 대한 이야기이다.

"배 한 척이 칠흑같이 캄캄한 어둠을 헤치며 항해하고 있었다. 갑자기 선장의 눈앞에 밝은 불빛이 나타났다. 이대로 가다가는 그 불빛과 충돌할 판이었다. 선장은 급히 무선 장치로 달려가 항로를 동쪽으로 10도 틀라는 긴급 메시지를 상대편 선박에게 보냈다. 몇 초 후에 메시지가 돌아왔다.

'그럴 수 없소. 당신들이 항로를 서쪽으로 10도 트시오.'

● ● ●

599 강습하고 연구하다.
600 (실제 행동으로) 옮기다. 실천함으로써 부응함을 이른다.
601 앞에 나오는 네 가지 내용을 지시하는 대명사이다.

화가 난 선장은 다시 암호문를 보냈디.

'나는 해군 함장이다. 그러니 당신들이 항로를 변경하라.'

몇 초 후에 두 번째 메시지가 도착했다.

'저는 해군 이등병이지만 방향을 바꿀 수는 없습니다. 항로를 변경하십시오.'

함장은 화가 머리꼭대기까지 솟아 최후통첩을 보냈다.

'이 배는 전함이야. 우리는 항로를 바꿀 수 없다.'

그러자 퉁명스런 메시지가 돌아왔다.

'그럼 마음대로 하십시오. 여기는 등대입니다!'[602]

갖가지 이유를 대며 돌이키려하지 않는 함장의 모습이 혹시 나의 모습은 아닌가? '나는 해군 함장이다. 그리고 우리의 배는 전함이다.' '너는 내 자존심을 짓밟아 놓았어. 절대로 용서할 수 없어!' 끝까지 항로를 바꾸지 않고 돌진하려는가?

자기의 인생항로가 잘못되었을 때, 용기를 내어 바꾸는 사람이 멋지다.

---

• • •

602 조엘 오스틴, 엔터스 코리아 옮김(2005:198-190)

## ○ 하늘을 가릴 수 있으랴

> # 吾誰欺, 欺天乎
>
> 무엇이 멋진 사람의 태도인가?
> 공자는 자기 스스로에게 솔직한 삶의 태도를 말한다.

　　공자가 중병을 앓자, 자로는 공자의 학생들로 하여금 가신(家臣)으로 삼아 뒷일을 감당하고자 했다. 공자가 병세가 호전된 후에 말씀하셨다. "(나는 가신이 없이 된 것이) 오래 되었다. 중유(仲由)가 기만하는구나! 나는 가신이 없는데 가신이 있는 것처럼 꾸미는구나! 내가 누구를 속이겠는가! 하늘을 속이겠는가! 더구나 나는 가신의 보살핌 속에서 죽느니, 차라리 너희들의 보살핌 속에서 죽는 것이 낫겠다! 또한 설령 내가 대부(大夫)의 예에 따라 묻힐 수는 없더라도 설마 (장사지내 줄 사람이 없는)길 가에서 죽는 것이겠는가?

子疾病(자질병), 子路使門人爲臣[603].(자로사문인신.)

病間[604], 曰 "久矣哉, 由之行詐[605]也! 無臣而爲有臣. 吾誰欺[606], 欺天乎! 且予[607]與其死於臣之手也, 無寧[608]死於二三子[609]之手乎! 且予[610]縱[611] 不得大葬[612], 予死於道路乎?"「子罕」12

병간, (자)왈 "구의재, 유지행사야! 무신이위유신. 오수기, 기천호! 차여 여기사어신지수야, 무녕사어이삼자지수호! 차여종부득대장, 여사 어도로호?"

공자는 속임이나 꾸밈이 없이 솔직하다. 그는 무엇보다 스스로에게 솔직하다. 우리 속담에도 '손바닥으로 하늘을 가릴 수 있으랴!'는 말이 있다. 가려지지도 않을 뿐만 아니라 잠시 가려진 것 같더라도 이내 그 진상이 드러난다.

죽음 앞에서도 스스로 솔직하게 살고자 하는 사람은 멋진 사람이다. 손바닥으로 하늘을 가릴 수는 없다. 일체의 허식과 가장(假裝)도 대낮같이 드러날 때가 있다. 멋진 사람은 남을 기만하려들지 않을 뿐만 아니라, 무엇보다 자신을 속이지 않는다. 성경은 말한다. "스스로 속이지 마라 하나님은 업신여김을 받지 아니하시나니 사람이 무엇으로 심든지 그대로 거두리라. 갈라디아서 6:7" 우리 인간은 무엇보다 스스로에게 많이 속임을 당하는 존재들이다. 스스로 약속하고, 스스로 안 지키는 약속이 얼마나 많은지, 인간은 스스로 안다. 어떤 사람은 콩을 심어 놓고 자신을 속이며 말한다. "팥을 심었는데, 왜 콩이 나지?" 그러나 명백한 사실은 콩 심은 데 콩 나고, 팥 심은 데 팥 난다는 사실이다. 하나님은 심은 대로 거두게 하시는 분이기 때문이다. 만일 콩 심은 데서 팥 나고, 팥 심

• • •

603 가신(家臣)
604 병세가 가벼워짐을 이른다.
605 기만하다. 사기 치다.
606 이 구절은 중국어 어순(SVO)에 따르면 '吾欺誰'이나, 의문대명사가 목적어일 때는 동사 앞에 나오는 고대중국어의 문법특징이 반영되어 있다.
607 나. 대명사
608 차라리. 여기서 '無'는 의미가 없다.
609 너희들. 여기서는 제자들을 가리킴
610 나. 대명사로 '余'와 같다.
611 설사, 설령
612 공경대부(公卿大夫)의 장례를 이름

은 데서 콩 난다면 하나님은 업신여김을 받을 것이다. 그러나 심은 대로 거두리라는 것은 만고불변의 법칙이다. 따라서 우리는 무엇을 심을 것인가, 어떻게 심을 것인가? 생각하고 행동해야 한다. 무엇보다 스스로를 속이지 않는 것들을 심어야 한다. 미래 어느 날엔가 본인이 말한 대로, 행동한 대로, 생각한 대로 열매를 맺게 되기 때문이다. 스스로 속이지 않는 삶에 대해 믿음이 있던 링컨은 말한다. "저는 기만을 용인하지 않습니다. 상황이 어떠하던지 진실은 가장 믿을 만한 친구입니다."[613]

스스로를 속이지 않는 사람이 멋지다.

.

• • •

613 존 홈스 · 카린 바지, 김성웅 옮김(2006:27-28)

※ 다음 태도와 관련된 내용을 논어 구절과 연결해 보자.

1. 다른 사람을 이해하지 못하는 것을
   걱정하라.

   a. 過則勿憚改

2. 선하지 않은 것을 고치지 않는 것이
   내가 근심하는 것이다.

   b. 吾誰欺, 欺天乎

3. 내가 누구를 속이겠는가,
   하늘을 속이겠는가.

   c. 患不知人

4. 잘못이 있으면 고치는 것을
   두려워하지 말라.

   d. 不善不能改, 是吾憂也

※ 다음 구절을 해석해 보자.

1. 吾日三省吾身 :

2. 過而不改, 是謂過矣 :

3. 恭近於禮, 遠恥辱 :

4. 見義不爲, 無勇也 :

※ '반성'이 왜 중요한지 글로 써보자.

제 **7** 장

# 멋진 인생을 위하여

누가 멋진 인생길을 걷는 사람인가?

멋진 사람이 찾고자 하는 것은 무엇인가?

멋진 사람은 어떻게 인생의 타이밍을 맞추는가?

어떻게 조화로운 인생을 살 것인가?

이 장에서는 '멋진 사람'이 추구하는 인생길을 소개한다.

　　멋진 사람은 인생길에서 무엇보다 '자아'의 발견을 위해 노력한다. 멋진 사람은 죽어도 좋을 '사명(道)'의 발견을 위해 자기의 모든 것을 다 바쳐 추구한다. 그는 '인생의 때'를 안다. 그는 학문에 뜻을 둘 때(15세), 입신 처세해야 할 때(30세), 미혹되지 않아야 할 때(40세), 하늘의 뜻에 순응해야 할 때(50세), 세상과 자신 사이에 거슬림이 없어야 할 때(60세), 사람의 도리에 어긋남이 없어야 할 때(70세)를 안다. 그는 용기 있게 '의'를 행한다. 그는 그 길을 열정을 다하는 마음과 일이관지(一以貫之)하는 자세로 뛰는 사람이다. 그 길은 자기만의 절대적인 마라톤이다.

　　멋진 사람은 조화로운 인생을 산다. 그는 어느 한 가지에 편벽되게 집착하지 않는다. 그는 도(道)와 덕(德)과 인(仁)과 예(藝)를 두루 갖춘 조화로운 인생을 즐긴다.

　　'멋진 인생'을 추구하는 사람의 상(像)을 새겨보자.

# 자아를 발견하라

〰〰〰〰〰〰〰〰〰〰〰〰

## 患不知人也

멋진 삶을 살기 위해 무엇을 발견해야 하나?
공자는 먼저 자신에 대한 자각(自覺)을 말한다.

공자가 말씀하셨다. "다른 사람들이 나를 알아주지 않음을 근심하지 말고, 자기 스스로 다른 사람을 알아보지 못함[614]을 근심하라."

**子曰** "不患[615]人之不己知[616], 患不知人也." 「學而」16

**자왈** "환인지불기지, 환불지인야."

또, 공자는 '자신의 능력에 대해서도 자각하라'고 말한다.

공자가 말씀하셨다. "다른 사람들이 나를 알아주지 않음을 근심하지

• • •

614 다른 사람의 '옳고 그름'이나 '선악' 등을 알아보지 못함을 이른다.

615 동사로, 근심하다. 걱정하다.

616 부정어 '不'로 인해 '知'의 목적어 '己'가 술어 앞에 위치하였다. 이처럼 고대중국어에서는 부정문의 (대명사)목적어는 동사의 앞에 위치하는 특징이 있다.

말고, 자기 스스로 재능이 없음을 근심하라."

**子曰** "不患人之不己知, 患其不能[617]也." 「憲問」 30
**자왈** "불환인지불기지, 환기불능야."

공자는 자각을 통한 자아발견을 말한다.

자기 자신을 속이지 않는 자각과정은 모든 문제를 자기화한다. 따라서 자기를 발견하는 과정은 괴롭다. 자신의 못난 면, 추한 면, 무능한 면, 더러운 면 등등을 솔직하게 바라보아야 하기 때문이다. 또, 잘못을 고치는 행위는 현재까지의 익숙한 자기를 부정해야 하는 아픔이 있다. 그러나 참된 자아를 발견하는 과정이기에 값지다. 공자는 말한다.

"먼저 너 자신을 알라."

"자기 스스로의 덕과 재능이 쌓이도록 노력하라."

"본인의 재능을 먼저 닦아라."

내면에서의 깊은 자각과 반성은 자기 자신을 발견하기 위한 전제이다. 원망과 근심에서 돌이켜 건강한 자아상을 확립하는 전환점(turning point)이다.

우리는 외적인 결과를 바꾸어서 얽힌 매듭을 풀어보려 할 때가 있다. 나쁜 습관이나 태도, 못된 성질, 비뚤어진 행동 등을 억제하여 고치려 한다. 이러한 시도는 물론 필요하다. 그러나 모두 현상적인 것들이다. 인격의 변화 없이 고쳐지고 억제되어진 현상적 행동들은 언젠가 분출될 가

• • •
617 재능. 명사

능성이 크다.[618] 시골서 자란 필자는 '띠뿌리'를 생각하게 된다. '띠뿌리'는 땅 속에 한 마디만 남아 있어도 다시 싹을 틔워 땅 위로 솟아오른다. 마찬가지로 '악의 뿌리'라는 놈도 조금만 남아 있어도 시간이 지나면 누룩처럼 번져 또다시 불거지고 터져 나온다.

본질을 좀먹는 악의 뿌리를 캐내는 깊은 반성을 하지 않는 한 계속 제자리를 맴돌 뿐이다. 화가 치미는 이유, 사람들과 잘 어울리지 못하는 이유, 항상 부정적인 생각과 말이 튀어 나오는 근본적인 이유를 찾아야 한다. 그것은 내면적 투쟁을 수반하기 때문에 고된 과정이다. 그러나 자신의 내면 깊은 곳을 뒤져서 그 뿌리에 도달하면 문제의 해결책이 보인다. 그리고 그것을 반성하면 진정한 변화가 시작된다.

자아관(自我觀)의 확립을 위해 깊이 자각하는 사람이 멋지다.

· · ·

618 장경동 목사는 '도둑놈(본질)'인 자신을 회개해야지, '도둑질한 행동(현상)'을 회개하는 것은 계속적인 회개만을 불러올 뿐 근본적인 해결책이 아니라고 한다. 기독교텔레비전, 밀레니엄특강(2006. 10. 04)

# 죽을 힘을 다해 찾아라

⌇⌇⌇⌇⌇⌇⌇⌇⌇

朝聞道, 夕死可矣

어떻게 멋진 삶을 살 것인가?
죽을 힘을 다해 찾아야 하는 것은 무엇인가?
공자는 '도(道)'를 말한다.

공자께서 말씀하셨다. "아침에 도를 들으면 저녁에 죽어도 좋다."

**子曰** "朝[619]聞道, 夕死可矣." 「里仁」 8

**자왈** "조문도, 석사가의."

공자는 한 치의 거리낌도 없이 말한다. "인생에서 생명을 걸고 추구해야 할 것은 '도(道)'이다.", "아침에 '도'를 들으면 저녁에 죽어도 좋다."

'도'는 인생의 이상(理想)으로 가치 영역에 속한다. 이 이상이 세상에서 구체적으로 실현되기 위해서는 여러 가지 제한이 있다. 인간이 세상을 살아가면서 마땅히 해야 할 일을 다 실현하는 것은 아니다. 그러나 추

• • •

619 새벽, 아침

구해야 할 일은 부단히 추구해야 한다. 마땅히 수행해야할 가치를 실현시키지 못하면 한 번 밖에 못사는 인생에 있어 유감으로 남기 때문이다. 그 일의 성패는 누구도 알 수 없다. 그러나 인생 최고의 가치인 생명을 걸만큼 중요하다고 인식되는 자기만의 '사명'을 추구하는 사람은 멋지다. 인생의 목적은 '도'를 발견하고 실현하는 것이기 때문에 '도'에 뜻을 두고 터득하게 되면 멋진 인생이다. 죽음은 인생의 커다란 관문이지만 공자의 말처럼 "죽기까지 착한 '도'를 지키(守死善道. 수사선도. 太伯 13)"는 것은 바로 자기 생애에 주어진 사명의 존엄성을 지키는 것이다. 그렇기에 공자는 "지조 있는 선비나 어진 사람은 살기 위해서 어진 도리(仁道)를 망치는 것을 구하지 않고, 자기 몸을 희생하여 인덕(仁德)을 성취한다(志士仁人, 無求生以害仁, 有殺身以成仁. 지사인인, 무구생이해인, 유살신이성인. 衛靈公 9)."고 말한다.

우리 모두는 이 세상에 한 번 왔다 간다. 이 기간에 인륜도덕의 실현을 위해 자기의 할 바를 다 하는 인생이 멋지다. 이때 우리 생명의 존재가치가 분명해진다. 또 공명(功名)과 이익추구의 길에 있어서도 반드시 지켜야 할 원칙을 버리지 않아야 인덕을 성취할 수 있다. 그렇기에 공자는 "선비가 만일 성현의 도에 뜻을 두었다면서 좋은 옷을 입지 않은 것과 좋은 음식을 먹지 않는 것을 창피하게 생각한다면, 이런 사람과는 더불어 도를 논할 수 없다(士志於道, 而恥惡衣惡食者, 未足與議也. 지사어도, 이치악의악식자, 미족여의야. 里仁 9)."고 하였으며, 또 "군자는 도를 도모하지 먹고사는 것을 도모하지 않는다. ……. 군자는 도를 걱정하지 빈천함을 걱정하지 않는다(君子謀道不謀食. ……. 君子憂道不憂貧. 군자모도불모식. ……. 군자우도불우빈. 衛靈公 32)."고 한다.

생명을 바쳐 추구하는 가치를 의식주와 같은 현상적인 것에 의해 구애받지 않아야 한다. 그럴 때 우리는 생명의 존엄성을 높이고 존재가치를 풍부하게 하는 멋진 인생을 살 수 있다.

아침에 들으면 저녁에 죽어도 좋을 만한 '도'란 무엇인가? 이 '도'는 전 생애를 걸고 행하여야 할 일이라는 측면에서 인생의 '사명'으로 이해된다. 세브란스병원의 설립자를 기리는 동상에 다음과 같은 말이 적혀 있다. "죽을 힘을 다해 찾아라, 당신의 사명을" 죽을 힘을 다해 찾아야할 대상은 '사명'이며, 이는 신이 창조하신 자신의 가치를 가장 잘 드러낼 수 있는 '값진 일'이다.

삶의 목적과 원리는 같지만 사명의 표현방식은 전 인류 누구하나 똑같은 사람은 없다. 같은 직장, 같은 직종에서 일한다고 해서 같을 수도 없다. 동일한 학문을 한다 해서 같을 수도 없다. 같은 종교를 믿는다고 해서 같을 수도 없다. 모두 다 개별적인 방법으로 이 땅 위에서 일정 기간 살면서 어떠한 일(/사명)을 선택하고 추구할 자유와 권리를 부여받았다.

사명의 발견과 성취를 위해서 필요한 것은 투자이다. 무엇을 투자해야 하나? 돈, 시간, 재능 등등이 있을 것이다. 그러나 공자는 "죽어도 좋다"는 말로, 또 세브란스 설립자는 "죽을 힘을 다해"로 표현한 바, 전 생애를 투자하는 것도 하나의 투자이다. 그것이야말로 모든 것을 아낌없이 다 투자하는 것이다.

전 생애를 투자할 '사명'을 발견하는 사람이 멋지다.

# 타이밍을 맞추어라

〜〜〜〜〜〜〜〜〜

## 吾十有五而志於學

어떻게 멋진 삶을 살 것인가?
멋진 삶을 살기 위해서 인생은 '때'를 중시해야 한다.
공자는 15세부터 70대에 이르는 자신의 인생 과정을 예로 들어, '인생의 때'를
말한다. 특히 15세에는 학문에 뜻을 두었다 한다.

공자가 말씀하셨다. "나는 15세에 학문에 뜻을 두었고, 30세에는 입신 (立身)하여 처세하였으며, 40세에는 일체의 사리에 대하여 통달하여 의혹됨이 없었으며, 50세에는 하늘의 도리를 깨달았다. 60세에는 귀로 듣는 것을 모두 알 수 있어서 마음속에 거슬리는 것이 없었으며, 70세에는 마음에 원하는 대로 추구해도 법도에 어긋남이 없었다."

**子曰** "吾十有[620]五而志於學, 三十而立[621], 四十而不惑, 五十而知天命[622], 六十而耳順[623], 七十而從[624]心所欲, 不踰矩[625]." 「爲政」4

**자왈** "오십유오이지어학, 삼십이립, 사십이불혹, 오십이지천명, 육십이이순, 칠십이종심소욕, 불유구."

공자는 인덕으로 나아가는 인생의 각 단계에 대하여 설명한다. 인생

사에는 씨를 뿌릴 '때'가 있고, 거두어들일 '때'가 있으며, 또 원하든 원치 않든 알곡과 쭉정이로 갈려야 하는 '때'가 있다.

공자의 이 말은 이상적인 인간형성의 각 과정 혹은 단계로 이해 할 수 있다. 예를 들면 '이립(而立)'은 자아정체성(ego-identity)의 확립단계로, '불혹(不惑)'은 정서적 안정단계로, '지천명(知天命)'은 통일된 인생관의 확립단계로, '이순(耳順)'은 자기 객관화단계로, 그리고 '종심소욕 불유구(從心所欲, 不逾矩)'는 자기 확대 및 자기통제 가능의 단계로 해석된다.

이러한 연령 단계 가운데 '이립' 단계에서 '불혹'의 단계는 자기수양과 밀접한 관계가 있다. 이에 비해 '지천명'은 자기만이 해야 할 '역할의 인식'과 관련이 있다. 이는 공자의 입장에서 본다면, 자기인생의 존재 의미가 현실정치에 참여하는 데 있든지, 아니면 교육을 통한 도의 전수에 있는지를 확실하게 이해하는 것을 의미한다. '이순'은 어떤 것을 들어도 저절로 깨우치게 되는 단계이다. 또 이는 자기 객관화를 통한 편안하고 조화로운 상태를 이루는 단계이기도 하다. '지천명'을 통해서 인식한 자기의 고유역할을 실제 사회생활을 통해 펼치고, 그 결과 타인들과 조화로

---

• • •

620 '又'와 통한다. 옛 글에서는 종종 정수와 끝 수 사이에 '有'를 더하는 경우가 있다.

621 '서다'의 의미로 학문에 종사하여 어느 정도의 성취를 이루었음을 의미한다.

622 주희(朱熹)는 "천명은 천도가 운행하여 사물에 부여한 것으로서 사물 간에 당연히 지켜져야 할 원리(天命, 卽天道流行而賦於物者, 乃私物所以當然之故)"라고 한다.

623 주희(朱熹)는 "소리가 들어오면 마음으로 깨달아 어긋남이 없고, 지혜가 지극한 경지에 이르러 깊이 생각하지 않아도 알 수 있다(聲入心通, 無所違逆, 知之至, 不思而得)"고 한다.

624 '隨'와 통한다. 좇다.

625 '구(矩)'는 괘의 장인들이 직선이나 직각을 그릴 때 사용한 공두로, 이곳에서는 '법도', 즉 사람으로서 지켜야 할 '도리'라는 뜻이다.

운 관계를 유지하는 자기 객관화의 단계가 바로 '이순'이다. 그리고 '종심 소욕 불유구'의 단계는 인간적으로 완성되어 어떤 일을 하던지 항상 사람의 도리에 맞는 삶의 경지에 이른 단계, 즉 자기수양과 대인관계의 조화뿐만이 아니라, 사회적 책임도 다함으로써 이루어진 완성된 삶의 단계를 일컫는다. 결국, 공자는 이러한 점진적 확대 과정이 이상적 인간상에 이르는 단계라고 보는 것이다.[626]

30세에서 40세까지는 인간이 체력적, 지적으로 능력이 최고조에 달하는 시기이다. 공자는 이 10년의 세월 동안 기울인 노력의 일환으로 40세에 이르러 사물의 이치를 깨달아 '미혹되지 않는 경지'에 이르렀다고 한다. 맹자 역시 "나는 40세에 마음이 흔들리지 않았다(我四十不動心 아사십부동심 〈公孫丑上〉)."고 말한다.

50세에 공자는 초월적인 천도(天道)와 객관적인 제한의 관계에 대하여 깨달음이 있었다고 한다. 천도는 비록 초월적인 것이지만 인간의 어진 마음의 실천을 통해서 인간사회에 나타나는 것이기 때문에 (인간 속에 존재하는) 내적인 것이다. 이것은 바로 천도교에서 말하는 "인간이 곧 하늘이다(人乃天 인내천)."는 사상과 통하는 것이다. 인간이 어진 마음을 실천하고 도덕적인 덕성(德性)을 확충해갈 때, 절대로 위반할 수 없는 도덕규범의 존재를 깨닫게 된다. 이 도덕규범이 천명(天命)이며, 공자는 50대에 이에 대한 절대성을 파악했다는 것이다.[627]

●●●

626 조긍호(2006:412-414) 참고
627 王邦雄 · 曾昭旭 · 楊祖漢, 황갑연譯(2002:131-132) 참조

60세는 '마음에 거슬리는 것이 없어야 할 시기'이다. 그의 귀에 어떠한 말이 들어오더라도 충분한 이해력과 소화력이 있기 때문이다. 이는 결국 외부와 자기와의 일체와 조화를 의미한다. 밖으로부터 들어오는 모든 것이 자신의 어진 마음(仁心)과 일체를 이루고(心通 심통), 또 조화를 이룬다는 것이다.

70세는 '내가 하고 싶은 대로 하여도 규범에 어긋나지 않게 되는 시기'이다. 따라서 이때의 도덕적 실천은 더 이상 인위적인 노력이 필요 없는 자연스런 상태이다.

시기마다 '해야만 하는 일'이 있고, 달성해야만 할 '목표'가 있는 것이 멋진 사람의 인생이다. 때를 놓치고 '유감(遺憾)'이 남는 인생은 멋지지 않다. 젊은 나이에 뜻을 세우지 않고 방종(放縱)하는 사람, 한참 일할 나이에 자신의 역할이 무엇인지 깨닫지 못하고 헤매는 사람, 늙어 쇠약해진 몸에 노욕을 채우는 사람은 멋지지 않다.

누가 멋진 사람인가?

인생의 때에 맞추어 단계마다 성숙해가는 사람이다.

성현의 경지는 일순간에 완성되는 것이 아니다. 장기간의 노력을 통하여 자신의 덕성을 승화시킨 후에 비로소 도달할 수 있다. 그렇다고 하여 공자를 비롯한 소수의 총명한 사람들만이 성인의 경지에 이를 수 있는 것은 아니다. 공자는 시기마다 일정한 '해야만 하는 일'을 성실하게 수행함으로써 높은 수준에 도달하는 인생을 살 수 있음을 제시한다.

15세는 청년기로 학문에 뜻을 두어야 하는 시기이다. 혼돈의 아동기로부터 벗어나 사색하기도 하고, 자신에 대하여 반성하기도 하는 시기이다. 이 시기는 인간의 이성이 싹트는 시기로 자신이 지향해야 할 뜻을 세우는 시기이다. 15세 이전에도 많은 생각을 할 수도 있고, 많은 것을 공부할 수도 있지만 대체적으로 되씹어 생각하는 반성이 없는 피동적인 접수에 불과한 경우가 많다. 따라서 어떤 표준을 세우기가 어렵다. 공자 역시 15세에 이르러 비로소 학문에 대한 자신의 진정한 뜻을 세웠다(志於學)고 한다.

인생에 있어 진정한 목표설정은 그 사람이 그 목표를 달성하기까지 줄기차게 인생길을 달려가게 하는 출발점일 뿐만 아니라 그 동력도 아울러 제공한다. 따라서 인생의 진정한 뜻을 세우지 못하였다면 지금 이 순간에라도 뜻을 세우는 것이 마땅하다. 논어 본문을 볼 때, 가장 좋은 시기는 중학교 2, 3학년의 시기이다. 필자도 중학교 1학년 2학기에 인생 목표를 '교육자'에 두었고, 공부를 열심히 했건 안 했건 간에 이 목표는 변질시키지 않았음을 감히 고백한다.

한 인생에 있어 그 인생목표를 설정하는 타이밍을 놓친다는 것은 불행한 일이다. 그러나 20세이면 어떻고, 30세이면 어떠며, 70세이고 80세이면 또 어떠랴! 아무리 늦었더라도 인생목표를 설정해야 한다. 그것이 자기 인생에 책임을 지는 일이며, 남아있는 전 인생을 지치지 않고 뛰어 갈 힘을 얻는 비결이기 때문이다.[628] 목표 없는 삶처럼 인생을 무기력하게 하는 것이 없다. 연어가 그 먼 장정(長程)을 거쳐 고향으로 돌아가 알을 낳는데 생명의 목표를 두듯, 우리 인생에는 분명한 목표가 있어야 한

---

628 본서 2장의 2.8을 참조하라.

다. 특히 리더로서 살고자 하는 사람일수록 목표를 선명하게 해야 한다. 자기 수양의 목표는 물론이고, 자기가 책임진 사람들을 끌고 가기 위한 목표를 설정하고 구체적으로 제시해야 한다.

때에 맞는 성장 목표를 가지는 사람이 멋지다.

# 열정을 불태워라

～～～～～～～～～～～

---

## 發憤忘食

어떻게 멋진 삶을 살 것인가?
공자는 몰입하여 열정을 불태우는 삶을 말한다.

---

섭공(葉公)이 공자가 어떤 분인지 자로에게 물었다. 자로가 대답하지 않았다. 공자께서 말씀하셨다. "너는 왜 '그 사람의 사람됨은 힘써 일(/학문)하므로, 밥을 먹는 것조차 잊을 정도이며, 그 즐거움으로 모든 근심조차 잊으므로, 늙는 것이 장차 다가 올 것도 모르고, 여전히 그러할 뿐입니다.'라고 말하지 않느냐."

葉公[629]問孔子於子路(섭공문공자어자로), 子路不對[630](자로부대).

**子曰** "女奚[631]不曰, 其爲人也, 發憤忘食, 樂以忘憂, 不知老之將至云爾[632]."「述而」19

**자왈** "여해불왈, 기위인야, 발분망식, 낙이망우, 부지노지장지운이."

• • •

629 성은 '심(沈)', 이름은 '제량(諸梁)', 자는 '자고(子高)'. 춘추시기 초(楚)나라의 대부(大夫)이다. '葉城'을 식읍으로 얻었으므로 이렇게 부른다.
630 대답하다. 동사.

공자는 '학문을 하는 즐거움', '도를 추구하는 즐거움'에 몰입된 사람이다. 그는 이 즐거움으로 먹는 것, 세월의 흐름도 잊는다. 그는 학문을 좋아하여 시서(詩書)를 즐겼으며, 예법을 준수하였다. 그러나 공자는 즐거운 마음으로 이러한 행위를 하였기 때문에 음식을 먹고 잠을 자는 행위를 잊어버릴 정도였다. 공자의 태도에서 도(道)에 대한 공자의 열심과 열정이 잘 드러난다. 그는 도를 실현하는데 뜻을 두고 덕행을 부단히 실천하였다. 그러나 이일은 그에게 있어 고행이 아니었다. 그는 시서예악(詩書禮樂)을 통하여 인격을 부단히 함양하고 도야하였기 때문에 즐거운 심경을 잃지 않았으며, 아름다운 감정도 잃지 않을 수 있었다. 즉 세상을 향한 '도'의 전수를 실천하는 중, 자신도 즐거움을 얻으며, 어떤 압박감도 없이 몰입하는 삶을 살았다. 그렇기에 그는 "거친 밥을 먹고 물을 마시고, 팔을 굽혀 베고 누우니 즐거움은 그 가운데 있도다. 부적절한 방법으로 얻은 부와 지위는 나에게 있어 뜬구름과 같다(飯疏食, 飮水, 曲肱而枕之, 樂亦在其中矣. 不義而富且貴, 於我如浮雲. 반소사, 곡굉이침지, 락역재기중. 불의이부차귀, 어아여부운. 述而 16)."라고 한다.

나는 일을 함에 있어 어느 정도의 정열을 바쳐 노력하는가? 먹는 일에 연연해하지 않으며 세월의 흐름조차 잊을 정도로 노력하고 있는가? 그것이 주는 즐거움으로 근심조차 잊을 수 있는가?

우리 민족의 속성은 매우 '열정'적인 면이 있다. 일단 '신바람'이 나기만 하면 만사가 OK이다. 한 번 흥이 나면 거침없이 달려가는 우리 민족

• • •

631 어찌하여. 의문대명사로 '何'와 같다.
632 '~일 뿐이다'. 어기조사로 '云耳'와 같다.

의 열정은 누구도 말리기 어렵다. 2002년 월드컵 당시 광화문 거리를 붉게 물들인 단합된 '열기(熱氣)'는 세계를 놀라게 했다. 한강의 기적으로 불리는 우리 경제의 역동성은 세계가 부러워하는 기적이다. 우리는 그렇게 목숨을 걸고 목표를 향해 달려가는 열정이 있는 민족이다. 그러나 발분망식(發憤忘食)하는 중에라도 분명히 해야 할 것이 있다. 목적지를 분명히 해야 하는 것이다. 또, 혼자만 달리지 말고 모두 같이 달려야 더 재미있고 힘도 덜 든다는 사실이다.

자신의 사명(/꼭 해야 할 일)을 위해 열정을 불태우는 사람이 멋지다.

## 제 5 절

# 일이관지하라

〜〜〜〜〜〜〜〜

---

# 一以貫之

어떻게 멋진 삶을 살 것인가?
공자는 일관성 있는 삶을 사는 태도를 말한다.

---

공자가 말씀하셨다. "증삼아! 나의 도는 하나의 근본적인 도리로써 시작과 끝을 관통하고 있단다." 증자가 말했다. "그렇습니다." 공자가 나가신 후, 어떤 학생들이 증자에게 물었다. "선생님의 말씀은 무슨 뜻입니까?" 증자가 말했다. "선생님이 말씀하신 근본적인 도리는 바로 충성과 용서일 뿐입니다."

子曰 "參633乎! 吾道一以貫634之."

자왈 "삼호! 오도일이관지."

曾子曰(증자왈) : "唯635(유)." 子出, 門人問曰(자출, 문인문왈) : "何謂也(하위야)?"

---

• • •

633 공자의 제자, 증자(曾子)의 이름
634 꿰뚫다, 통하다.
635 그렇습니다('是的').

**曾子曰**："夫子之道, 忠恕[636]而已矣[637]! (부자지도, 충서이이의!)"「里仁」15

공자는 자신의 도가 하나로 관통됨을 말한다. 공자의 제자인 증자는 '충성'과 '용서'가 공자의 일관된 가르침이라고 말한다.

충성('忠')은 자기 자신의 모든 것, 몸과 마음을 다 바치는 것이다. 이는 최선을 다하는 삶의 모습이다. 용서('恕')는 상대방과 같아지는 마음 자세이다. 즉 상대편의 입장에서 상대를 이해하고 배려하는 마음이다. 이러한 자세는 열등감이나 우월감을 던져버리는 평등한 삶, 자유로운 삶의 전제이다. 따라서 '용서'는 "자기가 하기 싫은 일은 남에게도 억지로 시키지 않(其恕乎! 己所不欲, 勿施於人. 기서호! 기소불욕, 물시어인. 衛靈公 24)"는 가르침과 통한다. 자기가 하기 싫은 일은 남도 당연히 하기 싫기 때문이다.

최선을 다하는 삶과 용서하는 삶으로 '일이관지'하는 데 있어 필요한 우리의 자세는 어떠해야 하는가? 공자는 경험적인 지식추구에만 매달리지 말고 문제를 자기화하여 삶의 지혜인 도(道)를 체득하고 계통을 세워 나가라고 한다.

공자께서 말씀하셨다. "자공아, 너는 내가 많이 배워서 잘 아는 사람이라고 생각하느냐?" 자공이 말했다. "그렇습니다. 아니신가요?" 공자가 말씀하셨다. "아니다. 나는 하나의 원리로써 (만사의 도리를) 관통하였단다."

• • •

636 '恕'는 중국 전통 도덕규범의 하나로, 자기의 마음으로 다른 사람의 마음을 미루어 헤아리는 것을 이른다.
637 어기조사로 현대중국어의 '罷了'에 해당한다.

子曰 "賜也, 女[638]以予爲多學而識之者與?"

자왈 "사야, 여이여위다학이식지자여?"

對曰 : "然, 非與? (연, 비여?)"

曰 "非也, 予[639]一以貫之." 「衛靈公」 2

왈 "비야, 여일이관지."


자공이 말한 "그렇습니다. 아니신지요?"라는 대답은 공자를 경험지식
이 많은 해박한 지식인으로서 인식하기 때문이다. 자공의 생각처럼 끊임
없이 지식을 추구하여 많이 아는 것도 중요하다. 그러나 공자는 '하나의
원리'에 의한 '관통'을 말한다. 이 "하나의 원리로 만사의 도리를 관통한
다"는 의미에 대해 모종삼(毛宗三)의 견해[640]를 보자.

첫째, 경험을 통한 지식을 떠나서는 안 되지만, 반드시 이를 소화하여
자신의 지혜로 바꾸어야 한다는 것이다. 만일 많이 배워 기억하기만 한
다면, 지식은 계통적으로 분류되지 않을 것이다. 순자(荀子)는 이러한 지
식에 대해 "번잡하기만 할 뿐 원리에 의한 계통성이 없다(雜而無統 잡이무
통)."고 지적한다.

둘째, "하나의 원리로 만사의 도리를 관통한다"에서 '하나의 원리'는
실제로 인(仁)을 의미한다. 또 그 인도(仁道)를 실천하는 방법은 충서(忠
恕)이다.

셋째, '인'의 실천을 통하여 하늘의 도를 체험적으로 증거해야 한다는

• • •

638 2인칭 대명사 '너'로 자공을 가리킨다. '汝'와 통한다.
639 1인칭 대명사 '나'로 공자를 가리킨다.
640 王邦雄 · 曾昭旭 · 楊祖漢, 황갑연譯(2002:176-177) 재인용

것이다. 맹자 역시 "만사만물의 도리가 나에게 갖추어져 있기 때문에, 자신을 돌이켜 성찰하고 생명을 순화하면 이보다 더 큰 즐거움이 없다(萬物皆備於我, 反身而誠, 樂莫大焉. 만물개비어아, 반신이성, 낙막대언. 〈盡心上〉)."고 한다.

넷째, 어진 가르침(仁敎)은 반드시 정치상의 최고 원칙을 포함하고 있어야 한다는 것이다. 이것이 바로 초월적 자유로서, 사물의 이치에 따라 사물을 다스리고, 각각의 특성에 따라 이상의 목표를 완성한다는 것이다.

요약하면, '일이관지'하는 삶을 위해서는 외부로부터 들어오는 경험적인 지식을 자신의 지혜로 바꾸어 체계화해야 한다. 또 '충성'과 '용서'의 마음으로 일관되게 '어진 마음'을 실천해야 한다. 그리하여 만사만물에 순응하는 자유스럽고 생명력 있는 원칙을 세워야 한다는 것이다.

결국, '인'으로써 '일이관지'하는 삶의 원리가 바로 '충성'과 '용서'이다. 특히 '용서'는 인간관계에 있어서 '배려'라는 형태로써 나타난다. 우리는 흔히 '용서'를 상대방에게 베풀어주는 것으로 잘못 여기는 경향이 있다. 그러나 '용서'는 상대방에 대한 배려이며, 이를 뛰어넘어 근본적으로 자기 자신을 위한 것이다. 상대방을 용서함으로써 자신의 평안을 유지한 멋진 스포츠맨의 예를 보자.[641]

미국 프로농구 휴스턴 로켓츠팀의 코치였던 루디 톰자노비치는 농구 경기 중에 싸움을 말리다가 상대선수에게 불의의 일격을 당했다. 두개골에 금이 가고 코뼈와 광대뼈가 금이 가는 중상을 입어 하마터면 죽을 뻔했다. 결국 회복되기는 했지만 몇 달 동안 벤치 신세를 져야 했다. 그 후

• • •

641 조엘 오스틴, 엔터스 코리아 옮김(2005:186)

어느 날, 한 기자가 물었다.

"당신에게 그런 짓을 한 선수를 용서했습니까?"

그때 톰자노비치는 망설이지 않고 대답했다.

"물론이죠. 그를 완전히 용서했습니다."

"에이, 그럴 리가요? 당신은 거의 죽을 뻔 했습니다. 하마터면 선수 생명까지 위태로웠잖아요? 그런데도 용서했다고요?"

톰자노비치는 살짝 미소를 지었다.

"네. 정말 용서했습니다."

"왜요? 어떻게 그럴 수 있나요? 성인군자라도 되십니까?"

"아니오. 저를 위해서 한 일입니다. 그 사람을 위해서 용서한 것이 아니에요. 제가 평안하려면 미움을 털어버려야 한다는 걸 알았거든요. 용서하니까 자유가 찾아오더군요."

용서해야 마음이 쳐놓은 그물의 속박에서 벗어날 수 있다. 남을 위해서가 아니라 자신을 위해서 용서해야 한다.

용서에 상대적인 마음은 원망하는 마음이다. 원망과 저주의 마음을 품고 살아가면 마음의 벽은 높아지며 그 안에 점점 갇히게 된다. 이 벽은 들어오는 복을 차단한다. 따라서 이벽을 허물어야 진정 자유로울 수 있고, 행복할 수 있다. 그러기 위해서 우리에게 상처 준 사람을 '용서'하고 이 높은 벽이 있는 감옥으로부터 탈출해야 한다. 쓴 뿌리를 남기지 말고 마음을 샅샅이 뒤져 원망을 없애고 용서해야 한다. 무엇보다 내가 복을 받기 위해서이다.


용서의 미덕으로 일생을 일이관지하는 사람이 멋지다.

# 조화롭게 향유하라

## 道 · 德 · 仁 · 藝

어떻게 멋진 삶을 살 것인가?
인생을 조화롭게 즐기는 삶이 멋지다.
공자는 인생을 조화롭게 향유하라고 말한다.

공자께서 말씀하셨다. "도(道)에 뜻을 세우고, 덕(德)에 근거를 두며, 인(仁)에 의거하며, 예(藝)에서 노닐어라(/교류하며 습득하라)."

**子曰** "志於道, 據於德, 依於仁, 游於藝." 「述而」6
**자왈** "지어도, 거어덕, 의어인, 유어예."

공자는 '도(道)'와 '덕(德)'과 '인(仁)'과 '예(藝)'의 조화를 통한 인생의 향유를 말한다.

이는 멋진 사람이 전 생애를 통해 뜻을 두고, 근거를 삼으며, 서로 교류하며 갈고 닦아야 할 네 가지 항목이다. 원문에는 네 개의 동사들이 각각 핵심어들을 향하고 있다.

'도'와 '덕'과 '인'이 형이상학적 추구대상이라면, '예(藝)'는 비교적 구체적인 항목이다. '예(藝)'에는 또 6가지의 구체적인 실천항목이 있다.[642] 그 중 '예의(禮)'는 '덕'과 '인'에 이르기 위한 구체적인 행동 양식이다. '음악 (樂)'은 성정을 감응시키는 것이다. '활쏘기(射)' 역시 정신집중의 수단이 다. '수레몰기(御)' 역시 고도의 집중과 기술이 필요하다. '문자(書)' 역시 습득을 위해 훈련이 필요한 기능적 요소이다. '산술(數)'도 구체적으로 머리를 써서 하는 것이다. 본문의 '유(遊)'는 이상의 육예(六藝)를 완전히 숙달되게 장악하여 자유와 즐거움을 얻는 경지에 이름을 말한다. 한 인간이 이상의 것을 제대로 감당하기는 힘들다. 그러나 이것들은 '도'와 '덕'과 '인'으로 나아가는 통로들이기에 최선을 다하여야 한다. 이때 우리는 각각의 통로에서 자신의 장점을 발견해야 한다. 인생은 모두 개별적이고 특수한 존재이기 때문이다. 인생은 다른 누군가를 흉내 내도록 창조되지 않았다. 흉내 내는 습관은 자신의 질을 떨어뜨릴 뿐만 아니라 자신의 독특함과 창조성을 상실시킨다. 무엇보다 창조주는 다양성을 인정하고 기뻐하며 '보기에 좋다'고 즐기는 분이다.[643]

필자는 예체능계에서 세계 제일의 스타가 된 사람들의 인격과 신앙이 매우 뛰어난 것을 발견하고 '역시 하늘에서 낸 사람이구나.'하는 생각을 가질 때가 있다. 그들은 단지 하나의 예체능만을 익힌 기술자가 아닌 경우가 많다. 각 분야에서 세계 최고가 되기 위해 그들이 쏟은 최선을 다

• • •

642 육예(六藝)란 '예의(禮), 음악(樂), 활쏘기(射), 수레몰기(御), 문자(書), 산술(數)' 등을 포함하는 것으로 고대에 학교에서 가르치던 내용이다.
643 창세기에는 하나님이 6일 동안 천지만물을 창조하고, 그때마다 "하나님이 보시기에 좋았더라"고 하였으며, 특히 6일 째는 만물의 경영자인 인간을 창조하고 "심히 좋았더라"고 한다. 〈창세기 1:1-31〉 참조

한 노력 자체가 아름답다. 또 그 노력으로 빚어진 예술적 가치가 인간에게 주는 형이상학적 아름다움이 그들의 인격과 삶을 돋보이게 한다.

예를 들어 추사(秋史) 김정희 선생(1786~1856)은 시, 서화(書畵), 문학, 사학, 철학 등을 한 줄에 꿴 인문학의 대가였다. 그는 실사구시(實事求是), 즉 사실에 근거하여 사물의 진리를 찾는다는 관점에서의 경학(經學)을 연구하였다. 그는 당시 동아시아의 중심지였던 북경에서 당대의 석학 옹방강(翁方綱), 완원(阮元) 등으로부터 송명(宋明) 시기의 주관적이고 관념적인 이학(理學)에 대한 반동으로 생겨난 고증학을 조선에 도입하였다. 이처럼 그는 국제적인 조류에 민감한 학자였다. 그러나 지금에 이르러 무엇보다 그의 생애를 빛나게 하는 것은 '문자'와 '그림'에 있어서의 성취이다. 그의 작품 세한도(歲寒圖)는 불과 아홉 글자, 세 그루의 소나무, 한 그루의 고목, 집 한 채 그리고 낙관(落款) 두 개가 전부인 매우 단순해 보이는 작품이다. 그러나 그림과 글씨가 조화를 이루며 조선시대 선비의 단아한 품격을 드러내는 불세출의 명작이다. 이 작품은 '부르는 게 값'이지만 최소 50억 원은 할 것이라 한다. 그러나 그의 이러한 예술적 성취는 단순히 그의 천재성에 기인하는 것이 아니다. 그는 천재이기 이전에 '벼루 열 개를 구멍 내고, 붓 천 자루를 닳아 없앤' 노력의 화신이다. 추사체의 기괴(奇怪)·고졸(古拙)한 조형미는 99. 99%가 바로 이런 연마의 결과이다(중앙일보, 2006. 09. 29).

이 시대 문화의 두 축은 '다양성'과 '통합성'이다. 어떤 분야라도 그렇다. 그 각각의 분야마다 영역마다 모두 인격을 갈고닦아 멋진 인생으로 이끌어주는 요소가 모두 존재한다. 또 이 지구상에 누구하나 똑같은 사람은 없다. 모든 인간은 개별성이 있는 존재로서 걸작의 인생을 영위하라고 이 세상에 보내졌다. 그러기에 우리 모두는 '도에 뜻을 세우고, 덕에 근거를 두며, 인에 의거하며, 예(藝)에서 노니는' 조화로운 인생을 살자유와 권리와 책임이 있다.

동양철학의 근본정신은 '조화(調和)'이다. 그리고 그 시초가 바로 공자의 『논어』이다. 이 조화의 영역은 나에서 시작하여 온 우주로 확산된다. 이때 '나'라는 영역에서는 육신의 욕망과 도덕의지의 대립을 조화시켜야 한다. 도덕의지로써 기질을 절제하거나 함양하여 자아실현의 도구로 삼아야 한다. '가정'에서는 효와 자애라는 덕목으로 구성원들의 사랑을 조화시킨다. '사회'와 '국가'라는 공동체에서는 믿음과 공경 그리고 충과 신의라는 덕목으로 자신의 의무와 역할을 규정하여 상호간의 조화를 도모해야 한다. 나아가 '인간과 자연'의 관계에서는 수혜자와 시혜자라는 일방적인 관계가 아니라 상호 수혜자이고 상호 시혜자라는 평등한 입장에서의 조화를 추구해야 한다.[644] 그럴 때 우리는 자연과 더불어 행복할 수 있다.

---

## 人能弘道

누가 조화로운 삶을 만들어야 하나?
이는 '사람이 해야 할 일'이라고 공자는 말한다.

---

공자가 말씀하셨다. "사람이 도를 밝혀 크게 드러내는 것이지, 도가

• • •
644 王邦雄 · 曾昭旭 · 楊祖漢, 황갑연譯(2002:7) 참조

사람을 밝히 드러내는 것은 아니다."

子曰 "人能弘<sup>645</sup>道, 非道弘人."「衛靈公」29

자왈 "인능홍도, 비도홍인."

인생의 목표를 '도'와 '덕'과 '인'의 실현에 둔다는 것은 무슨 의미인가? 이 목표는 무엇을 통해서 이루어지는가? 공자는 도덕적인 인격은 자신 스스로 그 길을 정립하는 것이지 외적인 표준을 끌어다가 세우는 것이 아니기 때문에 "사람이 도를 밝혀 드러낸다."고 본 것이다. 그러므로 우리 모두는 각자 인생 역정의 주인공들이다.

우리의 마음자세는 인생의 길을 여는 통로이다. 멋진 사람은 긍정적인 마음의 문을 활짝 열고 '사람이 사람답게, 또 온 우주 만물이 조화롭게 살아가고 존재하는 길(道)'을 맞이한다. 여기에 하늘이 각자에게 부여한 시·서·예·악(詩·書·禮·樂) 등과 관련된 인문적인 자질의 질적 제고(提高)를 통해 걸작의 인생을 향유한다.

조화로운 인생을 향유할 줄 아는 사람이 멋지다.

● ● ●
645 넓혀 크게 하다. 발양광대(發揚廣大)하다.

※ 다음 내용에 해당하는 논어의 구절을 찾아 써보자.

1. 힘써 일(/학문)하므로 밥을 먹는 것조차 잊을 정도이다.
2. 나의 도는 하나의 근본적인 도리로써 시작과 끝을 관통하고 있다.
3. 도에 뜻을 세우고, 덕에 근거를 두며, 인에 의거하며, 예(藝)에서 노닐어라.
4. 사람이 도를 크게 드러내는 것이다.
5. 도의에 부합한 일을 보고서도 행하지 않는 것은 용기가 없는 것이다.


※ 다음 괄호 속에 적당한 말을 넣어보자.

子曰 : 吾十有五而志於(          ), 三十(          ), 四十而(          ),
五十而(          ), 六十而(          ), 七十而從心所欲, 不逾矩. 「爲政」 4


※ 멋진 인생을 위하여 내가 힘써야 할 점에 대해 글로 적어보자.

# 에필로그

우리 모두는 멋진 인생을 살고 싶다.

공자는 스스로가 많은 좌절을 통해 자각하며, 배우며, 터득한 '사람 다운 삶을 사는 길', '멋진 사람'을 말한다. 이 시대에 『논어』를 통해 배울 수 있는 교훈이 무엇이며, 이것을 나 자신에게 어떻게 적용시킬 수 있을까 하는 마음에서 펜을 들었다. 공자라는 위대한 인류의 스승이 주는 깊고, 인생의 전 영역에 걸친 교훈을 주제별로 골라 묶는 작업은 필자의 능력을 넘어서는 것임을 고백하지 않을 수 없다. 그러나 그럼에도 불구하고 필자는 이 작업을 통하여 큰 소득을 거두었음을 또한 고백하지 않을 수 없다.

첫째, 멋진 사람이 되고자 하는 열망이다.

둘째, 학문하는 자세와 교육자로서의 자각이다.

셋째, 멋진 리더에 대한 이해이다.

넷째, 멋진 사랑과 우정의 소중함에 대한 자각이다.

다섯째, 일상생활의 즐거움과 부귀에 대한 자각이다.

여섯째, 절제 있는 언행과 생활태도 등에 대한 자각이다.


결론적으로 『논어』를 통해 오십대 중반의 내 생각을 정리하고 삶의 방향을 되새겨보았다는 점이 큰 소득이다.

인간은 사회적 동물이다. 사회는 인간의 자아실현을 위한 마당이다. 이 공동체에서 '권리'는 인간의 사회에 대한 요구이고, '의무'는 사회의 인간에 대한 요구이다. 이 둘 사이의 멋진 '조화'가 필요하다. 나의 이익만을 고집하고 요구하면 조화는 깨지고 원망이 생긴다. 이 모든 관계에 있어 '배려'가 필요하다.

조화와 배려를 말하는 『논어』를 통해 자신을 돌아보고, 우리 공동체 속에서 '멋진 삶'을 추구한다는 사실은 즐거운 일이다. 이 즐거움으로 필자의 미숙함에 대해 자위(自慰)한다.


독자 여러분의 삶이 각자의 영역에서 더욱 조화롭고, 멋지게 조각되길 기원한다.


김종호 삼가 적음

2013. 12. 20

# 『논어』의 해제와 공자의 생애

　　『논어』는 공자(BC551-BC479)의 언행 및 제자들과의 문답 내용을 제자들이 기록한 책이다. 사서(四書 : 論語, 大學, 中庸, 孟子)의 하나이자, 오경(五經 : 詩經, 書經, 易經, 禮記, 春秋)과 더불어 유가경전(儒家經傳)의 대표이다. 그 내용은 공자의 말, 공자와 제자들 사이의 대화, 공자와 당시 사람들 사이의 대화, 제자들끼리의 대화 등으로 구성된다. 이중에서 공자의 말이 대부분을 차지하며, 다른 경우도 대개 공자의 말을 부연 설명하는 내용이다. 『논어』는 인생의 교훈이 되는 말들을 간결하고도 함축성 있는 어록체(語錄體)로 기록하고 있다.

　　공자(孔子)는 춘추시대(春秋時代)의 대사상가, 교육자, 유학(儒學)의 개조(開祖)이며 성인(聖人)으로 일컬어진다. 『사기(史記)』의 「공자세가(孔子世家)」에 따르면, 공자의 이름은 구(丘), 자(字)는 중니(仲尼)이다. 그 선조는 송(宋)나라 사람이다. 아버지는 숙량흘(叔梁紇), 어머니는 안씨(顔氏)이다. 노(魯)나라 양공 22년(BC551), 지금의 산동성(山東省) 곡부현(曲阜縣)

지역인 창평향추읍(昌平鄕鄒邑)에서 태어났다. 공자가 태어났을 당시 공자의 집안은 가난하고 보잘 것 없었다. 더욱이 공자가 세 살이 되던 해에 부친이 죽었으므로, 그 뒤로는 더욱 어렵게 살았다. 『공자세가』에 "공자는 아이 때 언제나 제기(祭器)를 벌여놓고 예(禮)를 갖추는 소꿉놀이를 하였다."고 기술한다. 한편 『논어』, 「述而」에서 공자는 스스로 "나는 나면서부터 알았던 사람이 아니며, 옛것을 좋아하여 부지런히 그것을 배운 사람(我非生而知之者, 好古, 敏以求之者也)"이라고 말하였으나, 실제로 그가 어떻게 공부하였는지는 분명하지 않다.

공자는 나이 30세이던 BC 522년에 주(周)나라에 가서 노자(老子)에게 예(禮)를 묻고 돌아온 후로부터 제자의 수가 많아지기 시작했다. 나이 35세에 공자는 제나라로 가서 경공(景公)을 만났고, 경공은 공자에게 니계(尼谿)의 땅을 떼어주고 중용하려 했으나, 여러 신하들의 반대로 이루어지지 않았다. 이에 공자는 다시 노나라로 돌아 왔다. 공자 나이 44세이던 때 노나라는 권세가인 계씨(季氏) 집안의 세력이 강하여 나라의 기강이 어지러워졌다. 이에 공자는 벼슬을 하지 않고 시(詩), 서(書), 예(禮), 악(樂) 등을 정리하였으며, 제자의 수가 더욱 많아졌다. 이후 노나라에서 벼슬을 하였지만 그 뜻을 오래 펴지 못하고, 노나라를 비롯한 위(衛), 진(陳), 송(宋), 채(蔡)나라 등 여러 나라를 전전하다가 68세 때 다시 노나라에 정착하였다. 이때부터 벼슬을 구하지 않고 『서전(書傳)』과 『예기(禮記)』를 정리하였으며, 『시경(詩經)』을 간추리고 음악을 바르게 하였다. 이때 제자의 수가 무려 3,000명에 달하였으며, 육예(六藝)에 통달한 자가 72인이었다고 한다. 71세에 노나라 서쪽으로 사냥을 나갔다가 기린(麒麟)을 잡았으며, 이 시기에 『춘추(春秋)』를 지었다. 다 다음 해 공자가 세상을 뜨니 나이는 73세였다. 노나라의 성북(城北) 사수(泗水)에 장사지냈다.

하급무사였던 숙량흘과 안징재 사이에서 태어나 주례(周禮)의 회복과 정명(正名)이 통하는 사회를 이룩하고자 한 공자의 일생은 그의 꿈을 실현하기에는 현실의 장벽이 너무 높았다. 그리하여 긴 세월 동안 천하를 떠돌며 구직여행을 하였으나 별 성과 없이 끝났으며, 사람들은 이러한 공자의 행색에 대해 '상갓집의 개(喪家之狗)'라고 조롱하기도 했다. 하지만 공자가 펼친 주례의 회복과 정명사상은 이후 2천4백여 년 동안 동양 사상을 지배하는 정신적 지주가 되었다.

공자는 20세 때 아들 리(鯉), 자는 백어(白魚)를 낳았는데 공자보다 4년 먼저 죽었다. 리는 아들 급(伋)을 낳았는데, 그의 자는 자사(子思)로 후에 『중용(中庸)』을 지었다.


『논어』의 제명(題名)에 대해서 공자의 사후 그의 언행을 제자들이 논의하여 만든 것이라는 견해와 공문(孔門)의 스승과 제자가 글의 뜻을 토론한 것이라는 두 견해가 있다. 『논어』의 편찬자에 대해서도 여러 설이 있다. 자하(子夏)를 비롯한 70인의 제자라는 설, 자하, 중궁(仲弓), 자유(子游) 등이 엮었다는 설, 증자(曾子)의 문인인 악정자춘(樂正子春)과 자사(子思)의 무리가 엮었다는 설 등등이 있다. 한편, 주희(朱熹)는 형병(邢昺)의 『논어주소(論語注疏)』의 경문을 바탕으로 옛 사람들의 여러 해설을 참고하여 『논어집주(論語集註)』를 지었는데, 이로부터 논어의 해설은 단연 이 『논어집주』가 권위를 지니게 되었다.

우리나라에서는 일찍이 논어를 들여와 학자들의 필독서로 보급되었다. 『삼국사기(三國史記)』에는 신라의 설총(薛聰)이 방언으로 구경(九經)

을 읽었다고 하는데, 이 구경에 『논어』가 포함된다. 따라서 신문왕(神文王, 재위 : 681-691) 이전에 『논어』가 들어왔으며, 설총이 우리말로 해독하였음을 알 수 있다. 특히 조선시대는 유학(儒學)이 국가 통치의 이념이 되었으며, 위에서 언급한 사서오경이 과거시험의 주 내용이었기 때문에 『논어』는 매우 중시되었다.

# 참고문헌 및 자료

David R Hawkins, 『의식혁명(Power vs. Force)』, 이종수 역, 한문화, 2002

Martin J. Gannon, 최윤희등 역, 『세계문화의 이해(Understanding Global Cuitures)』, 서울, 커뮤니케이션북스, 2005

Richard E. Nisbett, 최인철 역, 『생각의 지도(The Geography of Thought)』, 김영사, 2004

강신주 외, 『인문학 명강·동양고전』, 21세기북스, 2013

공자, 김원중 옮김, 『세상의 모든 인생을 위한 고전 논어』, 글항아리, 2013

로버트 치알디니, 이현우 옮김, 『설득의 심리학』, 21세기북스, 2003

리저허우, 임옥균 옮김, 『논어금독(論語今讀)』, 북로드, 2006

武惠華 譯註, 『白話論語』, 北京大學出版社, 1998

墨子, 박영하 풀어씀, 『묵자』, 풀빛, 2006

박재희, 『3분 古典』, 작은 씨앗, 2013

謝氷瑩·劉正浩·李鍌·邱燮友 編譯, 『四書讀本』, 三民書局, 民國70年

査正賢 著, 『論語講讀』, 華東師範大學出版社, 2006

徐志剛 譯註, 『論語通譯』, 人民文學出版社, 1997

성백요 역주, 『論語集註』, 傳統文化硏究會, 2005[1990]

쉬운성경편찬위원회, 『아가페 쉬운 성경』, 아가페출판사, 2003[2001]

신기철 · 신용철, 『새 우리말 큰 사전(상 · 하)』, 삼성출판사, 1980([1974])

신영복, 『강의』-나의 동양고전독법, 돌베개, 2006[2004]

王邦雄 · 曾昭旭 · 楊祖漢, 황갑연譯, 『논어철학』, 서광사, 2002

유교문화연구소, 『논어』, 성균관대학교 출판부, 2005

이강재, 『논어』, 살림출판사, 2006

이광철, 「外交辭令으로서의 中國詩」, 『中語中文學』, 한국중어중문학회, 2007

이기동, 『論語講說』, 성균관대학교 출판부, 1996[1992]

이민규, 『끌리는 사람은 1%가 다르다』, 더난출판, 2006[2005]

이재영, 『탁월함에 이르는 노트의 비밀』, 한티미디어, 2008

이지선, 『사랑해 지선아』, 문학동네, 2010

조긍호, 『이상적인 인간형론의 동 · 서 비교』, 지식산업사, 2006

조엘 오스틴, 엔터스 코리아 옮김, 『긍정의 힘』, 두란노서원, 2005

존 홈스 · 카린 바지, 김성웅 옮김, 『링컨처럼 말하라』, 생명의말씀사, 2006

최광선, 『인간관계명품의 법칙』, 리더북스, 2006

편찬대표 김의환, 『성경』, 성서원, 1998[1961]

프리셉트성경연구원, 『홍정길목사의 301가지 감동스토리 I 』, 도서출판
       프리셉트, 2003

漢語大詞典編纂委員會, 『漢語大詞典』, 1991

## 웹사이트


주한중국문화원 웹사이트 http://www.cccseoul.org/

행복한 경영이야기 http://www.happyceo.co.kr/

http://www.hani.co.kr/arti/society/

http://theory.people.com.cn/

http://www.hani.co.kr/arti/society/

http://www.baidu.com

http://search.naver.com

http://news.chosun.com

# 공자, 멋진 사람을 말하다

논어 테마에세이

**발행일**   2013년 12월 30일 초판 1쇄

**지은이**   김종호
**펴낸이**   김준호
**펴낸곳**   한티미디어 ∣ **주소** 서울시 마포구 연남로 1길 67 1층
**등 록**   제15-571호 2006년 5월 15일
**전 화**   02)332-7993~4 ∣ 팩스 02)332-7995
**ISBN**   978-89-6421-175-5 (03150)
**정 가**   17,000원

**마케팅** 박재인 노재천 ∣ **편집** 김윤경 박새롬 ∣ **관리** 김지영
**표지 디자인** 박새롬 ∣ **내지 디자인** 이경은

이 책에 대한 의견이나 잘못된 내용에 대한 수정정보는 한티미디어 홈페이지나 이메일로 알려주십시오.
독자님의 의견을 충분히 반영하도록 늘 노력하겠습니다.
홈페이지 www.hanteemedia.co.kr ∣ 이메일 hantee@empal.com

---

■ 이 책에 대한 의견이나 잘못된 내용에 대한 수정정보는 한티미디어 홈페이지나 이메일로 알려주십시오.
  독자님의 의견을 충분히 반영하도록 늘 노력하겠습니다.
■ 홈페이지 www.hanteemedia.co.kr ∣ 이메일 hantee@empas.com